JN195238

生活者のための **地域**
マネジメント
入門

朝日ちさと・堀江典子◆編

昭和堂

まえがき

　日本は「世界最先端」といわれる急速な少子・高齢化を背景として，2015
年の国勢調査では調査開始以来「初の人口減少」を記録するなど，本格的な
人口減少社会のただなかにある．高齢化や人口減少は，医療・福祉のニーズ
の増大や労働力の減少といった社会経済の構造変化をもたらすが，その変化
が急速であるために，医療や介護の不足，企業競争力の低下，国や地方の財
政の逼迫といった影響が深刻となっている．さらに，日本が直面する課題は
長期的な構造変化に由来するものだけではなく，巨大化する地震や風水害な
どの災害，老朽化したインフラ，グローバルな地球環境問題や食料・水・エ
ネルギーの資源管理，アジア諸国の経済成長にともなう地政学的な変化への
対応など，喫緊かつ多様なものとなっている．

　これらの課題は規模や分野が異なるように見えるものの，さまざまな面で
相互に関連しており，グローバルな課題も地域や個人の生活に大きな影響を
及ぼす．そのため，課題への対応も，国・地域・企業や住民などの多様な主
体が，個々にあるいは連携してといった重層的なあり方が求められる．特に，
地方分権の進展のなか，地域間格差や地域コミュニティの持続性など，地域
レベルでの問題への関心の高まりとともに地域の役割は大きくなっており，
地域の主体が自ら地域課題を見出し，多様な主体と連携して解決することが
求められている．

　そのような地域の取り組みを有効に進めていくためには，どのような視点，
概念，方法論が有効であろうか．上記の地域課題と主体の多様性，重層性，
相互関連を踏まえると，その問いに答えるためには，分野や主体別の事例に
よる各論だけではなく，地域の課題に取り組む際の包括的な枠組みが必要と
される．本書の第一の目的は，「生活者」と「地域マネジメント」という概
念を用いて，その基本的かつ包括的な枠組みを示すことである．

　本書における「生活者」は，"多様な地域と関わりをもち，多様な立場で，
多様な役割を担う個人"と定義される．わたしたち個人は日々，ときには消

費者として，ときには生産者・労働者として，ときには納税者や投資家として，または旅行者やボランティアとして，さまざまな顔を見せながら生活している．また，地域という視点でみると，家庭と職場のある地域ではそれぞれの地域住民であるが，同時に，食料・エネルギーの消費者，取引先の顧客・納品者，あるいは地球環境問題の加害者・被害者でもあり，国の内外を問わず，否応なくさまざまな地域との関わりをもっている．「生活者」とは，そのような個人の多様な役割と相互関係を表す．そして本書における「地域マネジメント」は，"地域が有するさまざまな資源を適正に管理し活かしながら，地域がめざす目標に向かって課題を解決あるいは改善し，地域を維持，あるいは発展させていくこと"であり，地域の課題に取り組む際の基本的な方向性と価値を示している．

　本書はさらに二つの目的をもつ．第二の目的は，地域課題に取り組むさまざまな主体が，自らの立場や専門の視点のみに籠らず，「生活者」の視点で「地域マネジメント」の体系的な考え方とツールを用いて活動するためのガイドとなることである．そして第三の目的は，将来の地域を担う若い世代の教育の一助となることである．近年，教育や研究の現場では，研究者・学習者が当事者とともに地域課題の現場に入り，調査研究の成果を実践していくアクションリサーチと呼ばれる手法が増加している．そのようなアプローチが実質的な成果を生むためには，地域マネジメントに関する体系的な視点と理解が欠かせない．

　本書の構成は4部に分かれている．第I部「地域マネジメントとは何か」では，地域マネジメントの背景と枠組みを示す．第1章では，生活者が地域で暮らす上で深いかかわりを持つ行政の役割，地方分権，国土計画の変遷を解説した上で，今日の地域問題に取り組むためには地域の多様な生活者が大きな役割を担うことを示す．第2章と第3章では，地域課題に取り組むために必要な「地域マネジメント」について解説する．第2章では，地域マネジメントの概念を示し，その目的・対象・主体とともに，地域マネジメントを考える際に求められる六つの価値について解説している．続く第3章では，地域の課題の多様さと複雑さを踏まえて，問題をどのように構造的にとらえればよいかについて説明するとともに，それらの問題に取り組む地域マネジ

メント自体を関係者間で共有する必要性とそのための視点を示す.

第Ⅱ部「地域マネジメントの制度設計」では,地域マネジメントにおける制度を考える.第4章は,さまざまな制度やルールがうまく機能するかどうかに深く関わる情報とインセンティブの問題に注目する.個々の生活者や組織の行動の結果が,期待される結果とならなくなってしまうのはどのような場合かを解説するとともに,それを防ぐためにはどのように制度やルールを設計すればよいのかについて,情報の開示や伝達や生活者へのインセンティブへの働きかけのあり方を示す.第5章と第6章は,地域マネジメントの代表的な手段である規制的手段と経済的手段をとりあげる.第5章では,規制の種類や特徴を示し,規制による目標・目的の達成の利点と問題点を経済厚生の点から解説するとともに,地域マネジメントにおける規制のあり方の変容についても触れる.第6章では,代表的な経済的手段である課税と補助金について経済厚生の点から解説し,さらに限られた共有資源を取引可能にする市場の創出について紹介する.

第Ⅲ部「地域マネジメントの制度評価」は,地域課題に関する制度や政策の評価のあり方と手法を示す.地域マネジメントの過程で直面するさまざまな選択では,評価による意思決定の支援とそれらの情報の共有が必要とされる.第7章では,そのための評価,意思決定,合意形成の基本と相互関係について解説するとともに,評価や意思決定のプロセスも含めた可視化と共有の意義を示す.第8章と第9章では評価方法を解説する.第8章は,限られた財源の中で地域の生活者の満足を最大にするという発想に基づき,政策の経済的な効率性を評価する費用便益分析について解説する.第9章では,地域マネジメントにおいては生活者や地域課題が多様であり,多元的な価値の考慮が必要であることから,複数の基準によって評価を行う多基準分析の有用性と課題について解説する.第10章は,行政部門の政策評価制度について解説する.政策科学における評価理論の概要を説明し,国と地方自治体の評価制度の成り立ちと特徴,さらに参加型評価などの今日的な動向を示す.

第Ⅳ部「持続可能な地域のためのマネジメント」は,地域の共通目標である持続可能性と地域課題の担い手について,今日的な展開を示す.第11章では,地域という文脈で持続可能性をどのように達成することができるのか,

持続可能性の目的や対象について解説する．さらに，実現のためのアプローチを提示し，再生エネルギーを例として，脱炭素社会というグローバルな課題に地域で取り組む際の課題を示す．第12章と第13章では，地域マネジメントの担い手のあり方を示す．第12章では，地方分権により拡がってきた地域住民の参加について，概念と意義をあらためて整理し，生活者としての参加の多様なかたちと課題について解説する．第13章は，地域課題に対して行政が担ってきた役割に対して，新たな担い手と資金の流れが求められている状況を解説し，NPO，社会的企業，ソーシャルファイナンス，ESG投資など，地域の持続可能性に向けた新たなかたちの取組みを示す．

　随所のコラムは，ときとして固い説明となる本文の理解を助ける事例や，本文では触れられなかった概念の紹介となっている．各章末の学習課題は，理解の確認とともに，身の回りの地域課題を考えるきっかけとして活用してほしい．また，巻末のAppendixは，本書を読み進めるうえで必要となるミクロ経済学の基礎知識を解説している．主に，第Ⅱ部の各章および第Ⅳ部の第11章の理解を深めるために活用してほしい．

　今後，わたしたちの生活においてますます重要となるであろう地域の課題解決に際して，本書が多様かつ包括的な生活者としての視点を養い，地域マネジメントの実践の一助となることを願っている．

　最後に，本書の刊行に際して企画をお引受いただいた昭和堂，原稿を丁寧に読んでいただき，的確なアドバイスと編集作業にご尽力いただいた同社の神戸真理子氏に心よりお礼を申し上げます．

編　者　朝日ちさと・堀江典子

生活者のための地域マネジメント入門

● 目　　次 ●

第 I 部

地域マネジメントとは何か

第1章

生活者と地域問題

··· キーワード ···
人口減少
多様な生活者
国と地方の役割分担
地方分権改革
財政調整制度
国土（形成）計画

　日本は急激な少子・高齢化の進展により本格的な人口減少社会を迎えている．このような国土を取り巻く課題は多岐にわたっている．たとえば，地球レベルでの食料・水・エネルギーの制約や地球環境問題，巨大災害の切迫やインフラの老朽化などが挙げられる．

　日本の国土は狭いながらも北から南まで多様な風土を有しており，その中で多様な生活者が暮らしている．多様な生活者にとっての地方・地域の暮らしと深く結びつく行政は国と地方が役割を分担して行っている．本章ではまず国と地方の役割分担の考え方をみる．ついで，地方分権の考え方を理解する．さらに国土計画の変遷と地域の生活との関わりをみる．最後に，多様な地方・地域の多様な生活者の役割の拡大や安全・安心に対する意識の高まりからみた望ましい公的サービスの供給の在り方を考えることとする．

1-1　国と地方の役割

1-1-1　国と地方の役割分担

　混合経済システムにおける政府の機能のうち資源配分に関しては，公共財の性質によって国と地方それぞれの役割がある．中央政府としての国は国防・外交や司法などの純粋公共財あるいは国家的公共財（便益が全国に及ぶ）を供給している．また，全国的に整備水準を設定すべき福祉，教育あるいは

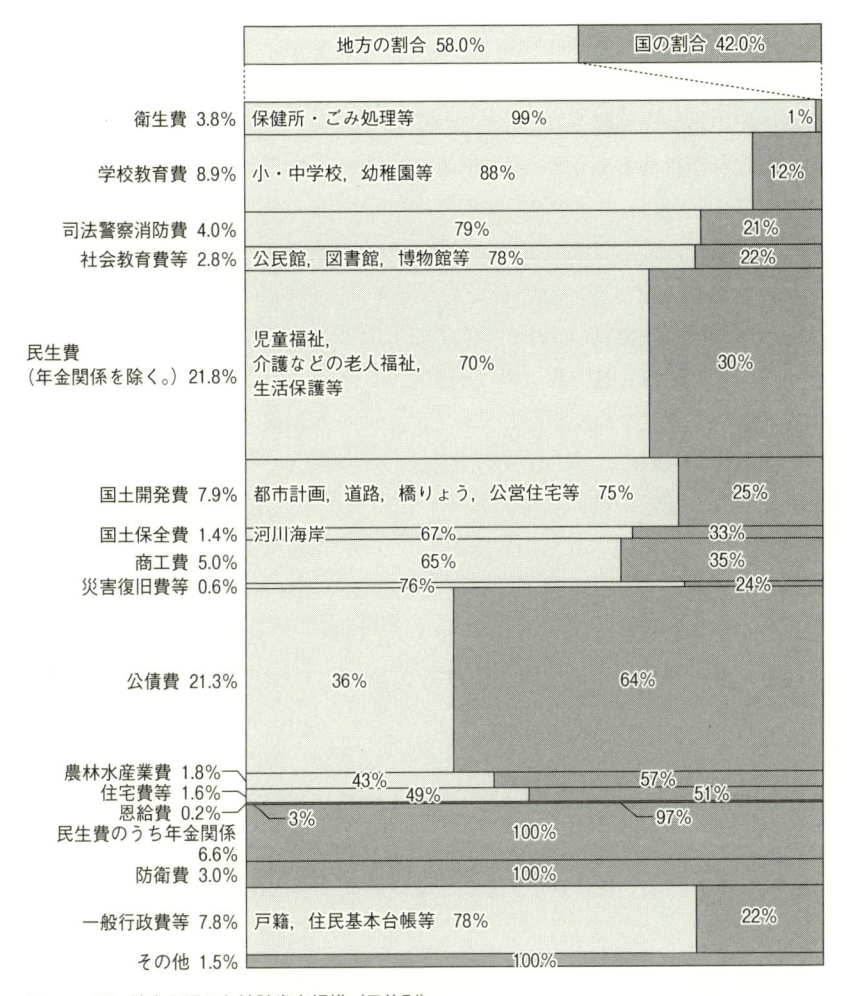

図 1-1　国・地方を通じた純計歳出規模（目的別）
出典：『地方財政白書』平成 29 年版（平成 27 年度決算）．

　道路・港湾などの社会資本の望ましい水準を決めるとともに，地方政府がこれらの社会資本を整備する際に補助金を交付する．一方，地方政府としての地方公共団体は，主として便益のひろがりが一定地域に限定される地域的公共財（あるいは地方公共財）を供給している．たとえば，われわれの日常生活に身近な小・中・高などの学校教育，保健所・ごみ処理，道路・公園の整

備，警察・消防，福祉施設の整備・運営などである（図1-1）.

多様な生活者の立場からみれば，身近な財・サービスの供給はそれぞれの地域住民の選好が反映されやすい地方政府が行い，地方政府のできないことを中央政府が行うというようにいろいろなレベルでそれぞれ意思決定できるほうが望ましい.

しかしながら日本では，下のレベルの地方自治体ができないことを上が行うという関係になっていなかった．たとえば，以前（たとえば，1998年度）は国と地方政府の税収の比率が60対40に対し，財政規模の比率は，おおよそ40対60と逆転し地方政府の役割が大きかった．財・サービスの供給に関して国はさまざまな面で干渉していた．その一つが機関委任事務であり，首長に機関委任されるため，住民の意思，つまり議会で条例も作れないという状態であった．道府県の仕事の85％，市町村の45％が機関委任事務であった．また使途の限定された国庫支出金（いわゆる補助金）や起債許可などの形で地方政府の自主性を奪っていた．このような状況を打開しようと1995年に地方分権推進法が成立した．その後，1999年7月に「地方分権の推進を図るための関係法律の整備等に関する法律」（いわゆる地方分権一括法）が成立，2000年4月から施行された．その結果，2015年度の国税と地方税の割合は国税60.5％，地方税39.5％となっているが，地方交付税，地方譲与税及び地方特例交付金を国から地方へ交付した後の租税の実質的な配分割合は国の40.2％，地方59.8％となっている．一方，国と地方政府の歳出純計額（財政規模）の割合は，42.0％対58.0％とほぼ歳入割合と同じになっている（図1-1）.

1-1-2 地方分権改革

日本国憲法は第94条で「地方公共団体は，その財産を管理し，事務を処理し，及び行政を執行する権能を有し，法律の範囲内で条例を定めることができる」と地方公共団体の一般的な権限を示している．また，税制改革案として出された1949年の「シャウプ勧告」では，以下のことが明記されている．①一つの事務は国，府県，市町村のいずれかの段階の行政機関が実施すべきである（行政責任明確化の原則），②事務を能率的に遂行するために，それぞ

れの事務は規模・能力・財源の整ったいずれかの段階の行政機関が行うべきである（能率の原則），③事務の遂行は市町村に第一の優先権を与えるべきである（市町村優先の原則）．

　地方公共団体のしごとの多くは私たちの身近な地域的公共財の供給である．しかしながら，地方公共団体は歳入・歳出のどちらにおいても国に何らかの形で干渉されている．このような分権化を阻害する要因としては，タテ割り行政という形でのコントロールや機関委任事務の存在，国土計画に代表される地域開発での中央政府への期待，ナショナル・ミニマムの達成という目標，地域住民の自治意識の希薄化などが挙げられている．このような状況において，第四次地方制度調査会（1957 年）において既に地方公共団体の実質的権限の少なさが指摘された．その後，数次の地方分権推進委員会勧告の間に，1995 年 5 月には地方分権推進法が公布（7 月施行）された．そして，1999 年に地方分権一括法が成立（2000 年 4 月施行）した．

　地方分権一括法によって，まず，地方自治法で国と地方公共団体の役割が規定された．国は住民に身近な行政を地方公共団体にゆだね，地方公共団体の自主性や自立性が十分に発揮されるように配慮しなければならない責務を負うことになった．また，都道府県と市町村も対等の関係であり，両者の役割分担も明記された．

　これまで，国はさまざまな形で地方の行政に介入してきた．機関委任事務，国庫支出金，許認可権など地方の行うサービスのコントロールや地方税，地方債のように地方の歳入のコントロールがあげられる．

　機関委任事務は，国が管理・執行を地方に委任したものであるが，国が監督指揮権をもっており，地方公共団体独自の自治事務と区別される．なかには，全国画一的に実施されるべき事務や，戸籍，国会議員の選挙のように国の事務であるけれども地方によって実施されたほうが効率的であるものもある．しかし，委任事務には地域住民に密接に関連したものが多くあり，地域毎に取捨選択できることが地域住民にとっては望ましいと考えられていた．地方分権一括法では機関委任事務は廃止され，自治事務と法定受託事務に整理された．したがって，地方公共団体が処理する事務については，最終的に地方公共団体が判断する責務を負うことになった．なかでも，都市計画法の

大部分は国の委任事務から自治事務になり，自治体と住民の自由度は広がった．つまり，都市計画制度は国から市町村へ大幅な権限委譲が行われた．合わせて，国・都道府県の関与の範囲も縮小されるとともに，許可・承認が同意を要する協議へと改められた．

　国庫支出金は（国が認める）地方団体のサービスへの補助ではあるが，国の担当者への説明のための旅費など補助金の獲得のために費やされる費用がかなりの額となったり，補助金のついたサービスには起債が認められやすいなど予算面で有利となるため，なかなか地方独自のサービスを実施することが難しいということがある．地方分権改革では国庫支出金のうち，国庫負担金は限定・重点化，国庫補助金は廃止・縮減する方向での整理合理化が行われた．

　歳入自治という面では 2003 年から 2006 年にかけて行われた「三位一体の改革（国庫補助負担金，交付税，税源移譲を含む税源配分の在り方を三位一体で検討）」により，3 兆円の税源移譲がなしとげられ，国庫補助負担金が 4 兆円減らされた．一方，地方交付税の改革については，財源保障機能全般の見直し，縮小の方向で検討され，国から地方への交付税の移転額は 5 兆円減となった．したがって，自由な歳入は 3 兆円増えたが，全体のパイ（歳入）は小さくなったということになる．また，地方税はその体系から税率・課税標準にいたるまで，地方税法という国の法律で決められている．ただし，法定外普通税の新設や変更が自治大臣の許可制から「同意を要する協議」制に変わった．また，法定外目的税の創設も可能となった．さらに，地方債許可制度も原則廃止となった．

1-1-3　国と地方の財政関係──財政調整制度

　上述した国の税収と実質的な地方の歳出の差額を埋めている資金再配分の主要ルートは国庫支出金と地方交付税交付金である．地方交付税はナショナル・ミニマムのための財源保障と地方公共団体間の財政調整を目的として各地方公共団体の財政力の強弱に応じて交付される一般補助金である．地方団体にとって使途が限定されない一般財源（地方税，地方譲与税，地方交付税の合計）の大きな割合を占めている．ちなみに国庫支出金は使途が特定された

特定補助金である.

　地方交付税の目的としては, 以下のものがあげられている.

　■ 財源の均衡化 (地方交付税の財政調整機能)

　地方団体の中には財政力の大きい団体がある一方で, 財政力の弱い団体もある. たとえば, 2014 年度の都道府県別 1 人当たり所得を見てみると, 第 1 位の東京都は, 451.1 万円であるのに対し, 47 位の沖縄県は 212.9 万円と 2 倍以上の開きがある. しかし, 同じ国民として東京都民も沖縄県民もいくつかの共通のサービス, たとえば, 義務教育などでは同じ水準のサービスを享受できることが望まれる. このことが, 財政力の差によって阻害されることのないよう, 地方交付税の適正な配分を通じて地方団体相互間の財源の過不足を調整し, 財源均衡化を図る.

　■ 財源の保障 (地方交付税の財源保障機能)

　地方交付税の総額は国税 5 税 (所得税・法人税・消費税・酒税・たばこ税) の一定割合として法定されており, 地方団体の財源は総額として保障されている.

　日本では国が地方団体に多くの事務を義務付けておきながら (図 1-1), 十分な財源を与えていないため, 地方税で足らざる部分を補う「結果の平等」を目的として財源保障機能が地方交付税に割り当てられてきたといえる. しかし, 国から地方への税源が移譲されると地域間の財政力格差が拡大する一方, 増税を行わないかぎり交付税原資は減少する. 地方分権化に伴って生じる地域間の財政力格差を是認するか否かに関する議論がある. 一つは財政調整制度を不要とする意見であり, 住民の選好を考慮しつつ地域的公共財の最適供給を考えたティブーの「足による投票」モデル (Tiebout, 1956) に依るものである. ティブー・モデルでは, 地方公共団体がそれぞれ異なる行政サービスを提示し, そのメニューをみて人々は自分の住む地域を選択する. このことが「足による投票」と呼ばれる所以である. 結果として, 選好の同質的な住民が同じ地域に住むこととなり, 地域的公共財の最適供給が達成されるというものである. したがって, 税源の乏しい地方政府はサービス水準の引下げもしくは増税によって対処すればよいということになる.

　この議論は実質上, 移動できる条件を備えた住民だけが流出して, 貧しい

地方政府がますます貧しくなることを放置する，という結論を導いてしまう．各地域に多種多様な人々が住んでいることを前提とすれば，貧しい地域では高い税率が必要になるので，財政力の格差が税率やサービスの格差につながり，それが人や企業の移動を招いて資源配分をゆがめ，過密・過疎問題や企業の集中をますます促進してしまい，経済力格差が増幅されることとなる（萩原，1990：Hagihara/ Hagihara, 1991）．

　福祉，医療，あるいは教育といった対人サービスは，地方的・個別的対応が必要な分野でもある．このようなサービスの水準は全国統一的であることが求められるのに，それを実施する地方政府には財政力に大きな懸隔がある．特定補助金制度は地元負担を伴うため豊かな地方ほど得やすいという難点がある．この水平的財政不均衡をとりあえず解決するのが地方財政調整制度である．

　地方分権型社会では特定補助金としての国庫支出金の廃止・縮減によって「国の関与」が縮小・弾力化し，さらなる税源移譲によって自主財源が増大する．そして地方公共団体は地方交付税に支えられて「機会の平等」を保障され，低いコストで魅力的な対人福祉サービス提供をめぐって競争するのが本来の姿であるといえよう（持田，2004）．

1-1-4　地方交付税による財政調整の実際

　地方団体間の 1 人当たり税収格差はそれぞれ地域の経済力などを反映してかなり大きい．地方税収について，全国平均を 100 として，都道府県別に人口 1 人当たり税収額を比較してみると，東京都の 1 人当たり地方税収は 165.9 であるのに，沖縄県では 67.1 と約 2.5 倍の格差がある（2015 年度）（『地方財政白書』平成 29 年版）．

　地方交付税制度は，地方団体が標準的な行政を行うために必要な財源を算定した基準財政需要額と，一般財源（使途の制約されない財源）を算定した基準財政収入額との差額（財源不足額）を普通交付税として交付する．

　基準財政需要額は人口の小さい団体ほど 1 人当たり経費が多く算定されるのが特徴で，都道府県レベルでも 3 倍程度の違いがある．規模の大きい団体は都市圏に存在し，人口密度が高く，集積の利益が存在するのに対し，小さ

い団体は人口に比べて面積が広く，1人当たりコストが多くかかると考えられている．

　このように，地方交付税は規模が小さく，税収の少ない地方団体により多くの財源を与える仕組みになっており，税収の偏在を是正する強力な効果を発揮する．たとえば，2015年度でみると，神奈川県の1人当たり地方税は11万4049円，1人当たり地方交付税は1万1044円であり，1人当たり一般財源は14万732円となる．一方，島根県では，1人当たり地方税は9万4644円，1人当たり地方交付税は26万3283円であり，1人当たり一般財源は37万8705円となる（『地方財政白書』平成29年版）．

1-2　地方・地域の生活と国土計画

　私達の生活は国の施策によって，良くも悪くも大きな影響を受けている．ここでは，戦後の国土計画によって私達の生活がどのように変わってきたかを簡単にみることとしよう．

1-2-1　戦後から高度経済成長期（1950年代〜1960年代）

　戦後の国土計画をまず簡単にみると，1950年には，国土総合開発法に基づく特定地域総合開発計画によって，戦後復興をめざした．この計画はアメリカのTVAに倣ったもので電源開発が主であった．戦後の復興時期に引き続き，日本は1950年代後半から1960年代に高度経済成長を遂げた．これは，主として，鉄鋼や石油化学といった基幹産業を中心とした重化学工業の成長，そして，エネルギー及び原材料の輸入と工業製品の輸出により成し遂げられた．この高度経済成長時に，多くの工業コンビナートが臨海部に形成されていった．経済復興のために基幹産業優先政策がとられ，1960年には，「国民所得倍増計画（1961年からの10年間に1人当たり所得を2倍にする）」として太平洋ベルト地帯構想が生まれた．

　この前後から大量の人口移動が生じ，都市における過密が問題となり，さらに地域格差が問題となってきた．そのため，「都市の過大化の防止と地域格差の縮小」をすすめ「地域間の均衡ある発展をはかることを目標とする」

全国総合開発計画（一全総）が 1962 年に策定された．一全総は都市の過大化と地域格差是正のために拠点開発方式をとった．そのために，工業の分散をはかるため新産業都市や工業整備特別地域を指定した．しかし，産業や人口の大都市圏への集中は続き，都市では過密が農山村では過疎が大きな問題となった．

　また，高度経済成長の一方で自然環境への不可逆的な損害や大気汚染，水質汚濁，悪臭，騒音振動，土壌汚染，地盤沈下などの公害問題が頻発し，水俣病，新潟水俣病，イタイイタイ病，四日市ぜんそくなど，汚染による深刻な健康被害が引き起こされた．そのため，1967 年に公害対策基本法，ついで 1970 年のいわゆる「公害国会」において，14 の環境関連法律の制定・改正が行われた．1971 年には環境庁（現、環境省）が設置された．

　1960 年代初めの公共投資（行政投資）は大都市圏での産業基盤整備投資が主であり，生活基盤（民生安定）投資は先送りされた．その後，地域格差の是正が重要課題となるとともに地方圏への配分が増え，生活基盤投資の割合も増えていった．

1-2-2　安定成長期（1970 年代）

　1970 年から 1980 年の間の平均 GDP 成長率は 4.5％であり，安定成長への移行がみられた．1969 年には，過密・過疎問題と情報化社会の到来に対応するために，国土利用の抜本的再編成を図ることを目標として新全国総合開発計画（二全総）が策定された．巨大開発方式と高速交通通信ネットワークにより，国土の効率的地域間分業を行おうとした．しかし，1973 年及び 1979 年の二度の石油ショックによる日本経済への影響は大きく，日本は 1974 年に実質 GDP のマイナス成長を経験することとなった．また，公害問題や地域問題に対する住民の意識の高まりもあり，巨大開発の見直しなどが検討されるようになった．

1-2-3　地方の時代（1970 年代後半〜 1980 年代）

　産業構造は，いわゆる重厚長大型の鉄鋼・石油化学を中心とした産業から電気・輸送機械などの加工組立型産業及びサービス業へと大きく変化した．

機械や電子機器といった高付加価値型の技術集約型産業の工場は，高度経済
成長時の産業が臨海部に立地したのに対して，内陸部で道路輸送や航空輸送
が利用できる地域へ立地する傾向があった．このように地方に立地する工場
などもあり，いわゆる J ターン現象が進んだ．戦後長らく続いた人口の大都
市圏集中も 1961 年をピークに徐々に緩和され，1970 年代後半には三大都市
圏への人口流入が純減を記録するまでになった．こうした中，1977 年には
三全総が策定された．三全総は人間居住の総合的環境の整備を目標としたも
ので，定住圏構想を開発方式としている．

　1980 年の国勢調査において東京都のみ人口の減少を見た．「地方の時代」
といわれたのもこの頃である．しかし，一方で地域間の所得格差は 1978 ～
79 年ごろを境に，再び拡大化の兆しがみられ（『経済白書』昭和 61 年度），大
都市圏への人口流入も 1981 年には増加に転じた．1979 年の「新経済社会 7
か年計画」では公共部門の肥大化が懸念されるようになり，公共投資の地方
への重点的投資の流れが変わった．

　石油ショック以降，国の財政状態は極度に悪化したため，「官から民へ」
のスローガンのもと，国・地方を含めた行財政の減量化・効率化などの必要
性が強調され，国鉄を含む三公社の民営化が行われた．

1-2-4　バブル期からバブル崩壊期（1980 年代後半～ 1990 年代）

　1982 年には，三全総の見直し作業が始まり，「多極分散型国土の形成」を
目標に掲げ，「交流ネットワーク構想」を開発方式とした第四次全国総合開
発計画が 1987 年に策定された．

　1985 年のプラザ合意を契機として，急激な円高が進行した．円高不況へ
の懸念と円高基調のもとでの対日貿易赤字の縮小を求めた日米構造協議によ
り内需拡大型の大型公共投資（10 年間で 430 兆円、後に 630 兆円に上方修正）
が行われた．

　1987 年から 1991 年まで景気は好況を呈し，年平均 GDP 成長率は 5.1 ％を
記録した．大都市圏，特に東京圏において，中枢管理業務機能及び運輸機能
の集中が加速化された．東京では，1984 年から 1991 年の間に地価が 4 倍に
上昇した．

　1980 年代以降の人口集中はかつてのように三大都市圏への集中から，東京（圏）のみへの一極集中となった．東京圏を構成する東京都，神奈川県，埼玉県，千葉県の総人口は約 3200 万人と，日本全体のほぼ 1/4 を占めるまで増加した．

　しかし，バブル経済は長く続かず，長期の不況に突入した．1992 年以降，国は，種々の景気対策を行ったが，景気の回復は遅々として進まなかった．

1-2-5　21 世紀を迎えて（1990 年代〜 2000 年代）

　景気の回復の遅れは地方財政にも深刻な影響を及ぼした．一方，少子高齢化の進展や生活者の多様化への対応は地方政府の役割に期待するところが大きく，中央集権的な全国画一行政の弊害が認識されるようになり，「地方分権推進法」が 1995 年に，「（いわゆる）地方分権一括法」が 1998 年に成立（2000 年から施行）した．この法律のもと，行政面での機関委任事務の廃止や市町村合併の推進（いわゆる平成の合併により市町村数は 3232［1999 年 3 月末］から 1718［2016 年 3 月末］に減少した），税財政面での法定外普通税の条件の緩和および新設などが行われた．

　こうした中，新しい全国総合開発計画として「21 世紀の国土のグランド・デザイン――地域の自立と美しい国土の創造」が 1998 年に策定された．この計画は，「国土総合開発法及び国土利用計画法の抜本的な見直し」を表明し，五全総とは呼ばれず，また，これまでの全総計画での「地域間格差の是正」「国土の均衡ある発展」を謳ってはいない．

　さらに 21 世紀に入り，「人口減少・高齢化」，「国境を越えた地域間競争」，「環境問題の顕在化」，「財政制約」，「中央依存の限界」が新たな課題となり，国土計画自体も大胆にその改革を図るべきとして「国土形成計画法」が 2005 年に公布された．国土形成計画（2008 年，2015 年）では，これまでの開発基調，量的拡大をめざす計画から国土の質的向上をめざす国土の利用と保全を重視した計画にするべく，対流促進型国土の形成を基本コンセプトとしている．

1-2-6　2010 年代

日本は人口減少社会に突入している中，依然として地方から東京を中心と

する大都市圏への人口流出が続いており，地方では少子化による人口の自然減に加えて社会減により地域経済や地域社会の維持に大きな影響が出ている．いわゆる「増田レポート」（日本創生会議・人口減少問題検討分科会「成長を続ける21世紀のために『ストップ少子化・地方元気戦略』」，2014年5月）では「消滅可能性都市」として2010年から2040年までの間に896の自治体が急激な人口減少に遭遇する可能性の高いことが示された（増田，2014）．そのため，国は2014年に「まち・ひと・しごと創生本部」を創設し，「まち・ひと・しごと創生法」など2法案を成立させた．国も地方政府も人口減少に歯止めをかけるとともに，東京圏の人口の過度の集中を是正し，それぞれの地域では住みよい環境を確保して将来にわたって活力ある日本社会を維持するための対策を構想している．

1-3　今日的地域問題

1-3-1　人口減少

　日本は2004年をピークに人口減少時代に入っている．人口動態における少子高齢化と人口減少，そして東京一極集中は昨今日本が抱える中心的課題である．「日本の将来推計人口」（国立社会保障・人口問題研究所，2017）によれば，2015年の日本の総人口は1億2709万人であった．出生・死亡中位推計の結果に基づけば，この総人口は，以後長期の人口減少過程に入る．2040年の1億1092万人を経て，2053年には1億人を割って9992万人となり，2065年には8808万人になると推計されている．人口構成では2015年から2065年にかけての出生・死亡中位推計によれば，年少人口が12.5%から10.2%，生産年齢人口が60.8%から51.4%，老年人口が26.6%から38.4%になると推計されている．

　日本全体でみると北海道，東北，北陸，中四国，九州といった中心から遠く離れた地域での人口の減少が大きく，東京一極集中が続いている．総人口に占める埼玉県，千葉県，東京都，神奈川県から成る南関東ブロックの割合は2010年の27.8%から2040年に30.1%まで増加するとされる（国立社会保障・人口問題研究所，2017）．

　高度経済成長時代に問題となった過疎地域は，①食料や木材等生活の基礎的物質の供給，②水土保全機能を通じて下流域を災害から守る国土の保全，③水需給の緩和に資する水源の涵養，④いこいの場としての自然環境の保全等の役割を担っている．そのため，1970 年に過疎地域対策緊急措置法が制定されて以来，さまざまな過疎対策が行われてきた．

　当初の過疎法は，人口の都市部への流出という社会減による人口減少による地域社会の崩壊に対して，住民生活のナショナルミニマムを確保し，地域間の格差是正に資する措置を講ずることで，人口の過度の減少防止と地域社会の基盤強化を図るものであった（萩原，1990）．過疎法はその後 1980 年，1990 年，2000 年（過疎地域自立促進特別措置法，2000 〜 2020）と対策内容を少しずつ変えながらさまざまな対策を講じてきたにもかかわらず人口減少と高齢化に歯止めはかけられなかった．

　さらに，2000 年代半ばから後半にかけて人口減少時代が到来すると，人口の死亡数が出生数を上回る「自然減」の影響が強まり，また人口の東京一極集中にも歯止めがかからず，地方における過疎の状況はいよいよ進行している．

　過疎地域は国土の 6 割，市町村の半数近くを占める多様な地域である．こうした中，過疎地域等条件不利地域に関して三つの省（国土交通・総務・農水）が連携して対策を講じている．

1-3-2　食糧・環境・防災分野での多様な生活者の役割の増大

　地球レベルでの気候変動に由来する水害や土砂災害などの防災・減災という喫緊の課題を考えれば，過疎地域が多く含まれる農山村の問題はその地域だけの問題ではなく広く日本全体の生活者にとって真剣に考えなければならない問題である．河川上流域に位置する山間部の集落の人口減少や高齢化に伴い水害や土砂災害などを防止するための森林の管理が行き届かない．

　また，食料自給率（供給熱量総合食料自給率）は 1965 年には 73%であったが年々下がり続け，2016 年度には 39%まで落ち込み，近年の気候変動ばかりでなく全世界的な投機マネーによる食糧需給の不安定面を克服するためにも農山漁村の役割は重要である．さらに，環境問題への対応を考慮に入れる

と「地産地消」が望ましいとの考えも示されるようになっている．国土形成
計画においても都市と農村，大都市と地方との交流，二地域居住や観光交流，
情報交流などの推進が検討されている．

　公共投資（インフラストラクチャーへの投資）を行政投資実績からみると近
年多少増加もみられるが国・地方の逼迫した財政状況下で 2000 年代に入っ
てから一貫して減少してきた．2014 年度主要事業別の投資額の状況をみる
と，道路が総投資額の 24.5％を占め，ついで，文教施設（10.8％），国土保全
（9.1％），農林水産（7.1％），下水道（6.5％），厚生福祉（5.9％），水道（5.2％）
となっている（『行政投資実績』平成 26 年度）．新規の投資が減少するなか，
近年では高度経済成長時代に建設したさまざまな社会資本の老朽化が問題と
なっている．

　近い将来起こるであろうとされる地震などの災害への備えは国・地方政府
だけの力では無理な状況となってきている．生活者も自ら防災・減災の役割
をになうことが必要な時代となっているといえよう．

1-3-3　多様な生活者と地方政府の関わり

　国も地方公共団体の財政も厳しいなかで何を優先して対策を講じるべき
かが問われている．地域の生活者は自らが居住する地域の問題ばかりでな
く，遠い地域の問題に対しても積極的に意思決定に関与していくことが必要
となっている．また，多様な歴史・文化・自然・経済などの条件を有する地
域の住民，消費者，生産者，NPO などの役割を担う多様な「生活者」のニー
ズをどのように満たしていくかについては，中央政府としての国と地方政府
としての地方公共団体という枠組みばかりでなく，これらの多様な生活者に
よる個別あるいは連携・補完的供給によることも考えられる．

　この点に関して，近年，公共領域における諸課題に対し，これまでのよう
に公的セクターですべてを処理しようとするのではなく，企業や NPO など，
民間セクターの諸主体と共同でかつ対等な関係を築きながら対応しようとす
る考え方として公民パートナーシップ（Public Private Partnership: PPP）に
注目が集まっており，日本でも 1990 年代以降，さまざまな政策分野で急速
に広まった（井堀，2005；諸富・門野，2007）．特に，阪神淡路大震災以降に

活発になった NPO，NGO や個人ボランティア活動は東日本大震災をはじめとして近年顕著に増加しているさまざまな災害時の復旧，復興に多大の働きを行っている．

　上述したように，かつての日本の地域政策はハードを中心としたインフラストラクチャーへの公共投資が中心であった．しかし，これからの地域政策は多様な生活者がどのように（個別・連携・補完的）関わりをもつかというソフト面での知恵も必要となってくるであろう．

　また，個別・連携・補完的な公的サービスの供給水準や供給方法に関する意思決定をどのような形で行っていくかということも大きな問題である．多様な主体の参加をどのように具体化していくのかについては第 12 章「生活者の参加」を参照されたい．

学習課題

1. あなたが暮らしている市町村の人口数と人口構成の 1990 年以降の推移を調べよう．
2. あなたが暮らしている市町村のハザードマップを見て，生活者による災害の備えを考えてみよう．
3. あなたの身のまわりで多様な生活者のための多様な役割を担っている組織があれば紹介してください．

参考文献

井堀利宏編『公共部門の業績評価――官と民の役割分担を考える』東京大学出版会，2005 年．

国土交通省『国土形成計画』[http://mlit.go.jp]（2017 年 11 月 1 日閲覧）．

国立社会保障・人口問題研究所『日本の将来推計人口（平成 29 年推計）』2017 年[http://ipss.go.jp]（2017 年 11 月 1 日閲覧）．

神野直彦・小西砂千夫『日本の地方財政』有斐閣，2014 年．

総務省『地方財政白書』平成 29 年版，2017 年［http://soumu.go.jp]（2017 年 11 月 1 日閲覧）．

総務省『行政投資実績』平成 26 年度，2017 年［http://soumu.go.jp]（2017 年 11 月

　　 1 日閲覧）．

内閣府『年次経済報告［経済白書］』昭和 61 年度，1986 年．

萩原清子『水資源と環境』勁草書房，1990 年．

萩原清子編著，朝日ちさと・坂本麻衣子著『生活者からみた環境のマネジメント』
　　昭和堂，2008 年．

萩原清子編著『生活者が学ぶ経済と社会』昭和堂，2009 年．

増田寛也『地方消滅——東京一極集中が招く人口急減』中央公論新社，2014 年．

水谷守男・菊池裕子・宮野俊明・菊池裕幸『地方財政を学ぶ』勁草書房，2017 年．

持田信樹『地方分権の財政学——原点からの再構築』東京大学出版会，2004 年．

諸富徹・門野圭司『地方財政システム論』有斐閣，2007 年．

Hagihara, Kiyoko/ Hagihara, Yoshimi, "The Role of Intergovernmental Grants in
　　Underpopulated Regions", *Regional Studies*, Vol. 25, No. 2, 1991, pp. 163-172.

Tibout, Charles M., "A Pure Theory of Local Expenditures", *Journal of Political
　　Economy*, Vol. 64, 1956, pp. 416-424.

第2章

地域マネジメントの基礎

　本章では，地域のマネジメントの概念を示した上で，その目的・対象・主体，及び考慮すべき規範や価値について考える．企業経営などビジネスの世界から始まったマネジメントの考え方は，社会の複雑な変化に対し，限られた資源をいかに活用して対処すればよいかに苦心しなければならない状況の中で，あらゆる分野に導入されるようになってきた．「地域」においても経営の視点で時代の変化に対応していくことが求められるようになっているのである．地域マネジメントとは，地域が有するさまざまな資源，つまりヒト，モノ，カネ，情報，そして時間を適正に管理し活かしながら，地域がめざす目標に向かって課題を解決あるいは改善し，地域を発展あるいは維持させていくことである．課題の改善・解決を図るにあたっては公平，効率，自由，安全・安心，多様性・包摂，持続などを考慮する必要がある．これらの価値はしばしば対立関係にあるため，双方の価値を高める可能性を探りつつバランスをとることが求められる．

2-1　地域マネジメントの概念

2-1-1　マネジメントとは

　企業経営などビジネス上の用語として用いられてきたマネジメント（management）という言葉は，現在では民間部門，公共部門を問わず社会のあらゆる分野で用いられるようになってきた．マネジメントは一般に経営

管理,あるいは単に管理と訳されることが多く,経営や運営について組織だって管理することをいうが,状況の変化に対応しながらさまざまな資源,つまり人,物,金,情報などを効率的に活用し発展させながら目標達成をめざしていく概念である.

"manage" の語源はラテン語の manus（手）にあり,「うまく,巧みに手を扱う」,「馬を手で御する」といった意味で16世紀ごろから使われるようになったという.辞書を引くと,「経営する」や「管理する」などと並んで「うまく扱う」,「なんとかする」,「どうにかやり遂げる」などの意味が載っている.機械的に処理すればいいということでも強制的にするのでも情熱だけで突っ走っていくというのでもなく,諸々の事象を勘案しつつ関係する個人や組織をなんとかうまく動かしながら物事を進めていくといった柔軟性をもったニュアンスがマネジメントにはあるように思われる.

「マネジメントの父」といわれるドラッカー（Peter Ferdinand Drucker, 1909-2005）は,「組織が存在するのは組織自体のためではなく,自らの機能を果たすことによって,社会,コミュニティ,個人のニーズを満たすためである」とし,そのような組織の中核をなすのがマネジメントであるとしている.また,その必要性について,「組織は,マネジメントという骨格をもつように変身しないかぎり,失敗を重ね,停滞し,坂を下りはじめる」としている.彼は,マネジメントには基本と原則があり,それらの基本と原則はそれぞれが置かれた国,文化,状況に応じて適用していかねばならないが,決して破棄してはならず,いま直面する課題,問題,意思決定に適用すべき基本と原則は何かを徹底して考えることを求めている.

2-1-2　地域マネジメントとは何か

地域を取りまく時代の変化に対して地域を経営の視点でとらえて対応していく姿勢を求める認識が高まるなかで,「地域マネジメント」という用語が用いられるようになってきた.その概念,定義もさまざまに試みられ,あり方が検討されている.

たとえば,財団法人ニューメディア開発協会は,IT を活用した官民協働による新たな地域経営の方法論を「地域マネージメントモデル」として位置

づけ，その定義を，「地域を「経営」するという視点から捉え，地域の目標（住民満足度の向上，地域 GDP の向上，社会的位置づけ，評価の獲得）の実現をめざし，地域経営のステイクホルダー（住民，企業，行政）の主体的な協働・連携と，情報通信技術の最大限の活用により，地域経営資源（ヒト，モノ，カネ，情報）を最適配分，最大限に活用することにより，地域の課題の解決や活性化を図り，これを持続的に展開していくこと」としている（財団法人ニューメディア開発協会，2005）．また，「地域が，地域のために，地域の自治のもとで，地域の不動産開発・管理・運営を行い，地域の経営を行うこと」といった不動産管理を中心とした概念（斎藤，2005），「'地域マネジメント'とは，ある地域の自然的，社会的環境とのつながりの中で'行政，企業，市民等の協働主体が，地域資源の持続性と暮らしの充実に向けての変化と推進のために，環境的，社会的，経済的な多元的システム化（最適性，効果の発揮）を実現すること'」（片岡，2008），「地域をマネジメント（経営）する客体として捉え，地域を構成するステイクホルダー（関係する主体）それぞれが最適な働きをし，かつ，ステイクホルダーが相互に連携しつつバランスのとれた資源配分が行われるようにして，地域を発展させること」（西野，2010）などの定義が提示されてきた．

　一方，地域マネジメントとほぼ同義語として用いられていると思われるエリアマネジメントについては，国土交通省が「地域における良好な環境や地域の価値を維持・向上させるための，住民・事業主・地権者等による主体的な取り組み」と定義し，「エリア全体の環境に関する活動」，「共有物・公物等の管理に関する活動」，「居住環境や地域の活性化に関する活動」，「サービス提供，コミュニティの形成等のソフトの活動」にかかわる幅広い項目をエリアマネジメントの要素（表 2-1）としてあげている（国土交通省土地・水資源局，2008）．

　いずれの定義・概念の提示においても，「地域」の範囲については漠然としているが，地域マネジメントの目的については地域の資源と価値の維持向上が共通して示されており，また，マネジメントの主体としては住民あるいは市民，行政，企業をはじめ多様な主体の関与や協働，コミュニティの重要性が示されているといえる．

表 2-1　エリアマネジメントの要素

i) エリア全体の環境に関する活動	① 地域の将来像・プランの策定・共有化
	② 街並みの規制・誘導
ii) 共有物・公物等の管理に関する活動	③ 共有物等の維持管理
	④ 公物（公園等）の維持管理
iii) 居住環境や地域の活性化に関する活動	⑤ 地域の防犯性の維持・向上
	⑥ 地域の快適性の維持・向上
	⑦ 地域の PR・広報
	⑧ 地域経済の活性化
	⑨ 空家・空地等の活用促進
	⑩ 地球環境問題への配慮
iv) サービス提供, コミュニティ形成等のソフトの活動	⑪ 生活のルールづくり
	⑫ 地域の利便性の維持・向上，生活支援サービス等の提供
	⑬ コミュニティ形成

出典：国土交通省土地・水資源局（2008）より筆者作成.

　ドラッカーは，マネジメントの役割として，第一に，自らの組織に特有の使命を果たすこと，第二に，仕事を通じて働く人たちを生かすこと，第三に，自らが社会に与える影響を処理するとともに，社会の問題の解決に貢献すること，をあげ，さらに第四として，現在と未来，短期と長期という時間要素を考慮すべきであるとしている.

　これを踏まえて地域マネジメントの役割を考えるならば，以下をあげることができる. すなわち，第一に，普遍的な目標とともに地域に特有の目標を達成することである. 地域マネジメントには，他の地域と共通する目標とともに，立地や人口動向，産業構造，歴史文化などの地域特性を反映した目標が設定されるだろう. 第二に，地域を構成する主体それぞれを生かすことである. 地域を構成する主体である市民，行政，企業をはじめ多様な主体が自らの地域に責任をもちながらマネジメントに関与し，その成果を受けていくことが求められる. 第三に，マネジメントを通して地域が抱える課題解決に貢献することである. そして，第四に，地域の現在と未来，短期と長期という時間要素を考慮することである. 地域の現在と未来は過去からつながっており，地域の歴史を振り返り継承する視点も重要である.

2-1-3　地域マネジメントの目的・対象・主体

　本書においては、「地域マネジメント」を、地域が有するさまざまな資源、つまりヒト、モノ、カネ、情報、そして時間を適正に管理し活かしながら、地域がめざす目標に向かって課題を解決あるいは改善し、地域を維持、あるいは発展させていくことであると捉える。

　■ 地域マネジメントの目的

　目的なくしてマネジメントはありえないが、地域マネジメントの目的は一つではないかもしれない。望ましい地域の姿とはどのようであろうか。それは「地域」をどう捉えるか、地域のレベルや規模、分野、視点によって異なるであろう。たとえば、基礎自治体である市区町村と都道府県レベル、大都市と地方都市、港湾都市と内陸都市、観光都市と工業都市というように、都市や地域の規模、立地、歴史文化、人口構成、産業構造などによってめざす地域イメージは違ってくるであろうし、一つの自治体のなかでも学区レベルや自治会レベルではもっと身近な問題で地域を捉えることになるだろう。またたとえば、地域経済を中心に考えた場合と医療福祉を中心に考えた場合と環境保全を考えた場合とでは望ましい地域の姿は同じではないかもしれない。それぞれの分野・視点でのマネジメントの目標が掲げられて取り組まれることになる一方で、俯瞰的に全体をみて調整し、地域全体を維持・発展させ価値向上を図るためのマネジメントも求められるだろう。

　■ 地域マネジメントの対象

　地域マネジメントの対象は、対象とする地域におけるヒト、モノ、カネ、情報、そして時間である。

　「ヒト（人）」は地域を成り立たせている最も重要な構成要素であり、最も複雑な要素でもある。地域におけるヒトには、その地域を生活の場とする人、その地域に通勤・通学する人、その地域を来訪する人が含まれる。ヒトの属性はさまざまである。年齢、性別、家族構成、身体状況、国籍、職業、経済状況、能力、思想信条、信仰、嗜好、……などである。これらには現在だけでなく過去と未来の人も含まれる。たとえば、その地域の出身で現在は他所にいる人、将来生まれてくる人などである。さらに、たとえば、ふるさと納

税，地域産品の購入などさまざまなかたちで地域とかかわる人もいるだろう．また，ヒトは個人としてだけでなく，団体・グループ・組織，あるいはコミュニティとしても対象となるし，相互の関係性も対象となる．

人が能力を発揮できるために，あるいは幸せに地域で生活し続けていけるために，健康，教育，福祉，交流，雇用をはじめさまざまな領域や観点でマネジメントが考えられる必要がある．近年では，ストレス社会といわれるなかで，心の健康管理（メンタルヘルス・マネジメント）などの取り組みも重視されるようになってきている．

地域における「モノ（物）」には，公共の施設・設備，民間の施設・設備に加え，地域の自然資源，歴史文化資源など多種多様な資源が含まれる．モノはそれぞれに異なる主体によって管理され，機能を発揮する．多種多様なモノが活かされることによって生活活動，経済活動，文化活動をはじめ地域を支える活動が可能になる．

地域における「カネ（金）」とは文字通りお金であり，行政，企業や民間，個人が保有する資金，そしてそれらの資金の流れがある．地域における資金は，どのような流れを経て現在，どの分野で誰あるいはどの組織がどのような形で保有しているか，将来はどうなるか，資金の性格，量，流れを把握し有効活用する．また，持続性のためには，資金を継続的に生み出す仕組み，調達できる仕組みを考えていく必要がある．

地域における「情報」には，地域に関わる多種多様な情報が含まれる．地域を構成するさまざまな要素についての情報は言語化されて記録されているものばかりではない．たとえば，地場産業のなかで培われてきた職人技，地域についての個人の記憶，感覚などはなかなか言語化されないかもしれない．しかしながら，情報技術の進展に伴い，かつては共有しにくかった情報についても言語化，可視化，見える化が可能になってきた．情報を収集する方法，整理する方法，活用する方法など情報をいかに扱うかを考える必要があるが，情報の正誤の判断，情報漏洩などセキュリティリスクなど留意すべき点も少なくない．

さらに「時間」も地域マネジメントの対象として重要である．人口減少に直面している地域にとっては将来的にも地域自体を存続させていけるのかど

うかが大問題である．現時点において地域を構成するさまざまな要素が今後
どのように推移していくのか，あるいは推移させていくのか，短期，中期，
長期の時間スパンで考えていく必要がある．たとえば，人口は時間経過とと
もに年齢層が推移し，それに伴いニーズも変化していく．高度経済成長期に
各地で造成された住宅団地で建物の老朽化と住民の高齢化が重なり問題が深
刻化していることは，住宅不足の解消という短中期的な課題解決においても
長期的な視野が不可欠であることを示している．

■ 地域マネジメントの主体

これまで地域マネジメントの主体として中心に据えられてきたのは行政で
あったといえるだろう．しかしながら，現代社会では，かつてのように単純
に「公共部門」と「民間部門」というように二分化できなくなっている．行
政は民間企業の経営手法を取り入れ，より効率的な資源配分を求められてい
る．一方，もっぱら市場原理で動いてきた民間企業においては CSR 企業の
社会的責任を果たすこと，環境配慮，地域貢献など公的な活動が求められて
いる．それぞれの価値観と使命により活動する NPO，NGO などの団体が担
う役割が大きく拡大していることに加え，中間支援組織，社会的企業が増加
している．さらに，不透明ながら情報技術革新によって可能になった SNS
などのネットワークも大きな可能性をもってきた．いずれの部門においても，
個人が個人としてあるいは組織の一員として担う役割は小さくない．つまり，
個人は個人としてあるいは組織の一員として地域マネジメントの主体として
の役割を担えるということである．

2-2 地域マネジメントにおいて考慮すべき価値

地域マネジメントを考える際には，どのような規範や価値が求められるの
であろうか．公共的問題に対処し改善・解決を図る上では，適法であること
はもちろんとして，公平，効率，自由，安全・安心，多様性・包摂，持続と
いった規範あるいは価値への留意が必要である．これらの価値についてはさ
まざまな議論があるが，ここでは地域をマネジメントする上で考慮すべき問
題として提示する．

2-2-1　公平 equity

　公平とは，一般に判断や処理などが偏っていないことである．似たような用語である「公正」が正しいことに重点があるのに対して，「公平」は偏っていないことに重点がある．また，「平等」は偏りや差別がなく等しいことをいう．

　公平には水平的公平（horizontal equity）と垂直的公平（vertical equity）という二つの概念がある．水平的公平とは等しいものを等しく扱うことであり，垂直的公平とは等しくないものを等しくなく扱うことである．たとえば，成績評価において得点が同じであれば同じ成績になることは水平的公平であり，得点が異なれば異なる成績になることは垂直的公平である．これらに対し，得点差がないのに異なる成績がつくなど等しいものを等しくなく扱うことや，得点差が大きいのに同じ成績がつくなど等しくないものを等しく扱うことは，いずれも不公平ということになる．

　しかし，どのようであれば公平で，どのようであると不公平なのか．公平性の判断には主観的な面があり，価値観が多様化した社会においては合意を得ることが難しい場合も少なくない．公平は「公」が何かを分配するときに特に問題となる．分配されるものが何かによって公平感は違ってくるが，機会が公平であることが望ましいことについてはある程度の合意があるだろう．結果の公平に関しては，税制のように所得が同じであれば同額の税額が課されるというような結果の公平はあるが，現実にはインプット（投入した時間，努力，能力，資金など）とアウトプット（得られた報酬，評価，表彰など）の比率が他者と比べてフェアと感じるかどうかが問題となり，人によって公平，不公平の感じ方は異なってくる．ただし，配分プロセス，つまり配分がどのように行われるかという意思決定の手続きが公平で信頼できれば，異なる結果でも納得して受け入れることは可能である．たとえば，スポーツ競技においては一定のルールの下に競技が行われることによって，どのような結果でもみな受け入れる．ただし，審判員の誤審や不正，禁止薬物の使用などルールが適正に執行されなければ結果を受け入れることができないだろう．不公平感は個人のモチベーションに影響するため，マネジメントにおいては人々

のモチベーションを損なわないよう留意することが求められる．仮に結果の
公平を保証できないとしても手続きの公平は担保されていることが不可欠な
のである．

2-2-2　効率 efficiency

　効率とは，もともとは機械によってなされた仕事の量と消費されたエネ
ルギーとの比率であるが，転じて，一般的に使った労力と得られた成果と
の割合をいう．経済学では資源・財の配分について無駄のないこと，つま
り，投入 input（費用 cost）に対する産出 output（便益 benefit）の割合，で
ある．効率性を追求することは，「産出 output ／投入 input（便益 benefit ／
費用 cost）」を最大化することであり，それは，投入が一定の時に算出を最
大化する，あるいは，産出が一定の時に投入を最小化することである．なお，
効率と似た用語である能率は，一定時間内にできる仕事量に重心をおいた意
味合いでつかわれる．

　もしも利用できる資源（ヒト，モノ，カネ，情報など）が無尽蔵にあり時間
制約もないのならば効率を考える必要はないだろうが，そのようなことは現
実には残念ながらありえない．目的を達成するために，限りある資源を最
大限活かせるよう効率を考えざるをえない．しかしながら，効率はあくまで
も目的を達成するための手段であって，効率そのものが最優先の目的ではな
いことを忘れてはならない．ある視点からは効率的であることが，別の視点
からは非効率である場合もありうる．短期的に効率的であると考えたことが，
長期的には非効率になる場合もあるかもしれない．効率を問題にする際には，
めざす目的を明確にした上で，何を分子（産出あるいは便益）とし，何を分母（投
入あるいは費用）とするかを定義し，共有する必要がある．目的が単一では
ない場合には複数の効率を扱うことになり，総合的にみて効率的であるため
の最適解を追求することになるだろう．効率を考える際には狭い視野にとら
われずに，目的達成にかかわる要素を俯瞰できる多角的な視点をもつことが
求められるのである．

2-2-3　自由 freedom

　自由とは，一般には，他から強制や命令を受けることなく，自分の思い通りにできることである．J. S. ミルは『自由論』のなかで，人間は他人に危害を与えない限り，自分の望むように行動できるとし，他人に危害を与える場合のみ，政府はその行動をやめさせるよう介入できる，とした．

　日本国憲法は，精神的自由（思想・良心の自由，信教の自由，集会の自由，結社の自由，表現の自由，学問の自由），経済的自由（居住移転の自由，職業選択の自由，外国移住・国籍離脱の自由），人身の自由（奴隷的拘束・苦役からの自由，令状なき不当な勾留など，正当な法的手続を踏まない不当な拘束からの自由，勾留拘束に当たっての法定手続の保障）といった自由権を保障している．このようにさまざまな自由が保障されているわけだが，自由権の濫用は認められていない（憲法 12 条）．他人に害となる場合，すなわち殺人や傷害など身体に対する危害，所有物に対する危害，快適性（アメニティ）に対する危害，精神的な危害（精神的苦痛）などに対しては，政府が介入してまで止めるべきであるとされている．

　また，景観法の施行によって法的拘束力が備わった景観条例による建物や広告物などに対する規制が，営業の自由や表現の自由と対立することがある．しかしながら，モノの豊かさよりも生活の質や住環境の快適性（アメニティ）が重視されるようになるなかで，条例による景観規制は，市民の良好な生活環境を求める利益を守るものであり，公共の福祉にかなう制約として理解されるようになってきている．

2-2-4　安全と安心 safe and secure

　安全・安心な社会を構築する，安全・安心を確保する，など，安全と安心はしばしばセットで使われる．安全と安心は深い関係にあるものの本質的にかなり異なる．一般に，安全は客観的な意味合いで用いられ，安心は主観的な意味合いで用いられている．

　安全とは，人とその共同体への損傷，ならびに人，組織，公共の所有物（無形のものも含む）に損害がないと客観的に判断されることである．科学技術，

社会技術の問題として論理的に，客観的に，数量的に評価される試みが行われている．これに対し，安心とは，個人の主観的な判断に大きく依存するものである．人は知識・経験を通じて自分が予想していないことは起きないと信じ何かあったとしても受容できると信じているときに安心と思う．安全であることは安心につながるはずだが，安全であっても安心できない（不安），逆に安心しているが実は安全でない（危険）といった状況もある（図2-1）．

　現実の社会においては起こりうるすべての出来事を事前に想定することは不可能であり，想定外の出来事により安全が脅かされる可能性は否定できない．「安全」といっても，100%安全というわけではなく，実際には多少のリスクはあるが許容範囲である状態が含まれているのである（図2-2）．安全かどうかの判断はリスクをどこまで許容できるかという主観的な面も含まれているため，安全に関しても広く社会で受け入れられるかどうか議論になる場合がある．

　人々が安心と思うためには，人々が安全に携わる組織を信頼できることが必要である．信頼がなければ，いくら安全を宣言したところで信じることができず安心は得られない．広く社会的に合意されるレベルまでリスクを極小化し安全を確保するとともに，関係者間での信頼関係を構築することによって安心を得ていくことが求められる．

2-2-5　多様性と包摂 diversity and inclusion

　地域社会はさまざまな属性をもつ人々によって構成され，多様であることが地域の活力を生み出している．市民社会として誰一人取り残すことのないよう，多様性と包摂を尊重することが求められる．

　施設・設備や製品などについて誰もが利用できるようにしようという考え方はバリアフリーやユニバーサル・デザインとして広がってきた（Column 1「ユニバーサル・デザイン」参照）．

　また社会の仕組みについては，格差拡大のなかで社会的包摂の考え方がある．1970年代以降，ヨーロッパでは経済低成長期の失業と不安定雇用の拡大により，基本的な福祉制度から漏れ，地域や職場や家庭とのつながりから脱落し，社会的に孤立して生活困難に陥る状況が社会問題化した．このよ

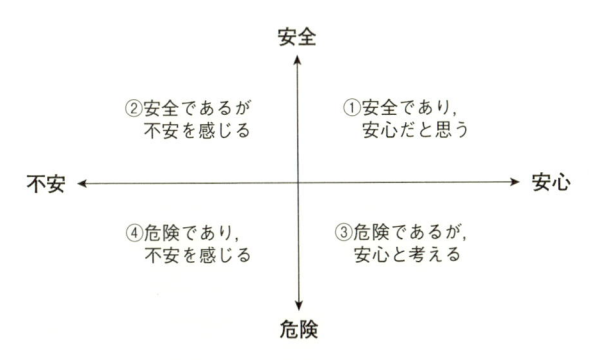

図 2-1 安全・危険と安心・不安マトリックス
出典：内田（2009）.

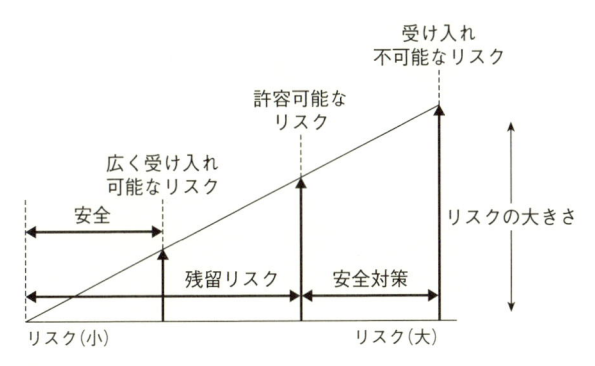

図 2-2 許容可能なリスクと安全
出典：日本学術会議（2005）.

うな「社会的排除 social exclusion」に対し，社会から孤立した人々，社会的に弱い立場の人々や不利な属性をもつ人々も含め，誰一人として取り残すことなく地域社会に取り込み，支え合う考え方である「社会的包摂 social inclusion」の概念が社会政策の基礎的な理念として確立してきた．社会的排除は，従来の貧困の概念と異なり，経済的問題だけではなく人と社会との関係性において不利な状況にある個人やグループが存在するという社会のあり方に注目する概念である．

　わが国においては，バブル崩壊後の「失われた 10 年」といわれる 1990 年代半ば以降，リストラ，若者の失業や非正規雇用が増大し，派遣切り，ワー

キングプアなど貧困問題がしばしば大きく報道されるようになった．2008年のリーマンショックを経てようやく社会的排除に対する取り組みが本格化し，2011 年には当時の民主党政権下で内閣官房に社会的包摂推進室が設立され（2013 年に廃止），「社会的包摂政策を進めるための基本的考え方」が示された．日本学術会議による提言（2014 年）においては，わが国の社会保障制度が一定の成熟に至ったものの，人口構造や家族形態の変化，ライフスタイルの多様化，労働市場の二極化と非正規雇用の増大など多様に変容している社会の現状に対応できず，格差拡大，生活困窮者の増加，貧困の世代間連鎖，コミュニティや家族の絆の弱体化と社会的孤立など，これまでの日本の社会政策では想定されていなかったさまざまな問題が顕在化しているとし，今後の日本においては，社会的包摂を社会政策の基礎概念として位置づけ，すべての人が潜在的に有する能力をフルに活用できる社会（包摂する社会）を構築することが不可欠であると提言している．

2-2-6　持続 sustainability

人口減少社会においては地域そのものを持続できるかどうかが大きな課題である．地域が持続可能であるためには，多世代が将来にわたって住み活動し続けられる状態が確保されていることが必要であり，環境，エネルギー，交通，産業，消費，医療，福祉，教育，文化などさまざまな分野で地域の持続性を考えなければならない．

持続とは，一般に長く保ち続けること，長く続いていることである．国際連合の「環境と開発に関する世界委員会（通称ブルントラント委員会）」（World Commission on Environment and Development: WCED）が 1987 年に発行した最終報告書 "Our Common Future" において持続可能な開発 Sustainable Development が中心的な理念とされて広く認知されるようになり，以降，さまざまな分野で持続性が問われるようになった．

2015 年 9 月の国連サミットでは「持続可能な開発のための 2030 アジェンダ」が採択され，2016 年から 2030 年までの国際目標として持続可能な開発目標（Sustainable Development Goals: SDGs）が示された（図 2-3）．SDGs は持続可能な世界を実現するための 17 のゴール・169 のターゲットから構成

図 2-3　SDGs のロゴ
出典：国際連合広報センター．[http://www.unic.or.jp/activities/economic_social_development/
sustainable_development/2030agenda/sdgs_logo/]（2018 年 6 月 27 日閲覧）

され，地球上の誰一人として取り残さない（leave no one behind）ことを誓っている．SDGs は発展途上国のみならず，先進国自身が取り組むユニバーサル（普遍的）なものであり，日本も積極的な取り組みが求められている．

　SDGs の 17 の目標は，それぞれが独立しているわけではなく，経済・社会・環境という持続可能な開発を実現するためには，それぞれの目標達成をめざしつつ総合的に考える必要がある．ある目標達成のために他の目標との関連性を考えることによって，他の目標に向けてマイナスの影響を生じさせないよう配慮することができ，また，二つ以上の目標を達成できるようなアプローチを採用できるかもしれない．SDGs では収入，ジェンダー，年齢，人種，民族，移住状況，障害，地理など社会のさまざまな層ごとにデータを取ることが定められており，「持続可能な世界」の実現は「誰一人として取り残さない」ことと一体として考えられている（詳細は第 11 章「地域の持続可能性」参照）．

2-3　価値の対立

　一つの価値の追求が他の価値の達成を困難にする場合，これをトレードオフ（二律背反）という．

　公平と効率はトレードオフの関係にあることが多いといわれる．たとえば消費税を一律に徴収することは煩雑な控除制度もなく効率的であるが，所得の多寡が考慮されていないため所得の低い人ほど負担率があがってしまう逆進性があり公平性を損なってしまう面がある．また，医療分野では医療費全体の支出抑制が大きな問題となり，費用対効果により効率性を高める動きがあるが，効率性のみを追求してしまうと医療の公平性が犠牲になることが危惧される．

　効率と自由がトレードオフの関係になる例としてはコンパクトシティ化をあげることができる．中心部にまとまって住む方が，交通・上下水道・電気・ガスなどのインフラ投資や医療・介護を含む地域包括ケアシステムの構築などにおいて効率的であるが，移住を進めたり居住場所を指定することは居住の自由を制約することになる．

　安全が効率や自由とトレードオフの関係になることもある．たとえば航空機への搭乗には手荷物検査が必須なように，テロ等の危険防止のため，鉄道駅，庁舎，美術館，宗教施設，イベント会場など人が多く集まる施設等への入場に際しても手荷物やボディチェックが行われる場合がある．安全性を高めるためにはコストがかかり，効率や個人の行動の自由は制約されることになる．

　トレードオフの関係は現実社会においてさまざまに見られ，そのような関係にある価値間のバランスをいかにとるかに苦心することになる．しかしながら，短期的にはトレードオフ関係にある価値が，長期的には双方の価値を高める可能性も小さくない．たとえば，近年クローズアップされてきた子どもの貧困の解消は公平性の観点からの喫緊の課題であるが，経済格差と教育格差と健康格差が一体化してしまう状況から脱却させる施策への投資は，健

全で自立した将来世代の納税者を育成し将来の医療福祉予算を低減させうるという意味で効率性にかなうはずである．広い視野，多角的な視点，柔軟な考察力をもって考えることが求められる．

学習課題

1. 公平性が議論になる具体的な事例を取り上げ，公平の考え方の論点（相違点）を整理してみよう．
2. 価値の対立関係（トレードオフ）について具体的な事例を取り上げ，バランスをとるための考え方について論じてみよう．

参考文献

阿部彩『弱者の居場所がない社会——貧困・格差と社会的包摂』講談社，2011 年.

岩田正美『社会的排除——参加の欠如・不確かな帰属』有斐閣，2008 年.

内田勝也「安全と安心を考える」『情報通信白書』平成 21 年度版，2009 年.

小塩隆士『効率と公平を問う』日本評論社，2012 年.

片岡力「地域マネジメント考」『長崎国際大学論叢』第 8 巻，2008 年，pp.101-110.

国土交通省土地・水資源局『エリアマネジメント推進マニュアル』2008 年［http://tochi.mlit.go.jp/jitumu-jirei/areamanagement-manual]（2017 年 10 月 30 日閲覧）.

財団法人ニューメディア開発協会『電子自治体推進のための地域マネージメントモデル調査研究』平成 16 年経済産業省委託「地域情報システム関連調査」事業報告書，2005 年.

斎藤広子「地域マネジメント実現のための課題——アメリカ HOA 制度を中心に」『不動産学会誌』第 19 巻第 1 号，2005 年，pp. 47-56.

ドラッカー, P. F.『マネジメント［エッセンシャル版］——基本と原則』上田惇生編訳，ダイヤモンド社，2001 年.

西野勝明「地域マネジメントを担う自治体のマネジメント・システム」『国際文化研修』第 69 巻，2010 年，pp. 39-46.

日本学術会議（社会学委員会・経済学委員会合同包摂的社会政策に関する多角的検討分科会）『提言　いまこそ「包摂する社会」の基盤づくりを』2014 年.

日本学術会議（人間と工学研究連絡委員会安全工学専門委員会）『安全・安心な社会構築への安全工学の果たすべき役割』2005 年.

Column 1

ユニバーサル・デザイン

　1950 年代末に身体障害者が建築や交通等を利用しようとする際に支障となるバリアを取り除く運動として始まったバリアフリー・デザイン Barrier Free Design は，障害を持つ人の社会参加を阻むバリア（物理的障壁，及び情報・制度・意識における障壁）を取り除くことに重点がおかれてきた．これに対してユニバーサル・デザイン Universal Design は，障害や能力の有無，年齢や性別や人種といった区分を超えてはじめから誰にでも使いやすいデザインをめざそうという考え方である．

　ユニバーサル・デザインという概念は，「製品や環境をできるだけすべての人に使えるようにデザインすること」で，1985 年に米国のロナルド・メイス Ronald L. Mace によって提唱され，この概念を明確にするため 7 原則が示されている（表 1）．

表 1　ユニバーサル・デザインの 7 原則

①	誰でも公平に利用できる（公平性） Equitable use
②	柔軟に使える（自由度） Flexibility in use
③	使い方が簡単ですぐわかる（単純性） Simple and intuitive
④	必要な情報がすぐに理解できる（わかりやすさ） Perceptible information
⑤	うっかりミスや危険につながらない（安全性） Tolerance for error
⑥	無理な姿勢をとることなく，少ない力でも楽に使える（省力性） Low physical effort
⑦	アクセスしやすいスペースと大きさ（スペース確保） Size and space for approach and use

　ユニバーサル・デザインは，バリアフリーのほかヨーロッパにおけるデザインフォーオール Design for All（万人のためのデザイン），イギリスにおけるインクルーシブデザイン Inclusive Design（これまで除外されていた人々を初期段階から巻き込んでデザインする）などとともにノーマライゼーション Normalization（障害の有無にかかわらず誰もが区別なくあたりまえに暮らせる社会をめざす）の手段として位置付けることができる.

　日本では1970年代から仙台市，町田市，神戸市などの自治体が移動困難者を対象の中心とした福祉のまちづくりに取り組み始め，その後，国レベルでのガイドライン等の策定や法律整備も進み，駅や空港など旅客施設，車両，公園，建築物等を中心にバリアフリー化によるアクセスや安全性，快適性の向上が図られてきている.

　人口減少化社会においては社会の構成員一人ひとりの存在がますます重要となる. 超高齢社会に突入し今後も高齢化率の上昇が予想されている中で，身体状況，属性，能力，文化などにかかわらず物理的にも社会制度的にも心理的にも阻まれることなく誰もがシームレスに生き生きと活動できる社会的基盤を整えることが求められている.

表2　ユニバーサルデザインの一例

駅で	ホームドアが設置されていると，誰にとっても安全で安心である.
	幅広の改札口があると，車イスの人も，親子連れも，大きな荷物を持った人も楽に通れる.
	案内表示の多言語化に加え，路線名や駅番号を表示したり色弱の人でも見えやすい色を工夫する.
博物館で	見るだけでなく，触る展示など体感できればもっと楽しめる.
	建物の触れる模型など立体的な案内があると，視覚障害者も現在地を把握しやすい.
身近なモノで	紙幣は左端下についているザラザラの形で，金額がわかる.
	シャンプー容器にはギザギザがついていて，誰でも頭を洗いながら目をつぶったままで区別できる.
	缶ビールの形は同じだが，上部に点字を付けてある.
食卓で	食物アレルギーの人も一緒に食べられる美味しいスイーツ.

第3章

地域マネジメントの構造

··· キーワード ···

地域課題
公的問題
ブレーンストーミング
KJ法
ロジックツリー
PDCA

　地域マネジメントにおいては，地域のめざすべき姿と現実とのギャップを直視し，地域が抱える課題を明確にし，どのような改善が必要かを考え，実行する．地域で解決すべき地域課題として捉えられるのは公的問題であるが，公的問題には私的問題も関係している．どのような問題として捉えるか，あるいはそもそも問題として認識されるかは時代や社会の変化，文化などによっても異なる．問題がもつ全体性・相反性・主観性・動態性といった複雑な性質を理解し，関係主体間で認識を共有することが問題解決のために求められる．問題の複雑な関係を理解するためにはブレーンストーミング，KJ法，ロジックツリーなどの手法を活用して構造化することが有効であり，整理された問題構造は，Policy, Program, Project といった階層に反映させることができる．地域のマネジメントは，目的，対象，主体，手段，予算によって構成され，Plan（計画），Do（実行），Check（評価），Act（改善）を繰り返していくPDCAサイクルを回しながらすすめていくことになる．

3-1　地域課題の捉え方

3-1-1　問題の認識

　我々の社会は多くの問題を抱えている．個人レベルの問題から地球規模の問題まで，環境，経済，健康，教育，雇用をはじめさまざまな分野に及び，短期的問題から長期的問題まで，一時的問題もあれば継続的，あるいは断続

的問題もある．問題に関与する主体も個人間の問題から国家間，個人と企業，政府と企業，などなどさまざまである．多様な要因が複雑に絡み合っている状況の中で，何を問題と認識するのか．問題をどのように捉えることができるのだろうか．

　問題は私的問題と公的問題にわけることができる．私的問題には，個人的（個人，家族，身近な人などのレベル）で対処すべき私的関心事と，団体構成員共通の関心事だがその処理を当該団体にゆだねても社会的不都合が生じない問題群とがある．他への影響が限定的であるほど私的，影響が広範であるほど公的と考えられる．影響に何らかのコントロールが必要と感じられると，公的問題（あるいは公共的問題）と認識されるようになる．ただし，何が公的で何が私的かに明確な線があるわけではない．また，公的問題と私的問題には相互関係がある．たとえば，少子化問題を考えるとき，子どもをもつ，もたないは個人の問題（＝私的問題）だが，国・地域全体としては深刻な公的問題につながる．そのため婚活，妊活，子育て支援など政策対象として検討されることになる．

　そもそも，問題として認識するかどうかは時代や社会情勢の変化，文化によって流動的に変化する．また，世間に衝撃を与えるような事件や事故，災害など大きな出来事が起こると，その都度，関連した問題がクローズアップされて問題認識が広がり，対策も進むことになる．日本における環境問題を振り返ってみても，1950年代からの公害問題の激化が公害対策としての環境政策形成や環境技術開発につながったわけだが，近年では地球環境問題への対処が国際レベルから個人生活の場まで誰もが取り組むべき問題として認識されるようになってきた．特に地球温暖化問題については，夏の猛暑による熱中症問題，ゲリラ豪雨の頻発など，身近な日常においても気候変動に伴うさまざまな影響の可能性として実感するような事象があることが，問題認識を進めている．

　技術の進歩は多くの問題を解消してきた半面，新たな問題も生み出してきた．医療技術の開発は，延命治療，不妊治療，出生前診断，遺伝子診断・治療，臓器移植など，人間の生と死に医療がどこまでかかわるべきなのかという生命倫理にふれる問題を突きつけ，また，情報技術の開発は，コンピュー

ター・ウィルス，ハッキング，個人情報流出，サイバー攻撃をはじめとする新たで待ったなしの問題への対処を要求している．

　意識や価値観，ニーズの変化に伴い注目されるようになってきた問題，差別や DV（ドメスティック・バイオレンス），いじめ，ハラスメントなど，次々と問題は表面化している．最近では，訪日外国人の増加に伴い，案内の多言語化，民泊，ハラル対応などを含めさまざまな外国人対応も新たに問題として認識されてきた．

　その社会が，自助努力を重視するか，相互扶助を重視するかも問題の捉え方に影響する．社会制度の変化は，かつてはほとんど選択の自由がなかった居住地，移動，職業，結婚，信仰，思想信条などを個人の選択に委ねるようになった．これらの自由な選択とそれによってもたらされる結果は個人の問題ではあるが，それぞれの選択には個人のみの責任に帰すことができない何らかの社会的制約があり，その結果である老後や年金の問題，貧困問題などは社会に及ぼす影響も大きく，社会全体で対処すべきと捉えられる．

　問題の認識は国や地域，文化によっても異なる．EU 諸国で大きな問題となっている移民問題は我が国では未だ距離感があるだろうし，国内においても，米軍基地問題，原子力発電所問題をはじめ立地自治体の住民とそれ以外とでは温度差がある．一部のイスラム諸国で制約のある女性の外出や肌の露出，服装，食事などが我が国で問題にあることは現状ではほとんどないだろう．

　さらに，現時点では望ましい状態を維持していて改善を要する問題ではなくても，この状態を維持し続けていくことができるかどうかが問題になることもある．将来的に起こりうるさまざまな変化やリスクに対応できるかどうかという問題である．

　では，誰が問題だと決め，対策が必要だと決めるのか．かつては支配者やムラの長老の役割であったわけだが，現代では，行政だけでなくメディアであったり，当事者であったり，誰もが問題の発見者となり対策の必要を訴えることができる．ただし，ある問題が公共で解決すべき問題となるためには，その前提として誰かがまず声をあげ，それが広く社会構成員に共有されるようになることが必要である．

3-1-2　問題の複雑性

　私的問題も複雑だが，公的問題はさらに複雑である．問題の複雑さを四つの特性に整理できる．第一に，個別の問題は他の問題と相互に関連しているため，関連性を踏まえた上で全体を大きな一つのシステムとして検討する必要があること（全体性），第二に，一つの政策問題の改善が他の問題の悪化につながる可能性があること（相反性），第三に，主体によって問題の認識や解釈が異なること（主観性），第四に，問題は時間とともに構造も要因も変化すること（動態性）である．

　全体性について，たとえば少子化問題について考えてみると，少子化の進行は，直接的には未婚化，晩婚化による第 1 子出産年齢の上昇などが要因であるが，子育ての経済的負担，低賃金，長時間労働，非正規雇用といった経済的問題，保育園不足など働きながら子育てできる環境の未整備，子育て中の孤立感や負担感，価値観の変化などさまざまな要因が複雑に絡み合っている．2 人目，3 人目を産みたくても預け先の見通しがなく仕事を辞めるしかなく，しかもいったん仕事を辞めてしまうと正社員としての就職がままならない状況では親は二の足を踏んでしまうだろう．保育園を新設しようとしても騒音や送迎時の生活道路への車の侵入，違法駐車など理由とした周辺住民の反対や保育士が確保できないなどで計画が頓挫するような状況からは，市街地の密集や狭い道路事情などまちづくりの問題，世代間の分断，保育士人材育成と報酬の問題が浮かび上がる．このまま少子化が進行すると不可避となる経済への影響，年金問題，過疎地域の消滅，さらには国全体の活力の低下も懸念されかねない．少子化問題は，人口確保のため外国人人材の受け入れをどうするか，不妊治療技術，赤ちゃんポストの扱いなども含め，人権や倫理にかかわる問題にもつながっているのである．

　相反性（トレードオフ）は，経済発展と環境や健康，文化財の保全と利用，など，多くの問題がもつ関係である．ある問題を解決しようとすることが別の問題にとってはマイナスに働くこともある．マイナスを最小限にとどめるような解決，あるいはバランスが求められる．開発行為が自然環境を破壊し，経済優先の利潤追求が公害をはじめ甚大な健康被害を伴う生活環境の破壊を

もたらしてきたように，かつては経済と環境は対立軸で捉えられてきた．近年では環境を尊重することが経済活動の持続性に不可欠であるという認識が広がってきたとはいえ，米国大統領が経済と雇用に打撃をあたえるとして地球温暖化対策の国際的枠組みであるパリ協定からの脱退を宣言するといった事態になるなど，いまだにトレードオフとして捉えられるのは残念である．また，文化財の保全と利用も対立軸で捉えられることがある．文化財や史跡などの歴史資源はオーバーユース（過剰利用）によって損なってしまっては取り返しがつかない場合がある．一方で，アンダーユース（過少利用）や無関心から予算措置もとられないようになりメンテナンスされず荒廃してしまう場合もある．この場合，保全と利用は単純な対立概念ではなく，保全されていなければうまく利用できず，利用されて関心を喚起されなければ保全もされなくなるという構図になる．観光面からインバウンド誘致を意識し文化財をもっと活用すべきであるという意見があるが，あくまでも保全を前提とした上で適正に活用するバランスを考える必要がある．

　主観性については，どの問題についても多かれ少なかれ人によって認識や解釈の差がありうる．たとえば，貧困問題，非正規雇用，いじめ問題，引きこもり，……などなど，渦中にある当事者と非当事者とで認識が異なるのは当然であるだろう．社会全体で真剣に取り組むべき課題と考える人がいる一方で，自己責任に帰すべき私的問題と考える人，そもそも全く関心がなく問題として認識すらしていない人もいるかもしれない．またたとえば，景観問題のように専門家の間ではある程度の合意があったとしても，どのような景観を良しとするかには個人差があるだろう．建物の材質や色彩や形態に統一感があり整然とした印象の街並みが良いと思う人もいれば，統一感がなくても猥雑で活気があふれている街並みの方を好む人もいるだろう．景観について規制すべき問題と考える人もいれば，その必要を感じない人もいるだろう．また，たとえば「犯罪が多い」というとき，それは個人の主観的な印象なのか，それとも客観的データに基づくものなのか，注意が必要である．犯罪の発生数や発生率などデータとして（他の地域と比べて）「多い」ことがはっきりしているならば「犯罪が多い」ことが問題となるし，データからは（他の地域と比べて）「多い」わけでなければ「犯罪数（あるいは犯罪率）が多く（高

く）ないのに多いという印象がある」ことが問題となるだろう．

　動態性は，社会は常に変化しており，問題の構造や要因も時間あるいは時代とともに変化するということである．技術革新，特に情報技術の進展はめざましく，社会の様相までも大きく変えてきている．今やネット環境さえあれば，世界のどこにいても瞬時に情報のやり取りができ，在宅勤務やテレワーク，会議，ショッピング，学習などさまざまな活動のツールとなっているほか，SNS によって一般の個人が広く情報発信することも可能となっている．納税，諸手続き，資金管理などの電子化，電子マネーの普及に加え，ネット募金，クラウドファンディングなど資金調達の可能性も広がっている．半面，フェイクニュースの拡散，炎上，ネットいじめ，個人情報流出，サイバー攻撃など新たな問題も生じている．また，地域人口も常に変化している．年ごとの変化は小さくても数年たてば変化の影響は顕在化してくる．ある課題に対して対策を講じる場合，その効果が出るころには当初の課題の様相が既に変容していることもありうる．

　このような問題の複雑な関係を理解し，構造化して対処する必要がある．問題の構造が単純な場合には，明確な目的に向かって，限られた代替案を比較して最適なものを選択すればよいが，そのような単純な問題はまれである．問題に関して，解決の目標は単一か複数か，明確か不明確か，意思決定者は一人か少数かあるいは多数なのか，コンセンサスは得られているのか，対策として考えられる代替案は限定的かどうか，対策による結果は既知か未知か，計算可能か否か，確実か不確実か，などによって問題解決に向けての道のりは相当に違ってくることになる．

3-1-3　問題の定義

　改善すべき問題は定義される必要がある．そして，評価可能な表現で示されることが求められる．評価可能でなければ，解決のための取り組みの効果が測れず改善できたかどうかもわからない．

　たとえば，ある地域で「地域に緑が少ない」ことを問題とする場合，緑が少ないと感じるかどうかには主観的な面もあるが，緑の量は緑被率（対象地域の面積に対して緑で覆われた面積の割合）や緑視率（人の視野に占める緑の割合．

25％を超えると緑が多いと感じ始めるとされている）などによって客観的デー
タとして示すことが可能である．また，主観的な印象であっても，住民が地
域の緑の量に満足しているかどうかといった満足度調査によって，満足して
いるという回答者の割合をデータとして指標にすることもできる．他の地域
のデータと比較することによってどの程度少ないのかを明確に示すことがで
き，改善目標設定，取り組みの効果測定が可能になる．

　問題を対策と一緒にしてしまうことには注意が必要である．たとえば，「一
人暮らしの高齢者への弁当宅配サービスが不足している」といった問題定義
をした場合，一人暮らしの高齢者の食事問題に対し弁当宅配サービスがベス
トな対策であると捉えられかねない．もちろん弁当宅配も一つの代替案では
あるが，孤食，孤立，引きこもり，栄養不足など関連する問題が埋没しかね
ない．問題定義の段階では他の代替案（たとえば，食事会開催など）の可能性
を排除すべきではない．

3-1-4　問題認識の共有

　地域マネジメントを動かしていくのは一人ではなく何らかの組織であり，
個人の集合体である．問題認識は，組織内や関係者間で共有される必要があ
る．問題に関係するステイクホルダーが複数存在する場合，各主体によって
問題に関する認識が異なると，問題に対してどう対処すればよいか方向性
が定まらず解決にむけて踏み出せなくなる．問題認識の共有が当初は困難
であったとしても，部分的に合意できる（利害が一致する）ところがあれば，
そこを足がかりに実際の活動を進めていくなかで問題を共有していける可能
性はあるだろう．地域のマネジメントにおいては多様な主体の参加が不可欠
であり，価値観も立場も異なる主体が問題認識を共有するためには経験を共
にする時間が求められる．現状把握のための調査活動や学習活動を一緒にす
ることで認識を深め，共有し，担い手としての主体性が育っていくことに期
待したい．

　問題認識を共有するためには，主観的な印象として問題を捉えるだけでは
なく，現実の客観的事実を確認しながら問題として位置づけていくことが求
められる．ただし，同じ客観的数値であっても，その受けとめ方が同じとは

限らない．同じ内容の事柄であっても，提示のされ方によって受け取り方が異なってしまうことはフレーミング効果（Framing Effect）として知られている．「物は言いよう」ということである．たとえば，CM などで用いられるのは「92％のお客様が満足と回答」といったフレーズであって，「8％のお客様が不満足と回答」という表現は使われない．人はしばしば言語表現の違いで判断が容易に変わってしまうことには注意が必要であろう．

3-2　構造化の手法

複雑な問題の全体像を把握し，整理し，構造化していくための手法も開発されてきた．ここでは，ブレーンストーミング，KJ 法，ロジックツリーを中心に紹介する．

3-2-1　ブレーンストーミングと KJ 法

ブレーンストーミング Brainstorming とは A・F・オズボーン（A. F. Osborn, 1888-1966）が考案した会議方法で，参加者が自由に多くの意見を出し合うことで独創的なアイデアを引き出す集団思考法である．また KJ 法とは，文化人類学者の川喜田二郎が開発した情報整理法である．

KJ 法においては，特定の問題について複数の参加者が集まってブレーンストーミングを行い，各人の自由な発言からキーワードをカードに次々と書きとめていくことによって，要素を網羅的に抽出する．そして，共通性があるカードをグルーピングしながら整理し，要素間の類似性，対立性，因果関係など構造を明らかにしていくことができる．

ブレーンストーミングにおいては自由にアイデアを出し合うことが重要であり，次のようなルールがある．①批判しない：他人の意見を批判してはいけない．批判があると良いアイデアが出にくくなる．②自由奔放：こんなことを言ったら笑われはしないか，などと考えず，思いついた考えをどんどん言う．③質より量：できるだけ多くのアイデアを出す．④連想と結合：他人の意見を聞いてそれに触発され，連想を働かせ，あるいは他人の意見に自分のアイデアを加えて新しい意見として述べる．そのようにしてさまざまな観

点からのアイデアの多様性をひきだしていくことができる.

　一人であっても，アイデア出しや整理，集めてきた資料から情報を拾い出して整理したい場合などに活用できる方法であろう.

3-2-2　ロジックツリーによる階層化

　問題は階層化することができる.階層化にあたっては，ロジックツリーを描くことが有効である.ロジックツリー Logic Tree とは，ある問題を論理的にツリー状に枝分けのように分解して構造を明らかにする手法である（図3-1）.

　第1階層に位置づけた問題を分解し，第2階層，第3階層，第4階層……へと階層化していくわけである.階層化しながら，網羅的かつ体系的に整理することによって，問題の全体像を把握するとともに，より個別具体化したレベルで対処することが可能になる.階層化にあたっては，MECE（Mutually Exclusive and Collectively Exhaustive, ミーシーまたはミッシーという），つまり，要素が相互にだぶることなく，全体としてもれがないように分解していくことが求められる.

　ロジックツリーは，作成する目的により WHY ツリー，HOW ツリー，WHAT ツリーとよばれる.前述した問題の要素を階層化して構造を明らかにするロジックツリーは WHAT ツリー（要素分解ツリー）といえる.WHY ツリー（原因追究ツリー）は問題について原因を掘り下げていくもので，「なぜ?」を繰り返しながら下位の階層に分解し問題の本質的な原因を探していく.HOW ツリー（問題解決ツリー）は問題解決の目的を達成した状態にむけて，「どのようにして?」を繰り返しながら下位の階層に掘り下げてツリー構成しながら解決方法を探していく.

　たとえば，地域の防災力についてのロジックツリーを考えてみると，第1階層に WHAT ツリーでは「地域防災力」をおき，第2階層に「公助」，「共助」，「自助」と分けて掘り下げていくことで防災力に必要な要素を構造化して全体像を明らかにしていくことができる.WHY ツリーでは第1階層にたとえば「防災力が足りない」をおき，第2階層に「防災施設・設備が不足している」，「防災体制が整っていない」，「住民の関心が低い」……，といった

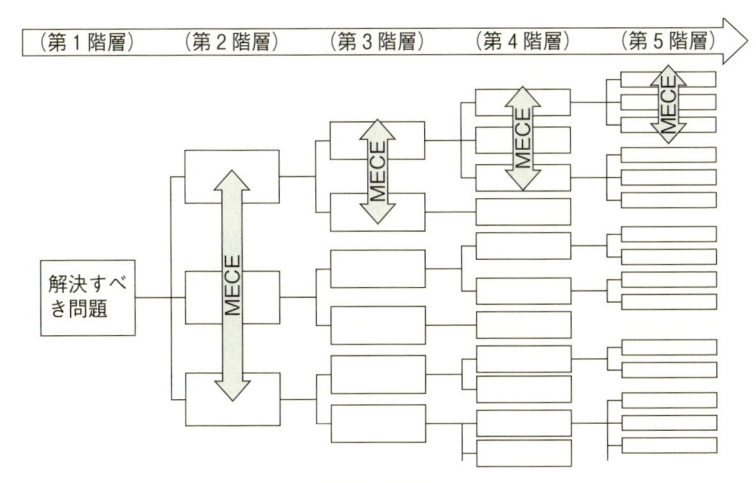

（第1階層）　（第2階層）　（第3階層）　（第4階層）　（第5階層）

解決すべき問題

図 3-1　ロジックツリーによる問題構造の階層化

原因を並べて掘り下げていくことができる．また，HOW ツリーでは第1階層にたとえば「避難体制が整っている」をおくと，第2階層に「危機管理体制が整っている」，「避難所・避難経路が整っている」，「情報提供が適切である」，「住民が適切な避難行動をとれる」……などがおかれ，それぞれ下位の階層に展開していくことになるだろう．

3-2-3　要因の関連性

　問題の構造化においては，要因間あるいは要因グループ間にどのような関係があるかも明らかにする必要がある．要因間の関連性をコンピューターによる解析手法を用いて客観的に分析しようという構造モデル化手法も開発されている．たとえば，ISM 法（Interpretive Structural Modeling）は，要素を二つずつ取り出して因果関係の有無を1と0で表したマトリックスをつくり，グラフ理論に基づき多数の要素の関連構造を有向グラフの形で表現する．また，DEMATEL 法（Decision Making Trial and Evaluation Laboratory）は，要素間の関係の有無だけでなく強弱も表現する．

3-3　地域マネジメントの体系

3-3-1　地域マネジメントの階層

　地域のマネジメントは，Policy，Program，Project という階層性（図 3-2）をもち，行政による場合はそれぞれ，政策，施策，事業ということになる．この階層は前述の問題の構造化と対応させることもできるが，一つの対策で複数の問題に対応することが可能なケースや，一つの問題に複数の対策で対応すべきケースもある．

3-3-2　目的・対象・主体・手段・予算

　地域のマネジメントは，目的，対象，主体，手段，予算によって構成される．これらは明確に示され，関係者間で共有される必要がある．

　「目的」とは，実現しようとしてめざす事柄や状態である．同じように用いられる用語に「目標」があるが，目標はめざす地点・数値などに重点があり，より具体的であるのに比べて，目的は抽象的な目あてであり，内容に重点があるといえる．たとえば，「緑豊かなまちづくり」を目的とするならば，「公園を新たに 10 ヵ所整備する」，「街路樹を 1000 本増やす」，「ブロック塀の生垣化に対する補助件数を前年比 120％にする」，「緑化推進員を新たに 20人確保する」などといった具体的な目標が複数設定されるかもしれない．また，設定した目的に関する観点，あるいは理由も重要である．たとえば，「緑豊かなまちづくり」はどのような観点や理由から望ましいと考えて目的とするのかである．生活環境の充実，まちの風致や品格となる景観，生物多様性，ヒートアイランド現象の緩和，季節感，子どもの生育環境，……などの観点が考えられるが，これらの観点は具体的な対象や手段などに反映されることになる．まちの風致や品格となる景観向上を重視する場合と生物多様性を重視する場合とでは，イメージされる緑の姿は同じではないかもしれない．

　「対象」とは，目的・目標達成のターゲットとなる分野，エリア，集団などである．前述の「緑豊かなまちづくり」を例にあげれば，マネジメントの対象はハード（緑地整備や植樹など）なのかソフト（技術指導や人材育成，普及啓発など）なのかその両方なのか，公共部門か民間部門か両方なのか，対

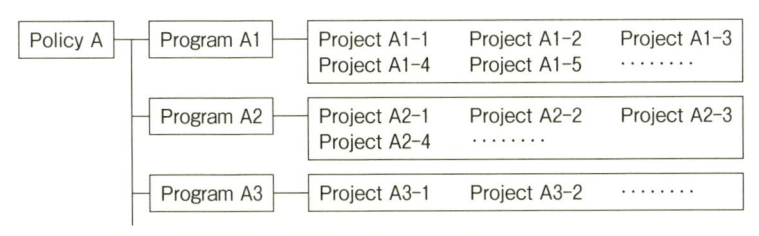

図3-2　地域マネジメントの階層性

象とするエリアの単位は市域全体か中学校区か小学校区か町内なのか，公有地か民有地か，年齢層，緑への関心の程度，戸建ての住民か集合住宅の住民か，……などを考えることになるだろう．

　「主体」とは，地域マネジメントの主体であり，行政，企業，NGO・NPO，市民などのいずれもが地域マネジメントを担う主体になりうる．誰が中心となり誰を巻き込むかによって，可能となる目標や対象や手段が限定されることがある．逆に，目標や対象や手段によって担い手としての主体が明確になることもある．たとえば，小学校の校庭芝生化を進めようとする場合，行政が芝生を植えておわりではない．維持管理の担い手となるPTAやボランティアがいなければならず，主体的に継続して取り組んでもらうためには計画段階からの参画が不可欠であろう．

　「手段」とは，目的・目標達成のためにどのように取り組むか，である．行政による場合には，直接供給，法や条例による規制や行政指導，補助金や税減免といった手段が可能である．また，イベントやPRなど関心を喚起したり行動を促すような啓発，技術指導や相談などの支援は，行政，企業，NPO・NGOなどを問わず取り組まれる手段である．たとえば，ブロック塀を生垣に転換するため，苗木を配布する（直接供給），生垣を義務づける（直接規制），ブロック塀の撤去費用と生垣の植栽費用の一部を助成する（補助金），生垣の効果をPRする（啓発），苗木の選び方や植え方などの相談に応じる（支援），などの手段が考えられるだろう．なお，手段を検討する際には法令順守など制約について考慮することも忘れてはならない．

　「予算」は，手段の実行に不可欠である．手段を実行するために必要な予

算をいかに獲得するかは重要な問題であり，予算の制約によって選択できる手段が限られる場合もある．行政が中心である場合は税，公債，使用料収入などが財源となるが，財源構成はさまざまである．たとえば，地方公共団体が都市公園を整備しようとするとき，補助事業として実施する場合には用地費の 1/3 と施設費の 1/2 が国費から補助され，残りが地方負担（一般公共事業債及び自己資金）という財源構成で行われる．近年では，財政が深刻化する中で，PFI 法（1999 年）などにより民間の資金が活用されるようになり，さらに都市公園法改正（2017 年）により公募設置管理制度（Park-PFI）が新たに設けられ，老朽化した都市公園の更新の加速が図られている．民間企業は市場から資金を調達する．NPO・NGO など市民組織などの場合は，公的助成金，民間助成金，委託事業費，寄付金，会費，事業収入など，どれだけの資金を獲得できるかが活動の可否を左右する．近年では，取り組みに対してクラウドファンディング Crowdfunding などによる資金獲得など新たな資金集めの仕組みがさまざまな分野で活用されるようになってきた．

3-4　地域マネジメントのプロセス

地域のマネジメントのプロセスとして典型的なのは，Plan（計画），Do（実行），Check（評価），Act（改善）を繰り返していく PDCA サイクルである（図3-3）．

Plan（計画）では目的・目標を設定し，関係主体の状況や役割，責任を踏まえながらリスク対応を含め実現のために必要な事柄をデザインする．Do（実行）では実際に計画を実施する．その際に実施状況を記録しておくことによって次の段階である評価が可能になる．Check（評価）では実施結果を分析し，当初の目標にかなう成果が得られたかどうかを検証し評価する．Act（改善）では評価結果からの必要に応じて目的・目標の再設定，実施方法の変更など改善を図り次の Plan（計画）に反映させる．

PDCA サイクルは，単純な繰り返しではない．地域は常に変化しており，災害を含め常に新たな事象がさまざまなかたちで起こりうる．当初の計画がそのような新たな変化にも対応できているのかどうか，関係主体は目的・目

標を共有しながらこの PDCA サイク
ルを回し継続的改善を図っていくこと
が求められるのである.

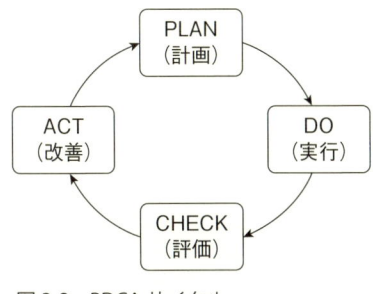

図 3-3　PDCA サイクル

学習課題

1. あなたの地域が抱える具体的な問題をあげ, ロジックツリーをつくって
   みよう.
2. また, 1. であげた問題を解決するためのマネジメントの体系を考えて
   みよう.

参考文献

秋吉貴雄・伊藤修一郎・北山俊哉『公共政策学の基礎（新版）』有斐閣, 2015 年.

足立幸男『公共政策学とは何か』ミネルヴァ書房, 2009 年.

川喜田二郎『発想法 改版──創造性開発のために』中央公論新社, 2017 年.

川喜田二郎『続・発想法──KJ 法の展開と応用』中央公論新社, 1970 年.

宮川公男『政策科学の基礎』東洋経済新報社, 1994 年.

宮川公男『政策科学入門（第 2 版）』東京経済新報社, 2002 年.

宮本憲一『公共政策のすすめ』有斐閣, 1998 年.

第 II 部

地域マネジメントの制度設計

第4章

インセンティブと制度

完全競争市場では需要と供給の一致により財・サービスの価格が決まるとされる．その前提の一つは市場の全参加者が同じ情報を共有している状態（完全情報）である．この状況を情報が対称であるという．しかし現実の市場では取引の当事者間で常に情報が対称であるとは限らない．行動を変える人たちに報酬を与えるような要因はインセンティブ（誘因）と呼ばれる．私たちは，さまざまな制度やルールに基づいて日常生活を営んでいる．本章では人々の行動を規定する諸条件の下で，人々が行動した結果，資源配分が非効率になるような場合を引き起こすのはなぜかを検討する．すなわち，望ましくない結果が導かれるようなインセンティブとは何かを明らかにし，適切なインセンティブを組み込んだ制度を設計する場合に留意すべきことは何か学ぶ．

4-1　インセンティブ問題

4-1-1　インセンティブとは何か

インセンティブ（incentive）とは，辞書によると「誘因」「刺激」「動機」「報奨金」などと訳されている．つまり,「やる気を起こさせるもの」であり，行動を変える人たちに報酬を与えるような要因はインセンティブ（誘因）と呼ばれる．私たちは，さまざまな制度やルールに基づいて日常生活を営んでいる．これらの制度やルールは，個人のインセンティブに働きかけることに

より日常の選択行動に影響を及ぼし，期待通りの結果を得ることを目的として設計される．当初の意図通りの結果が得られる場合もあれば，期待通りにはならない場合もある．目的が実現できない場合には制度の見直しなどが必要となる．

多くの先進国では預金保険制度が存在し，民間銀行が倒産しても一定金額までの預金の払い戻しが公的保険により保証されている．この制度は，銀行の破たんを恐れた預金者が解約に殺到し，経営状態に問題がない銀行まで破たんに追い込まれる事態が生じたことを教訓とし，銀行制度の安定性を高めるものと期待されて設けられた．ところが銀行の経営者は破たんに際して公的資金による救済が期待できるため，1990年代の日本の不良債権問題にみられるように，慎重な経営へのインセンティブをもたなくなる可能性が生じた．また，預金者は銀行が倒産しても預金が保証されるので銀行の経営状態に無関心になるとの指摘もある．

もう一つの例を情報公開法に見ることができる．この法律は官公庁に蓄積される情報を国民に開示し，保存することを目的に2001年4月に施行された．しかし，法律の意図に反して各役所では，貴重な資料を廃棄させるという結果をもたらしているのではないかと懸念されている．すなわち，情報公開法は官僚に影響を与え，「文書を作らず，残さず，手渡さず」という「不開示三原則」をもたらしたとの報道がみられる（『日本経済新聞』2002年8月11日付朝刊）．なお，公文書等の管理については，7-3「評価と意思決定の共有」（99頁〜）に記述がある．

4-1-2　インセンティブ問題の背景

預金保険制度や情報公開法の例が示すように，現実の経済社会では経済主体間の自由な取引に任せても，社会的に望ましい状態になるとは限らない場合が生じる．このような状態を市場の失敗や政府の失敗と呼ぶ．市場の失敗とは市場原理だけでは解決できない経済的問題を示す．政府の失敗とは政府主導の裁量的な政策が意図通りの成果をあげられず活動の非効率性をまねく問題のことを指す．市場の失敗の原因には次の三つが挙げられる．①公共財，②外部性，③情報の非対称性，である．

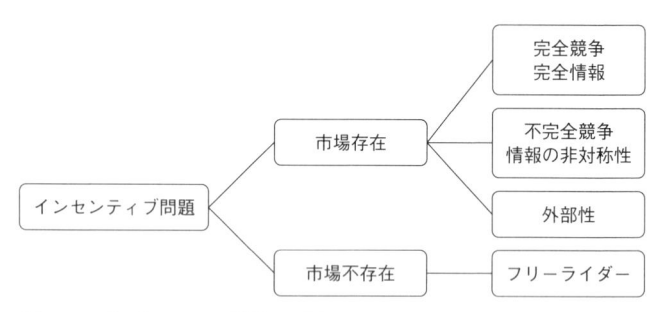

図4-1 インセンティブ問題の背景

　そこで，望ましくない結果を導くようなインセンティブを明らかにし，適切なインセンティブを組み込んだ制度の設計を検討することが重要となる．このように，人々の行動を規定する諸条件が，社会全体の経済的厚生を最大にする条件と一致せず，資源配分が非効率になる場合に生じる問題を「インセンティブ問題」と呼ぶ．したがって，人々の経済行動の動機を理解し，特定のルールや制度がどのような経済行動を引き起こしているのか，その結果，どのような経済社会が実現されているのかを考察し，望ましい行動に対するインセンティブを引き出すための仕組み（制度）について学ぶことが重要である．

　経済活動におけるインセンティブ問題が生じる背景には，不完全情報の場合と，完全情報状態ではあるが，外部性の存在などにより資源配分の非効率性が生じる場合とがある．また，公共財のように市場が存在しない場合には，政府にとっては最適供給量が不明である．その結果，需要の表明を行わず（したがって費用の負担も行わず）供給のみを受けるというフリーライダー（ただ乗り）問題が生じると供給不足となり，資源配分の効率性が損なわれる．外部性による資源配分の非効率性への対策としては，外部性の内部化など，経済的インセンティブを用いた手法での対応が可能である．フリーライダー問題，外部性の内部化，政府の失敗などについては第6章「経済的手段」で説明する．

4-2　インセンティブ問題と不完全情報

4-2-1　情報の非対称性

　完全競争市場では，需要と供給の一致により財・サービスの価格が決まるとされる．その前提の一つは完全情報である．すなわち，市場の全参加者が同じ情報を共有している状態であり，この状況を情報が対称であるという．しかし現実の市場では取引の当事者間で常に情報が対称であるとは限らない．このような状況を情報の非対称性（asymmetric information）という．

　たとえば，財の売り手と買い手，雇用者と労働者，保険加入者と保険会社，医者と患者などはその例である．情報の非対称性の具体例には，中古車，建築物などのように財・サービスの品質がわかりにくいものの場合がある．売り手はその品質を知っているが，買い手は品質が良いのか悪いのかを判断することができない．

　このように情報の非対称性は，財・サービスの性質により生じる．財を情報の点からみると，①探索（サーチ）財（search goods），②経験財（experience goods），③事後経験財（post-experience goods）に分類される．①サーチ財とは購入前に質がわかる財であり，完全情報の成立が想定される財である．②経験財とは，購入後の使用経験により財の質がわかるものであり，外食サービス，映画のチケット，注文住宅などが例として挙げられる．これらの財は，繰り返し利用することや，情報サービスを活用することで，多少の費用はかかるものの非対称性については，ある程度解消することができる．③事後経験財とは，完全な情報を得るためには長い時間を必要とする財であり，医者のサービスや薬の副作用などが該当する．このような財については，情報を得るための費用が高く情報サービスが成立しにくい．そのため，事後経験財については情報の非対称性の解消は困難である．不完全情報により生じる問題は，モラル・ハザード（moral hazard）と逆選択（adverse selection）として知られている．

4-2-2　「隠された行動」の問題

　モラル・ハザードとは，取引相手の行動や努力水準が観察できないとい

う状況で生じる．一般的には，「自己の利益を追求する行動が，社会全体にとって望ましくなくなる現象」である．すなわち，自分にとって不利な行動を相手が取ることを排除できない状態で生じる問題であり，「隠された行動（hidden action）」により生じる非効率性である．

　たとえば，企業 A が下請け企業 B に産業廃棄物の処理を委託する場合，企業 A は企業 B が適切な処理を行っているかどうかを観察することができない．もし企業 B が費用をかけずに，不法投棄をしていてもわからない場合，廃棄物処理サービスの産出水準は本来の水準より低下する．企業 B が，当初の契約通りの報酬を受け取っているのであれば，資源配分が非効率となる．また，自動車の車輌保険に加入した人は，以前ほど車の運転への慎重さがみられなくなるかもしれない．このように，保険が存在するために行動が変化してリスクが大きくなり保険市場が成立しなくなったり，善意の加入者の保険料が高くなったりする現象もモラル・ハザードである．

4-2-3　「隠された情報」の問題

　情報の非対称性が存在する場合に市場が品質の悪いものや危険度が高いものによって占められ，品質の良いものが市場から退出する現象を逆選択と呼ぶ．この逆選択は，「隠された情報（hidden information）」により生じる．すなわち，取引相手のタイプや取引対象となる財・サービスの質に関する情報が観察できないという，情報の非対象性により生じる非効率性の問題である．

　たとえば，保険の価格は加入者の健康状態などの質に依存するが，その情報をよりよく知っているのは加入者の方である．すなわち，保険の加入者（買い手）は自分に関する情報をよく知っているが，保険会社（売り手）にはわからない．これも「情報の非対称性」の例である．つまり保険の加入者は保険会社より情報優位である．

　アカロフは中古車市場を例として情報の非対称性について論じた．中古車の所有者は良い車か悪い車かを知っているが，中古車の買い手には質がわからない．したがって良い車と悪い車が同じ価格で売られ，悪い車の所有者のほうが大きい利益を得る結果，良い車が市場に供給されず，悪い車が良い車を駆逐する．アカロフは，非対称情報が逆選択と呼ばれる現象を引き起こし，

場合によっては取引不能な状態になると論じ，これを「レモン（lemon）の市場」と名づけた．レモンとは，つまらないものという意味である．このように，取引時の情報が非対称であると，資源配分が非効率になる．

4-3 制度：情報の非対称性に対応する制度

隠された行動や隠された情報など，情報が不完全な場合には，「モラル・ハザード」や「逆選択」が起こりやすくなる．これに対処する手段としては「シグナル」の形成や「組織的取引」があげられる．シグナルの形成とは自己の情報を発信させることを指し，シグナル形成には保証書作成など，なんらかの情報発信費用が発生する．組織的取引とは長期的かつ継続的で双方の暗黙のルールに基づいて行われる取引をいう．この場合，長期的かつ継続的に取引が行われるので双方に情報が蓄積されたり，情報が共有されたりするため情報費用が節約される．

4-3-1 「隠された行動」への対応

モラル・ハザードの状態では，自己利益を追求することが社会や他者に負の効果をもたらす．これらの問題は，委託者（principal）と代理人（agent）の関係として捉えることができる．上に示した，企業と下請け企業の他にも，株主と経営者，労働者と経営者，納税者と政府，などが挙げられる．委託者と代理人との関係は，常に期待通りの結果をもたらすとは限らない．特に委託者が代理人の行動を監視できない場合や，結果の判断についての評価ができない場合に発生する問題を「エージェンシー問題（agency problem）」という．この場合，相手の行動そのものではなくても，行動を推測できるシグナルが観察できれば，そのシグナルと報酬を連動させる契約を結ぶことによって，効率的な努力水準を促すインセンティブを与えることが可能となる．

モラル・ハザードを防ぎ代理人の成果を引き出すための仕組みを「インセンティブ契約」という．これは成果が高いときにより多くの報酬を払うことを指す．インセンティブ問題を解き最適な体系に導く理論は契約理論（contract theory）と総称される．契約理論では，偏りの下での戦略的行動

を考える．代表的な理論は「プリンシパル・エージェント」の関係であり，「相手から望ましい行動を引き出すために，どのような契約を設定すればよいか」を考える．

　株主をプリンシパル，経営者をエージェントとすると，経営者の努力を引き出す制度としてストック・オプションがある．この制度では，取締役・従業員等があらかじめ定められた価格で自社の株式を取得できる．日本では 2001 年の商法改正でインセンティブ報酬として，新株予約権制度が導入され，取締役や従業員に新株予約権を付与できるようになった．この制度の下では，経営者は一定の期間内に自社株を上昇させるインセンティブを持つ．株価の上昇は株主にとっても利益となるので，ストック・オプション制度は経営者と株主の利害を一致させる効果をもつ．

　インセンティブ報酬の成功例としてフランチャイズ制が挙げられている．フランチャイズ制は標準化された商品（たとえばドーナツ）を親会社が基準化した方式で販売することをチェーン店に許可する方式である．チェーン店は一定のライセンス（フランチャイズ）料を支払う．チェーン店の店長は自分の努力がもたらす成果の多くを自分の利益とすることができる．これは報酬が業績に連動する仕組みの例である．

4-3-2　「隠された情報」への対応

　モラル・ハザードと同様に逆選択をエージェンシー関係ととらえた枠組みで分析が行われる．この場合，隠された情報による市場の問題を解消する必要があるため，情報開示と情報伝達の可能性が求められる．代表的な方法は隠された自己の情報を発信させるシグナリング（signaling）と隠された相手の情報を探るスクリーニング（screening）の 2 種類である．シグナリングとは，情報を持つ主体が，品質保証書の発行というコストのかかる選択を行い，自分の行動を通じて信頼性のある情報を他の主体に伝達しようとする方法である．一方，スクリーニングとは，情報を持たない主体が，いくつかの選択肢を提示し，情報を持つ主体に契約を自由に選ばせることにより，相手の特性情報を引き出し隠された情報の問題を解決する手法である．

　中古車市場や自動車保険などの例にみられるように，逆選択の場合は，リ

スクに備えるはずが意に反してリスクの高い人ばかりが集まってしまうことになる．すなわち，逆選択は悪い特性を引き寄せる現象である．

　隠された情報への対応について，いくつかの例をもとに不完全な情報下で，市場経済は質の差をどのようにして実現できるのかをみていこう．「隠された情報」への対応としては，「情報開示」や「口コミ」の利用など，財の需要者が情報を探す場合と，「シグナル」のように財・サービスの提供者が情報を提示する場合とがある．

　食品の安全性や企業経営の健全性などに関しては，取引の対象についての重要な情報の開示を義務づけるルールの導入が考えられる．このルールが有効であるためには，第三者が情報の適否を客観的に判断できることが重要である．たとえば企業の情報開示に関しては，商法や証券取引法で企業情報開示の義務が明記されており，第三者である監査法人が財務諸表などの企業情報の適正さを監査報告書により立証する．また，継続的に取引を行うことで，財・サービスの質の事後的な評価が可能になると，質の良い商品を提供する売手は買手から良い評判を獲得できるので，不完全な情報を利用して利益を得ようとする行為を排除することができる．ブランドや暖簾などは継続的な取引により獲得できた名声・信用ともいえよう．

　次に，財・サービスの提供者側からの情報発信の例として，雇用を例に考えよう．質の高い労働者と質の低い労働者を同じ賃金で採用すれば逆選択が発生する．企業は労働者の情報を効率的に集める工夫をし，労働者側は自分の能力を知らせて高い賃金を得ようとする．スペンスは労働者をあらわす観察可能な属性をインデックス（性別, 年齢, 人種など個人では変えられない属性）とシグナル（学歴など，個人が獲得できる属性であり，しかも生産性と相関しているもの）とした．企業は既に雇った従業員のインデックスとシグナルの組み合わせから能力についての情報を得ている．

　労働者はコストを負担し有効なシグナルを獲得しようとする．スペンス（A. Michael Spence, 1943- ）は教育水準をシグナルとみて教育費用と賃金の関連について述べている．企業がある教育水準を基準に賃金を定めた場合，労働者はそれにより各人の最適教育レベルを決定する．シグナルが生産性と相関していれば有能な人は低い教育費用で一定の教育水準（シグナル）の獲得が

可能であるが，生産性の低い人は一定の教育水準を得るためには教育コストがかかりすぎて賃金と見合わなくなりシグナル獲得をあきらめるだろう．もしシグナルが適切に設定されていれば，市場メカニズムにゆだねても適切な賃金決定が行われる．この状態をシグナリング均衡という．

4-4　契約理論の枠組み：メカニズムデザイン

　インセンティブ問題に対して最適な制度体系を設計する理論は契約理論（contract theory）と総称される．モラル・ハザードは，自己利益を追求する行動を観察することが困難であることから生じる問題である．契約関係をエージェンシー関係ととらえると，エージェンシー・コストは，エージェントの仕事ぶりを監視するモニタリング・コスト，エージェントが保証書などを提出する保証コスト，インセンティブ問題によって生じる成果の減少分の残余コストの合計として定義できる．当初は，このエージェンシー・コスト低減の観点から制度の分析が行われた．やがて，プリンシパルにとって最適なインセンティブ設計を行う最適契約設計の問題としての分析が示されるようになった．

　メカニズムとは，契約上の分配金（ペイオフ）や取引ルールなど，プリンシパルが提示することができる仕組み全般を指し，政策立案にかかわるほとんどの問題はメカニズムデザインとの関連から分析できる．すなわち，あらかじめ設定された目標を実現するメカニズム（仕組みや制度）を理論的にデザインする研究分野であり，個人の選好などの点在する情報を用いて，個人が主体的に意思決定・行動することにより社会の目標が自動的に達成される何らかの制度（メカニズム）を設計（デザイン）するとの問題意識に立っている．人々のインセンティブを考慮に入れた上で，経済や政治に関する集団的決定の仕組みを作ろうとする学問分野である（坂井，2014）．

　一方，マーケット・デザインとは，デザインしたメカニズムを実施に適用し機能するためのデザインを研究する分野のことをいう．マーケット・デザインの主な応用分野としては，オークションやマッチングが挙げられる．オークション理論の応用例には周波数オークションが挙げられる．オークション

では，売り手と買い手の間で金銭のやり取りがある．一方，マッチング理論の応用例では腎臓移植を待つ患者に対するドナーの腎臓割り当てや研修医と病院のマッチングなどが挙げられている．マッチングでは金銭のやり取りはない（川越，2015）．

学習課題

1．環境問題の中で情報の非対象性によるモラル・ハザードと思われる事例をとりあげて対策を検討してみよう．
2．環境問題の中で情報の非対象性による逆選択と思われる事例をとりあげて対策を検討してみよう．

参考文献

伊藤秀史・小佐野広編著『インセンティブ設計の経済学——契約理論の応用分析』勁草書房，2003 年.

川越敏司『マーケット・デザイン——オークションとマッチングの経済学』講談社，2015 年.

経済協力開発機構（OECD）編著『行動公共政策——行動経済学の洞察を活用した新たな政策設計』齋藤長行訳，明石書店，2016 年.

坂井豊貴・藤中裕二・若山琢磨『メカニズムデザイン——資源配分制度の設計とインセンティブ』ミネルヴァ書房，2008 年.

坂井豊貴編著『メカニズムデザインと意思決定のフロンティア』慶應義塾大学出版会，2014 年.

清水克俊・堀内昭義『インセンティブの経済学』有斐閣，2003 年.

鈴木豊『完全理解　ゲーム理論・契約理論』勁草書房，2016 年.

セイラー，リチャード／サンスティーン，キャス『実践行動経済学——健康，富，幸福への聡明な選択』遠藤真美訳，日経 BP 社，2009 年.

友野典男『行動経済学——経済は「感情」で動いている』光文社，2006 年.

萩原清子編著，朝日ちさと・坂本麻衣子著『生活者からみた環境のマネジメント』昭和堂，2008 年.

萩原清子編著『生活者が学ぶ経済と社会』昭和堂，2009.

『日本経済新聞』2002 年 8 月 11 日付朝刊。

Column 2

行動経済学とナッジ（nudge）

　ノーベル経済学賞受賞で話題になっている「行動経済学」との関連で注目される「ナッジ（軽いつつき，控えめな警告）」とは，強制や金銭的動機付け（インセンティブ）に頼らず人間を賢い選択へと導く，ちょっとした工夫のこととされる．英和辞典によるとナッジ（nudge）とは，「注意を引いたり暗示をしたりするために（人を）ひじでそっと突くこと」との説明がある．伝統的な経済学は自己の利益を最大限追求する合理的な人間（経済人＝ホモエコノミクス）を前提として理論を組み立ててきた．ところが現実の人間は状況や感情，選択肢の表現方法により判断が左右される場合もあり，必ずしも経済合理性だけで意思決定しているわけではない．経済人（ホモエコノミクス）に対して，必ずしも合理的ではない一般人（ヒューマン）の行動を説明できる理論が求められ，経済学者と心理学者の協働により，行動経済学の分野が確立され，経済人中心の経済理論の改良が継続している．

　2017年ノーベル経済学賞を受賞したリチャード・セイラー教授（シカゴ大学）は行動経済学の先駆者である．感情，直感，記憶など，心のはたらきを重視し，認知心理学の成果を取り入れることにより合理的な人間像では説明できない現象（例外的事象＝アノマリー），あるいは，非合理的な人間の経済活動を分析し，快適に暮らせる社会に向けてナッジの組み込みを提唱している．以下にナッジの事例を示す．

〈初期値効果〉

　ニュージャージー州とペンシルベニア州では2種類の自動車保険が選択できる.
　　Ａ：料金は安いが保険の範囲が限定されている.
　　Ｂ：料金は高いが保険の限定は少ない.

　ニュージャージー州ではAが初期値設定されており，自動的にAに加入するが，割増料金を払えば高いほうに変更できる．1992年で80%がAに加入していた．一方ペンシルベニア州はBが初期値設定されており，自動的にBに加入するが，安いほうを選択することもできる．1992年で75%がBに加入している．

　この例からは初期値の設定が人々の意思決定に影響を及ぼしたといえよう．意思決定を行うには時間や労力などのコストがかかるが初期値を受け入れれば，何もしなくてよいのでコストは少ないという「現状維持バイアス」が働いている．何を初期値として選択するかは政策が成功するか否に影響を及ぼす可能性があり，政策立案者は考慮すべきであろう．

〈利他性の引き出し〉

　英国で行動経済学者が内閣府とともに実験を行った．確定申告をしたが未納税だった10万人に納税を督促する文章の有効性を調べるため，次の5種類の文章が送られた．

> ① 10人のうち9人は税金を期限内に支払っています．
> ② イギリスにおいて10人のうち9人は税金を期限内に支払っています．
> ③ イギリスにおいて10人のうち9人は税金を期限内に支払っています．あなたは今のところまだ納税していないという非常に少数派の人になります．
> ④ 税金を支払うことは，私たち全員が，国民健康保険，道路や学校などの必須の社会的サービスからの便益を受けることを意味します．
> ⑤ 税金を支払わないことは，私たち全員が，国民健康保険，道路や学校などの必須の社会的サービスを失うことを意味します．

　最も効果が大きかったのは③，次に効果が大きかったのが②であり，④と

Column 2

⑤は同じ，最後が①であった．「10 人のうち 9 人」と示すだけではなく，「イギリス」「少数派」を追加することで倫理観が認識され税金を払おうという行動を促した．これは表現の工夫により利他性を引き出した例といえよう．

〈極端性回避：真ん中が選ばれる〉

106 人の被験者に A ～ E の順に機能が多くなるが故障率も高くなる 5 種類の電卓を用いた実験が行われた．

  1 回目：A，B，C の 3 種類でどの電卓を選ぶのかを聞くと，
      A5%，B48%，C47%となった．
  2 回目：B，C，D の 3 種類でどの電卓を選ぶのかを聞くと，
      B26%，C45%，D29%となった．
  3 回目：C，D，E の 3 種類でどの電卓を選ぶのかを聞くと，
      C36%，D40%，E24%となった．

どの場合でも真ん中の電卓が選ばれた．極端性回避は複数の価格設定がある場合，中間の価格帯が選ばれる傾向を指す．この傾向はマーケティングではよく利用されており，特に売りたい商品は意図的に中央にランクされている．

第5章

規制的手段

··· キーワード ···

規制的手段
市場の失敗
政府の失敗
情報コスト
インセンティブ
コースの定理
取引費用

　地域マネジメントが必要となる状況の多くは，経済学的には「市場の失敗」の概念で示すことができる．たとえば，外部不経済，自然独占や情報の非対称性である．市場の失敗を是正するために政府部門が市場に介入するわけであるが，どのように介入すれば市場の失敗が是正されるのだろうか？　市場の失敗を解消するために政府部門がとり得る手段には，国家の強制力を背景に規則（ルール）を設定する規制的手段（集権的アプローチ）と，地域の主体の誘因（インセンティブ）に働きかける制度をつくる経済的手段（分権的アプローチ）とがある．本章では，前者の規制的手段について，規制の類型，規制行政の特徴，規制の効率性について概観する．そして，規制的手段の利点と問題点，またコースの定理によって分権的アプローチとの関係を示す．

5-1　公的規制：集権的アプローチ

5-1-1　公的規制

　公的規制とは，国家の正当な強制力を背景として，規則を設けることである．当然ながら，規則は設けただけでは守られるとは限らない．規則に反した者は，反則金や科料，過料といった金銭的な制裁や，逮捕，起訴，投獄といった物理的な制裁を加えられる．

　公的規制は，経済的規制と社会的規制に分類される．経済的規制は産業の

健全な発展と消費者の利益をはかることを目的として課されるものである．たとえば，独占による非効率性を防ぐために，独占禁止法に基づいて企業のカルテルや入札談合が規制されている．また，自然独占の性質をもつ鉄道や水道などの公益事業では，公正報酬の原則に基づく料金規制が課され，料金の設定には所管官庁の認可や地方公共団体の決定などが必要である．

　一方，社会的規制は，消費者や労働者の安全・健康の確保，環境の保全，災害防止等を目的として，財・サービスの質に一定の基準が設けられたり，経済主体の行動に制限が加えられたりする．例として，食品衛生法，労働基準法，水質汚濁防止法，原子力災害対策特別措置法などに基づく規制が挙げられる．さらに，医師や弁護士などの資格制度も一種の社会的規制であり，医療行為や弁護行為は国家試験に合格した資格者でなければ行うことができないという規則が課されている．社会的規制の根拠は，消費者主権の考え方にある．たとえば，医療行為や弁護行為は専門性が高く，医師・弁護士に比較して顧客はサービスの質に関して判断するための情報に乏しい．つまり，サービスの供給者と消費者の間で情報が非対称である．そのため，質の悪いサービスのみが提供される「レモンの市場」の状態や，契約後に低品質のサービスを提供される「モラル・ハザード」が生じる可能性がある．そのため，資格制度により無資格者の営業に制限をかける必要が生じる．

5-1-2　規制行政

　公的規制は，政府部門が一定の規則を設けて，国民の権利を制限したり，義務を課したりすることであるが，その制度設計はどのようになっているのだろうか？　制度の考え方は法治主義の原則に基づく．第一に，規制は法令（法律と行政命令）に基づいて行わなければならない．第二に，法の下での平等の観点から，規則（ルール）を法令形式で成文化して制定公布し，制限の対象，違反した場合の制裁措置やその手続きに関する規定についても，国民への周知徹底を図らなければならない．

　このような規制行政の制度設計の有効性，すなわち，経済主体にどの程度規制を遵守させることができるか，について考えよう．経済主体が規則を守る誘因は，自らにとって規則を守ることがもたらす私的な得失と，守らなかっ

たことが発覚したときの制裁による損失の兼ね合いで決まる．すなわち，規則を守ることによる私的な利得が大きいほど，守らなかったことが発覚する確率が高いほど，また制裁による損失が大きいほど，規則を守る誘因がはたらく．経済主体にとってのこれらの見込みは，制限の対象，モニタリングの方法，違反の判断，制裁措置等の要件が詳細に規定されているほど明確になる．ところが実際には，規制の対象となる主体はそれぞれの事情により遵守に必要な手間や費用が異なり，状況ごとの規定も想定が困難である．たとえ対象や状況を細かく規定できたとしても，運用の現場では対応にばらつきが生じ，法の下の平等の原則に抵触するかもしれない．よって，要件はある程度の一般性を残した形で記述せざるを得ず，各経済主体の誘因は平等原則という公平性によってある程度弱まってしまう．

　このように，規制の制度設計は，規制の順守をめぐる条件について，政府部門が被規制者より情報劣位（隠された情報）であるという特徴がある．そのような情報の非対称性を解消するための方法の一つが，規制への違反者のタイプという事後の情報を用いて，隠された情報問題を緩和することである．秋吉ら（2015）によれば，違反者は次の 4 つのタイプに分かれる．①規制について知らない，あるいは守れる状況にない「不知・不能者」，②規制を守った場合と守らずに制裁を課される場合の損得から違反する「利己的行動者」，③特定の規制の不当性を確信し，あえて違反する「異議申し立て者」，④政権そのものに対する不当性の確信からすべての規制を無視する「反抗者」，である．①「不知・不能者」に対しては，規制の周知徹底が有効であり，②「利己的行動者」については，モニタリング手法（規制を守った場合の利得が増し，違反の発見が増加する）と，制裁による損失の増加とを組み合わせた制度設計が有効である．これらに対して③「異議申し立て者」および④「反抗者」は，規制を守ることの利得がそもそも存在しないし，制裁による損失も承知した上で確信的に違反をしている．つまり強制力に反対する意思表示をしているのである．このような場合，誘因を用いた制度設計によって違反を減らすという対応には限界がある．対話や交渉，政治的プロセスによる合意努力や規制の内容に関する検討が必要となってくる．

5-2　規制による制度設計の経済分析

5-2-1　公的規制と経済的効率性

　経済的規制と社会的規制は，いずれも社会活動に対するルールであるが，資源配分に与える影響は異なる．1995 年に閣議決定された「規制緩和推進計画」では，「経済的規制については，原則自由・例外規制，社会的規制については，本来の政策目的に添った必要最小限のものとすること」を基本的考え方としており，規制改革は概ねこの方針に沿って進んできた．なぜこのように原則が異なるのだろうか？　経済的規制は原則自由に向かって改革することにより，市場メカニズムがはたらき，社会的余剰が増加する．一方，社会的規制はそもそも市場の失敗への対応や市場原理とは別の価値判断によって設定される．よって，規制改革の方針の趣旨は次のように言い換えられる．すなわち，「市場の失敗」の場合には規制によって社会的余剰が増加するが，「政府の失敗」によって規制の程度が行き過ぎないようにしよう，また後者の場合には，規制により社会的余剰は減少するが，その程度が最小となるようにしよう，というものである．

　ただし，社会的規制の中には，実質的には経済的規制と同様の効果をもつものがある．たとえばかつて，薬事法に基づき，薬はすべて薬剤師の対面販売が義務付けられていた．これは誤った薬の使用を防ぎ，消費者の安全性を守るための社会的規制と分類されていた．しかし，八代（2006）によれば，これは「社会的規制の衣を被った実質的な経済的規制」であり，薬剤師の既得権や薬局を市場競争から守るという側面をもっていた．消費者にとって使いなれた薬であれば薬剤師の説明やチェックは不要であり，近くのコンビニやインターネットで購入できれば利便性は高まる．その後，薬事法が改正され，2014 年には対面販売が必要な医薬品の分類が大幅に限定されたことで，一般用医薬品の多くがネット販売まで可となっている．資源配分でみると，薬局の競争が促されて独占による死荷重が減少するとともに，消費者の利便性が高まったことにより消費者余剰が増加した．このように，社会的規制と経済的規制の区別はときに便宜的であり，規制による社会的影響は，社会的に非効率をもたらしていないか，注意深くみる必要がある．

　資源配分の観点からみると，規制の目的は市場の失敗の是正による社会的な効率性の達成と，効率性以外の政策目的の達成の二つに分類される．例として，前者については環境汚染の規制を，後者については最低賃金制を考えよう．

5-2-2　環境規制の余剰分析

　環境に関する規制は，政府が企業や消費者に対して，環境に関する問題を解決するためにとるべき行動を指定し，強制することである．汚染規制は最も一般的に見られる規制であろう．汚染問題は外部性による市場の失敗であるため，市場では社会的に最適な排出量や汚染削減量が達成されない．そこで，政府が何らかの法的根拠によって企業に排出量の水準や汚染削減装置の装備を直接的に指示し，管理・監視等の一連の統制を行うことで，社会的に最適な水準を達成しようとする．

　汚染規制の経済的効率性を考えてみよう．図5-1は，汚染による外部不経済の内部化の便益を表したものである．汚染規制がない場合，生産（排出）の水準はQ_0となる．ここで，規制者は，社会的限界費用と需要曲線の交点であるEまで汚染水準を低下させたいため，排出の規制水準をQ^*と定める．このとき，規制前に発生していた死荷重損失EBAがなくなる一方，消費者余剰はp^*EAp_0だけ減少し，生産者余剰はp_0AOからp^*EOを引いたものとなる．最終的に社会的余剰が減少するか増加するかは限界費用曲線や需要曲線の弾力性に依存するが，汚染を発生させる財を利用していない第三者が被る外部費用（EBA）は確実に解消することができる．

　さて，実際に汚染規制を設計する際の問題は二つある．第一の問題は社会的に最適な排出の水準Q^*の設定であり，第二の問題は，排出水準Q^*までの削減をどのような手法によって求め

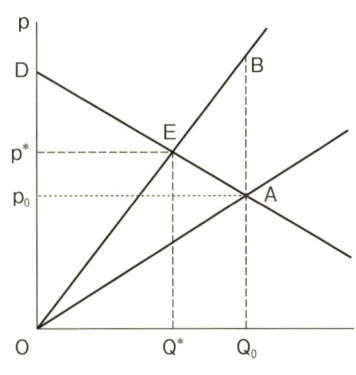

図5-1　汚染による外部不経済

るかである．

　社会的に最適な排出水準を決定するためには，規制当局は汚染による社会的費用がどの程度なのかを知らなければならない．規制当局は，苦情や健康被害によって汚染の社会的費用に関するある程度の情報を得ることができるが，それらはおそらく全部ではない．汚染物質やそれらを削減するための技術についても，排出企業に比べて持っている情報は少ないであろう．さらに，汚染物質がもたらす被害の拡散範囲や期間については，未知であったり不確実であったりすることも多い．したがって，最適な環境基準を定めるためには，相当の情報収集や調査研究の費用がかかり，定められる排出基準についても最適である保証はない．

　第二の問題である排出削減の手法については，さまざまな方法が考えられる．たとえば，汚染された空気や水を排出前に浄化する設備の設置を企業に義務付けること，排出のもととなる原材料の使用を禁止したり，使用可能な原材料を指定したりすること，また単純に排出量や濃度の数値達成を義務付けることなどがある．それらの手法のうち，どれをどのように課すかについて決定するためには，それぞれの削減効果や企業にとっての負担を知らなければならない．これらについても，第一の問題と同様に大きな情報コストがかかる．また，手法によっては企業の自発的なイノベーションが誘発され，将来にわたって汚染削減費用を減らすことに寄与するかもしれない．また，規制による利害関係のために企業や業界の反対や利益保護のための政治的な働きかけなどがあるかもしれない．このような外部性や政治的コストも規制を設計する際の重要な問題となる．

5-2-3　最低賃金制度の余剰分析

　最低賃金制度は，最低賃金法に基づき国が賃金の最低限度を定め，使用者は，その最低賃金額以上の賃金を支払わなければならないとする制度である．最低賃金には地域別最低賃金と特定最低賃金がある．地域別最低賃金は，各都道府県に一つずつ定められており，都道府県内の事業場で働くすべての労働者とその使用者に対して適用される．特定最低賃金は，地域別最低賃金よりも金額水準の高い最低賃金を定めることが必要と認められる特定の産業

について定められている．最低賃金
制度の目的は，最低賃金法の第1条
に「労働条件の改善を図り，もつて，
労働者の生活の安定，労働力の質的
向上及び事業の公正な競争の確保に
資するとともに，国民経済の健全な
発展に寄与すること」と定められて
いる．

　最低賃金制度の効率性を余剰分析
で考えよう．図5-2は労働市場を表
しているが，Dは企業による労働者

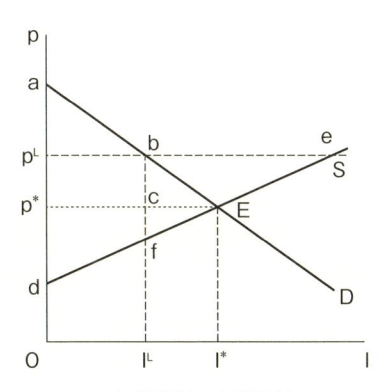

図5-2　最低賃金制の余剰分析

の需要曲線，Sは家計による労働の供給曲線である．労働市場の賃金は市場
価格 p^* であるが，最低賃金制度により，p^* よりも高い賃金 p^L が最低賃金と
して設定されている．このとき，社会的余剰はどのようになっているだろう
か？

　最低賃金の規制により，賃金は p^L，雇用される労働者数は l^L となる．こ
のとき，be の超過供給が発生し，市場価格 p^* のときと比べて l^*-l^L 人が雇
用から締め出されることになる．企業の消費者余剰は abp^L となり，市場価
格と比べて p^LbEp^* の減少となる．家計は，市場価格では p^*Ed であった生
産者余剰が p^Lbfd となり，p^Lbcp^*-cEf が余剰の変化となる．最低賃金制に
よる雇用の減少分が大きければ生産者余剰は小さくなり，市場価格と最低賃
金の乖離が大きければ生産者余剰は大きくなる．社会的余剰は，aEd から
abfd に減少し，死荷重 bEf が発生する．つまり，最低賃金制度は，経済的
効率性の基準では最善ではない．しかし，労働者の生活の安定などの基準を
達成するために，社会的に許容されるべき非効率性ということになる．した
がって，社会的規制の場合は，規制の結果が非効率をもたらすこと自体は問
題ではなく，その非効率性を最小に抑えるような規制の水準や方法を採用す
ることが，制度設計における課題となる．

5-2-4　規制の利点と問題点

■ 規制の利点

　規制的手段は，公害問題や人権のように，人間の生命，健康，尊厳に対して切迫的な危険をもたらす問題に用いられてきた．法治社会においては，法に基づく手段は確実でありかつ実効性が期待されるからである．

　規制的手段には，この確実性及び実効性の他，経済学的な観点からみた場合にもいくつかの利点がある．第一に，規制はどこに働きかければどのような効果があるかについての情報があれば，ピンポイントで人々の行動をコントロールすることができる．したがって，社会的に最適な政策目標，あるいは確実に達成しなければならない水準がわかっている限りにおいては，それを達成する費用が低くなる．第二に，規制は政府による直接的な介入であるから，規制を実施した場合（with）としなかった場合（without）の差，つまり規制インパクトの情報を得やすい．このことは，政策を有効かつ効率的に行うための政策評価（第10章「公共政策の評価制度」参照）の情報をもたらしてくれる．さらに，規制という政策手段はモニタリングの費用が低いことが多い．たとえば，汚染浄化の設備を備えているかどうか，禁止された原材料を使っていないかどうか等は，経済主体の行動そのものであるためモニタリングが容易である．このことも政策の実施費用を低くすることに貢献する．

■ 規制の問題点

　規制的手段の主な利点は，社会的に最適な政策目標がわかっていることを前提として，それを低い政策費用で実現できることであった．しかしながら，経済的に効率的な，あるいは社会的に望ましい基準や目標値を決めることは必ずしも容易ではなく，その基準の設定自体に莫大な情報コストがかかる場合がある．また，規制は経済主体の行動を直接的にコントロールするため，経済主体に自発的な努力のインセンティブをもたらしにくい．したがって，短期的には政策目標を達成できるが，長期的にはより低い費用で目標を達成できるような選択肢を排除してしまうかもしれない．規制を経済学的観点からみた場合の主なデメリットは，これらの情報とインセンティブの問題である．

　たとえば，環境汚染問題の場合，汚染による被害の程度が時間的または空

間的に不確実であるとき，規制当局が最適な排出基準を定めるための情報を得るためには，大規模な調査研究費用がかかる．汚染の発生源である産業や企業を調査しようとすると，規制当局は情報劣位にあるため，情報の非対称性による非効率性に直面する．すなわち，排出企業の持つ汚染技術や自発的な努力水準がわからないため，誤った情報を申告されたり，努力を怠るモラル・ハザードが発生したりといった場合には，最適な規制水準を設定することができなくなる．また，温室効果ガスの気候変動に関わる影響や長期の潜伏期間を持つ健康被害については，そもそも科学的な因果関係が複雑であるため，大きな情報コストがかかる．

　インセンティブの問題は，汚染削減技術の開発についてよく知られている．規制は，現時点で利用可能な削減技術とその効果についての情報で決められる．特に，原材料や生産の技術等を規制により指定された場合，企業にとってはそれ以外の選択肢がなくなるため，より効率的な技術で同じ排出基準を満たすことを模索するインセンティブが発生しない．このことは，資源の長期的に最適な利用を妨げるだけではなく，汚染削減のための技術開発がその他に転用されるという技術開発の外部経済の利益を損なう結果となる．

5-3　権利の設定：分権的アプローチ

　規制は政府部門が正当な強制力により地域課題を集権的に，つまりトップダウンで解決する手法である．一方，地域や公共の課題には，その問題に関連する財の所有や利用の権利が誰にあるかがわからないために，規制を課すことができないという問題が生じる場合がある．5-2-2「環境規制の余剰分析」（69頁〜）の汚染問題の例では，汚染物質を排出する企業が社会的費用を負担するべきであるという「汚染者負担原則」によって，企業に規制を課すことができた．この場合，汚染されていない良好な環境の利用権を持っているのは汚染の影響を受ける住民の側である．

　このように，社会的費用の部分を誰が負担するのかを規制によって定めるためには，その財に対する権利を誰が持っているのかが明らかになっていなければならない．それが明らかではない場合，「コモンズの悲劇」が生じる．「コ

モンズの悲劇」とは，競合性はあるが排除性はないという公共財の類型（オープン・リソース）において生じる市場の失敗である．たとえば，海洋や河川といった公共水域には排除性がないため，誰もがアクセス可能であり利用も排出もできる．利用や排出に関する権利が定まっていなければ，利用や排出に対価を支払う必要がないため，水や資源は枯渇するまで使用され，あるいは利用不可能になるまで汚染されてしまう．

　このように，規制が成立するためには，財に対する権利という，さらに根本的なルールが必要である．財に対する権利が定まっていると，社会的に望ましい状況は，規制によって強制することなく，当事者間の話し合いで分権的に達成できることが「コースの定理」で示されている．それは，どのような条件のもとで成り立つのだろうか．

5-3-1　財に対する権利とコースの定理

　市場メカニズムがはたらく大前提の一つは，取引される財が排除可能であることである．もし排除可能でなければ，誰もが対価を支払うことなくその財を手にすることができるため，市場価格は成立せず，その財は待ち時間，順番，腕力等の価格以外の何らかの方法で配分されることになる．当然，経済学的効率性は達成されるない．

　財が排除可能であるためには，法制度によって財に対する権利を定めることが必要である．たとえば，土地という財は，居住，登記等の一定の手続きを踏めば使用や所有の権利が与えられる．すると排除可能財となり，土地の取引市場と価格が成立する．このように財に対する権利が明らかなとき，どのような資源配分が達成されるのかを明らかにしたのがロナルド・コースによるコースの定理（Coase, 1960）である．

　コースの定理によれば，一定条件を満たすように権利が配分されていれば，その権利配分がどのようであっても経済的効率性が達成される．例として，企業Aという汚染者による河川の水質汚染問題を考えよう．企業Aは河川の上流に位置し，水質汚染物質を排出している．一方，漁業者Bは河川の下流で漁業を営んでおり，水質が汚染されると漁獲高が減少するという被害を受ける．ここで，河川は企業Aと漁業者Bの双方にとって生産に必要な

財であるが，排除可能ではないため，両者とも対価なく使用しているとする．

このとき，河川の水質という財の資源配分の効率性はどのようになっているであろうか．図 5-3 は，縦軸に河川の水質を使用することによる限界便益，横軸に水質の使用量を表したものである．O_A は企業 A にとっての原点，O_B は企業 B にとっての原点，Q_0 は使用量の初期配分である．

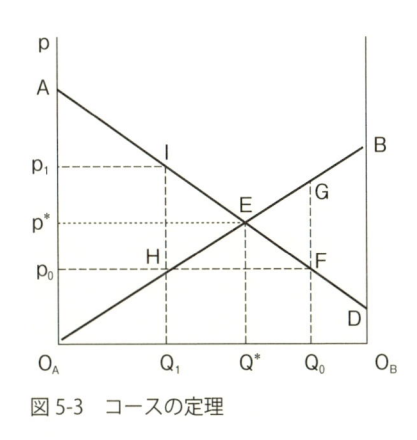

図 5-3　コースの定理

すなわち，企業 A は O_AQ_0 水質を使用（汚染）しており，漁業者 B は O_BQ_0 水質を使用している．このとき，企業 A の粗便益は O_AAFQ_0，漁業者 B のそれは O_BBGQ_0 である．

企業 A と漁業者 B だけで社会が構成されていると仮定すると，この資源配分は効率的であろうか？　社会的厚生は企業 A と漁業者 B の粗便益の和である．社会的余剰が最大になるのは，図 5-3 から明らかなように水質の使用量が Q^*E となる点である．すなわち，企業 A が水質の使用を Q_0Q^* だけ減らすことにより，企業 A の粗便益が Q^*EFQ_0 減少する一方で漁業者 B の粗便益は Q_0GEQ^* だけ増加するため，社会全体の余剰が EGF 増加する．したがって，現状では資源配分は効率的ではないが，漁業者 B が企業 A に水質の使用を Q^* まで減らすように求め，その交渉が成立すれば効率的な水質の配分が達成される．

では，漁業者 B は企業 A にそのような交渉をもちかけるインセンティブをもつだろうか？　水質が Q_0 で配分されているとき，企業 B の限界便益は Q_0G であり，現状で企業 A が支払っている金額 Q_0F を上回っている．したがって Q^* までは，漁業者 B は企業 A に補償を支払っても余りある便益を得ることができ，企業 A は減少した便益分の補償を得ることができる．よって，漁業者 B には交渉のインセンティブがある．

次に，水質の初期配分が異なる場合を考えよう．漁業者 B が既得の権利

により水質を $O_B Q_1$ だけ使用することができ，企業 A は残りの $O_A Q_1$ の水質を使用しているとする．このときの粗便益は，企業 A が $O_A A I Q_1$，漁業者 B が $O_B B H Q_1$ であるから，配分が Q_1 から Q^* になれば死荷重 EHI がなくなる．この場合は，企業 A が漁業者 B に対して水質の使用量を Q^* まで減らすように交渉し，それが成立すれば効率的な配分が達成される．

　以上の例を権利の観点から整理しよう．企業 A が河川の上流に位置し，汚染された水の排出に対して何の制限も受けないとき，水質の使用に対する権利は企業 A に帰属しているとみなすことができ，水質の初期配分は Q_0 となる．反対に，既得の理由により水質に対する権利が漁業者 B に帰属するとき，水質の初期配分は Q_1 となる．そして，水質に対する権利がいずれの側にあっても，交渉によって使用量の譲渡が成立すれば，効率的な水質の配分 Q^* を達成することが可能となる．

5-3-2　コースの定理の条件

コースの定理は次のように表現される．

> 生産者または消費者が負の外部性の被害を受けていると仮定する．さらに，次の①～⑤の条件が成立しているとき，外部性に対する権利の初期配分は効率性に影響を与えない．
> 　① 消費者と生産者は取引に関して同じ情報をもっている（完全情報）
> 　② 消費者と生産者はプライス・テイカーである
> 　③ 司法はコストをかけることなく合意を強制できる
> 　④ 生産者の行動原理は利潤最大化，消費者のそれは効用最大化である
> 　⑤ 所得効果及び資産効果は存在しない
> 　⑥ 取引費用はない

　コースの定理は，負の外部性やコモンズの悲劇によって地域環境が悪化していたとしても，当事者間の交渉によって権利を配分し直すことができれば，地域環境を改善させることができる可能性を示している．ただし，その前提条件（上記①～⑤）はそれほど容易に成立するとは限らない．それぞれの条件について検討してみよう．

①，②及び④については，完全競争市場の成立条件と同様である．完全情報については，交渉の当事者，前節の例でいえば漁業者と汚染排出企業が，互いに相手の水質に対する需要曲線や限界費用を知っていることを表す．

⑤の所得効果及び資産効果とは，財の所有権をもっていることそのものに対する対価が発生しないという条件を表している．環境を汚染する権利を有している経済主体は，汚染の権利を有していること自体で，それが侵害されることによる補償を得ることができる可能性がある．交渉の際に，そのような権利の所有自体の損得によって行動を変えることがない，ということを仮定している．

③及び⑥は取引費用に関する条件である．取引費用とは，交渉の際に，合意に達するまでの直接・間接のあらゆる費用を含んだ概念であり，心理的負担や時間的な費用も含まれる．権利に関する交渉において取引費用がゼロという条件はなかなか考え難いであろう．そのため，取引費用の大きさはコースの定理を地域課題の解決に応用する際には重要な検討事項である．

取引費用コースの定理の含意を活用した政策として，「汚染者への支払い」がある．汚染者への支払いとは，汚染の被害者が汚染者への支払いを行うことによって外部性を内部化する例である．汚染者への支払いは，汚染者が社会的費用を支払うべきであるという汚染者負担原則に反するが，環境補助金として多くの制度で活用されている．汚染者負担原則は，汚染の権利の配分の原則を示したものであり，交渉の取引費用を節約する制度の一つと考えることができる．しかしながら，汚染排出企業は，排出企業であると同時に社会的に重要な生産を担っており，業界団体等の形でとして政治的に大きな力を持っていることがある．また，汚染の被害者が不特定多数の住民にわたり，交渉相手の特定だけでも困難な場合がある．それらの場合，汚染者負担原則の適用には大きな政治的費用や調査費用がかかり，常に適用可能であるとは限らないという限界がある．実際には，汚染者が汚染削減のための投資をする際に税源からの補助金が出る等の制度があり，これは汚染の被害者である納税者が汚染者への支払いを行う構造となっている．支払いがどちらに帰属しても汚染削減の目的は達せられることから，コースの定理の含意が適用された例といえる．

5-4　地域マネジメントにおける規制的手段の役割

　地域課題は，多様な主体がそれぞれの利害や価値観で行動する際に生じる「市場の失敗」や社会的コンフリクトの帰結であるから，法治国家における多様な主体の行動をコントロールする手段として，規制的手段は基本的な役割を担う．しかしながら，地域課題と政府部門のあり方の変化によって，規制的手段の役割は変化してきている．

　政府部門によるサービス供給や政策手段のあり方は，秋吉ら（2015）によれば，ガバメントによるヒエラルキー的秩序から，ガバナンスによるネットワークに変化してきている．ヒエラルキー的秩序とは，政府部門の指揮命令系統によりトップダウンで政策的意思決定がなされることであり，国や自治体による公共サービスの分配の決定や規制の執行が該当する．5-2-4「規制の利点と問題点」（72頁〜）でみたように，このような集権的な手段は，情報の非対称性により，柔軟性に欠け非効率な資源配分をもたらす傾向があるとともに，被規制者のインセンティブや協力を引き出すことが困難であるというデメリットをもつ．これに対してガバナンスとは，自律的で多様な主体がネットワークとして相互作用を及ぼしている状態を表す．ここでは，政府は多様な主体と対等なネットワークの一員であり，政策的意思決定の環境はネットワークのメンバー間の相互作用によって形成される．このような分権的な状態では，5-3「権利の設定」（73頁〜）のコースの定理が成立する可能性が高くなる．つまり，めざすべき資源配分の状態は，規制的手段でも達成できるが，当事者間の交渉によっても達成できる．その条件は，財の権利の設定と取引費用の低減であり，制度設計においてはそれらに関連する当事者のインセンティブも考慮することができる．

　このような構造の変化を背景として，規制的手段の担う役割は，ヒエラルキー的秩序における統制から，ネットワークにおける多様な主体間の協力や交渉を支援するための条件整備へと移行してきている．もちろん，法治主義の原則における規制的手段の重要性は変わらないが，集権的アプローチと分権的アプローチのどちらが適しているか，またどのように組み合わせるかと

いう制度設計は，地域課題の性質や効率性や有効性の観点から柔軟に検討される必要がある．解決すべき地域課題は，生命の危険や人権など社会的な価値観がどの程度共有されているか，あるいは公共サービスの空間的立地のように住民間で利害が分かれやすい分野か，また規制を実施する際の情報コストが高いか低いか，などの多面的な検討が必要であろう．

学習課題

1．具体的な規制を挙げて，課題解決への有効性の観点から，規制の利点と問題点について考えてみよう．

2．外部不経済による地域の問題を一つ挙げ（たとえば，環境汚染，空き家，景観問題など）取引費用の点から，規制と当事者間の交渉（コースの定理）とどちらの解決策が適しているかを考えてみよう．

参考文献

秋吉貴雄・伊藤修一郎・北山俊哉『公共政策学の基礎（新版）』有斐閣，2015 年．

環境経済・政策学会編，佐和隆光監修『環境経済・政策学の基礎知識』有斐閣，2006 年．

萩原清子編著，朝日ちさと・坂本麻衣子著『生活者からみた環境のマネジメント』
　　昭和堂，2008 年．

浜本光昭『環境経済学入門講義（改訂版）』創成社，2017 年．

八代尚宏「社会的規制改革の意義」『日本経済研究』第 53 号，2006 年，pp. 1-12.

Coase, Ronald H., "The Problem of Social Cost", *The Journal Law & Economics*,
　　Vol. 3, 1960.

第6章

経済的手段

地域マネジメントの手段の一つが誘引である．誘引とは，望ましい状態や目的を実現するために報酬（アメ）あるいは制裁（ムチ）を用いて誘導することである．公共財の供給や第5章の規制的手段が，政府部門が直接的に介入する手段であるのに対し，誘引は政策目的を達成するために人々の行動を促す仕組みをつくることであり，社会への間接的な介入である．その代表的な手法は経済的な誘因（インセンティブ）を設けることである．たとえば，地域で住宅等の空き家が居住環境や地域の活力を悪化させている場合，空き家等の除却や所有者の特定に関する費用の一部を行政が助成する仕組みができるとする．老朽化した空き家住宅等の所有者にとっては，その助成が誘因となり空き家を除却しやすくなり，居住環境の改善が達成されやすくなる．また，自動車の保有に伴う税金を高くすれば，それがマイナスの誘因となって自家用自動車よりも公共交通やカーシェアリングの利用者が増加すると考えられる．

経済的誘因を用いる代表的な政策手段には，課税，補助金，市場の創設がある．主に環境政策を事例として，それぞれの手段の仕組みと資源配分の効率性をみたのち，経済的手段の利点と問題点について検討しよう．

6-1　経済的誘因によるマネジメント

政府部門が望ましい状態を実現するために，企業や住民の行動を自ら変え

るよう働きかけることのできる経済的誘因の代表が課税と補助金である．政府部門が誘導したい望ましい状態とは，資源配分の観点からみると二つに分けることができる．一つは，市場の失敗や政府の失敗による非効率性が生じている状態から，効率性を回復した状態に戻すことである．二つ目は，効率性とは別に，人権，公正さ，平等，持続可能性などの観点から実現すべきと定めた状態である．はじめに，前者の資源配分の効率性を達成するために課税・補助金を用いる場合を考えるが，そのための課税をピグー税，ピグー的補助金という．次に，後者も含め，何らかの望ましい状態を達成したいときに，それを経済的誘因を活用して効率的に実現するための仕組みである市場の創設について検討する．

6-2　ピグー税

6-2-1　ピグー税とは

　経済的誘因によるマネジメントの報酬（アメ）と制裁（ムチ）のうち，ムチにあたるのが課税，アメにあたるのが補助金である．地域問題の例として，環境汚染問題を考えよう．財・サービスの生産に伴って生じる環境汚染問題とは，その財・サービスの市場価格が生産者，すなわち汚染者の私的限界費用のみを反映して，その市場に参加していない第三者がこうむる不快さや健康被害という社会的費用を反映していないことによって生じる．このような非効率性は市場の失敗の一つであり，外部不経済という．図 6-1 は，外部不経済により私的限界費用（MPC）と社会的限界費用（MSC）が乖離している様子を表した図である．市場価格が汚染も含めて資源を効率的に配分する水準である Q^* に決まらないために，産出水準は過剰な水準の Q_0 となり，それに伴う汚染の排出も過剰となる．

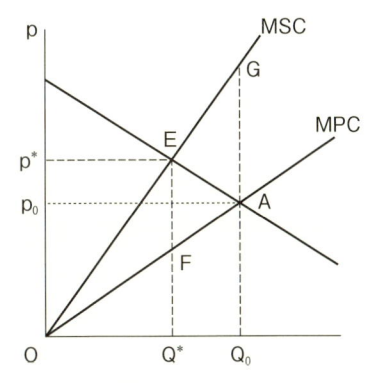

図 6-1　外部不経済とピグー税

　このとき，政府部門が汚染者に対して，私的限界費用と社会的限界費用との乖離分を支払うよう求めれば，汚染者は社会的限界費用を負担することになり，社会的限界費用に見合った産出水準を選択し，それに伴って汚染の排出量も最適な水準に抑えられる．図 6-1 において，社会的限界費用と需要曲線の交点は E であるから，外部性が内部化された価格 p^* で効率的な産出量 Q^* が達成される．そこで，政府が排出企業に対して Q^* における社会的限界費用と私的限界費用の乖離分 AG の支払いを課すことができれば，E を達成することができる．すなわち，市場が失敗した汚染の価格付けを，政府の介入によって実現することを意図している．このような経済学的根拠による課税は，これを初めて提唱したイギリスの経済学者である A. C. ピグー（A. C. Pigou, 1877-1959）の名にちなみピグー税と呼ばれている．

　ピグー税の資源配分上のメリットは，排出企業が自発的に外部性を内部化しようとする誘因になるというだけではない．排出企業が複数であるとき，それぞれの企業は汚染を削減するための技術や費用が異なる．ある規制水準まで排出を削減しようとすると，どの企業も一律に規制水準まで削減しなければならないため，非常に大きな費用をかけて削減しなければならない企業も出てくる．一方，ピグー税の場合には，課税額に見合った削減量を選択するため，結果としてどの企業にとっても追加的な削減費用が均等になる．すなわち，排出を低コストで削減できる企業は多く排出量を減らし，排出削減が困難な企業は削減量が少なくなり，社会全体として効率的に全体の削減を達成することができる．

　実際に，社会的に望ましい汚染削減量を達成するピグー税率を決めるためには，汚染排出による社会全体の限界純便益と限界外部費用の情報が必要である．しかし現実には，課税者である政府がこれらの情報を得ることは難しい．そこで，社会的に最適な汚染削減量を目標にするのはあきらめ，ある汚染削減量を目標にして，それを実現するために課税することが考えられた．これがボーモル・オーツ型の環境税である．ボーモル・オーツ税は，最適な汚染削減量を達成することはできないが，各汚染排出企業はやはり課税額に見合った削減を実施する．結果として，全体の削減量は最適ではないかもしれないが，ある汚染削減量を最小の社会的費用で達成することができる．ボー

モル・オーツ型の課税は，必ずしも正確にわからない，最適な汚染削減量という情報に頼らず，ある環境基準が設定されれば実行可能であるという点において，ピグー税よりも現実的な手段である．しかし他方では，目標とする汚染削減量を達成するために税率を試行錯誤しながら変更させなければならず，その社会的・政治的なコストは小さくないであろう．

6-2-2　二重の配当論

　環境税のように課税によって外部不経済を内部化する経済的手段は，二つの意味で社会に便益をもたらすと言われており，二重配当論と呼ばれている．

　第一の配当は，課税が汚染による外部不経済を内部化することによる社会的便益である．汚染による外部不経済を表した図6-1において，取引に参加していない第三者が被っている費用はEGAの死荷重的損失であった．環境税が導入されると，産出水準はQ^*となることから第三者が負担していた死荷重的損失がなくなる．これを第一の配当という．

　第二の配当は，徴収された税の使途によって発生する社会的便益である．徴収された税は社会に一括して移転されるものと仮定される．その移転先がもともと歪みのある税制等により死荷重的損失が発生している部門であれば，その死荷重的損失を削減することができる．つまり，第二の配当とは，外部性を内部化するための税収入を歪みのある課税を減税するための財源として充当することによって，別の市場で死荷重的損失が減少することをいう．

　やはり，環境税を例として考えよう．ある財Xの生産に物品税tが課税されている場合を考えよう．図6-2は，財Xに課税がなされている状況を表している．この課税は外部性を内部化する目的ではないため，課税によって産出水準がX^tになると，消費者余剰は$p^t E^t E p^*$分，生産者余剰は$p^* E F G$分だけ減少する．これらの

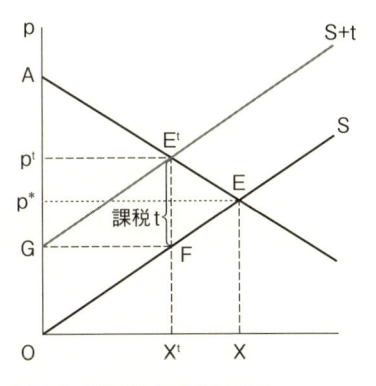

図6-2　環境税の第二の配当

うち，$p'E'FG$ は税収として政府部門に移転されるが，$E'EF$ 分についてはどの経済主体にも帰属しない．これが課税による死荷重的損失である．ここで，もし環境税収入でこの物品税収入の一部を補うことができれば，税収 $p'E'FG$ を得るための税率を t よりも下げることができる．すなわち，課税後の供給曲線 $S+t$ が下方にシフトし，X 財市場の死荷重的損失を減少させることができる．

　このように，ピグー税の収入を，他の市場で生じている市場の失敗や政策介入による死荷重を減少させるように用いることができれば，第二の配当が生じる．

6-3　補助金

6-3-1　ピグー的補助金

　A. C. ピグーは，ピグー税によって外部不経済を内部化できることとともに，汚染者にピグー税と同率の補助金が与えられても，ピグー税を課税したときと同じ水準の汚染削減量を達成できることを示した．これをピグー的補助金という．

　図 6-1 には，環境汚染問題において，汚染を排出する財の需要曲線と企業の私的限界費用及び社会的限界費用が描かれていた．このとき，ピグー税によって達成される産出量は Q^* となる．ここで，税ではなく補助金によって排出企業に産出量削減のインセンティブを与えるためには，失われる生産者余剰以上の補助が与えられなければならない．たとえば，図 6-2 で，X から X^t に産出を減らしたときに $(X-X^t) \times t$ だけ補助金を出せば，失われる生産者余剰は補填されるため，企業は産出水準を X^t とすることに同意するであろう．したがって，効率的な水準 X^t まで産出水準を減らすためには，$(X-X^t) \times t$ だけの補助金を与えればよいことになる．これがピグー的補助金である．

6-3-2　課税と補助金の等価性

　ピグー的補助金の場合，補助率を私的限界費用と社会的限界費用との乖離

であるｔとしたときに効率的な水準が達成されることをみた．ｔはピグー税率と等しいことから，外部性の内部化は，外部費用分を課税しても補助としても同じ結果が達成されることになる．これを，ピグー税とピグー的補助金の等価性という．

このように，ピグー税とピグー的補助金は資源配分の上では同一の効果をもつ．しかし，長期的には，外部不経済の原因者にとってのインセンティブが異なるため，ピグー税とピグー的補助金が等価ではなくなる．

ふたたび，環境汚染問題で考えよう．汚染者にとっての純便益は，ピグー的補助金が汚染者に帰属する分だけ，ピグー税よりも大きくなる．短期的には企業にとっての最適産出量はピグー税の場合と変わらないが，長期的にはピグー的補助金による便益の増加分がその財を生産する活動への新規参入のインセンティブになる．したがって，長期的には社会全体の汚染排出量が増加し，効率的な削減量を達成するためにはより多くの補助金が必要となってしまう．

6-3-3 補助金の意義

ピグー的補助金は，長期的には非効率であることを見た．さらに，補助金は負担の公正さの点でも問題がある．たとえば，環境汚染対策の補助金の財源が一般財源であるとすると，汚染者の汚染削減費用を負担するのは納税者であることになり，汚染者に有利な所得の再分配が実現してしまう．すなわち，汚染による外部費用を負担し，補償責任を果たすべきは汚染の原因者である，という汚染者負担原則が成立しなくなり，効率性と公正性の両方の点で問題となる．

しかしながら，実際の政策においては，補助金を活用した政策は多用されている．たとえば，汚染防止設備投資への低利融資，租税特別措置，環境に配慮した住宅や自動車の購入時の優遇措置等がある．これらの政策が正当化される理由は，ピグー税のように汚染者に負担のみを求める政策手段の実行可能性及び政治的困難，さらにピグー税が前提とする外部性の原因者と被害者の関係の変化に求められる．

第一に，途上国の環境問題のように，社会的費用を負担すべき企業などの

原因者の費用負担能力が十分ではない場合には，ピグー税の負担が不可能であったり，経済成長など他の戦略的な政策と深刻に相克したりするため，現実の政策手段として選択されにくい．第二に，新たな課税の導入には往々にして産業界の抵抗等が生じ，その調整のための政治的コストが大きい．これらの理由に対して，補助金政策は原因者が対策をとるようインセンティブをもたせることができ，政策として実現可能性が高い．補助金政策による外部不経済改善の便益が，原因者への所得の再分配というデメリットを上回るとみなすことができるならば，ピグー的補助金による効率性の改善も正当化される．さらに，補助金の財源を選べば，所得の再分配の不公正さを軽減することはできる．一般財源から補助をするならば，外部不経済への対策費用を広く納税者に負担させることになるが，他のピグー税の税収を財源にすることができるならば，他の外部不経済に対する支払いとして社会に還元された資源を充当することになり，再分配の歪みは緩和される．

　さらにピグー的補助金が用いられる第三の理由として，特に都市における環境汚染や混雑などの外部不経済の問題の多くは，原因者が多数かつ特定化が困難であり，自らが原因者であると同時に被害者でもあるという構造をもつことが挙げられる．たとえば，自動車の利用者は，自ら大気汚染や CO_2 の排出をする原因者でもあるが，地域全体の自動車利用によるそれらの外部不経済の被害者でもある．このような構造を前提とすれば，ピグー補助金の財源が一般財源であることは汚染者負担原則の意義にかない，所得分配上の歪みももたらされない．

　以上により，ピグー的補助金は，外部不経済の内部化を達成できると同時に，政治的コストや所得再分配上の効果を総合的に考慮した上で，妥当性をもちうる政策ということができる．

6-4　市場の創出

6-4-1　取引可能利用権制度

　ピグー税と補助金は，外部費用の負担や補助という誘因を用いて，効率的な資源配分を導く手法であった．一方，資源そのものの賦存量や供給量が有

限であるために，無制限な利用を認めると混雑現象や過剰利用による資源の枯渇を招いてしまうような財については，資源の利用量を一定の範囲内に制限することが必要となる．政府がそのために介入する際には二つのアプローチがある．第一のアプローチは第 5 章の直接規制であり，利用量の基準を法制度により定めることでコントロールする．第二のアプローチは経済的インセンティブ（誘因）を活用するものであり，その資源に対する市場を創設するものである．すなわち，ある資源を利用するための権利（取引可能利用権）を設定し，その権利の取引市場を認める仕組みである．

　取引可能利用権の例としては，水利権，漁業権，環境汚染物質の排出権等が挙げられる．これらの権利の設定対象となる水，水産資源，環境（大気，水質など）は，資源の賦存量が限られており，かつ利用に際して排除が困難であるため，無制限なアクセスを認めると利用量が過剰となり資源そのものが枯渇してしまう（「コモンズの悲劇」）．また，電波の周波数帯，電力の送電網，空港の発着枠なども，物理的に供給量に限りがあり，混雑による非効率性が発生するため，取引可能利用権の設定対象となる財である．

　取引可能利用権の取引市場は，政府部門が資源の供給量を一定に制限することから，本来の意味での資源配分の効率性を達成するというより，規制すべき水準を達成しなければならないときに，それを最小費用で達成するという意味での費用効率性を目的とする．すなわち，市場メカニズムのもつ性質のうち，市場価格シグナルによって資源利用の限界費用が均等化されることを活用するものである．

　取引可能利用権制度において，資源は 2 段階で配分される．第 1 段階は，政府部門が設定した権利を市場参加者に移転する「初期配分」であり，第 2 段階は，初期配分を変更する「2 次配分」である．初期配分を市場の創設によって実施する方法がオークション（競売）であり，2 次配分を行うために創設される市場を流通市場という．実際の制度設計では，初期配分は市場メカニズム（オークション）に拠らず，2 次配分のための市場のみを創設する場合も多い．初期配分の方法として用いられることが多いのがグランドファザリング方式である．グランドファザリング方式とは，歴史的に形成された権利の既得的な配分を追認するもので，温室効果ガスの排出許可証（権）取引や

空港の発着枠取引の初期配分に適用の実績がある．一方，近年では，電力市場における送電線網の利用権や，放送・通信事業における電波の周波数帯の利用権の初期配分をオークション方式で行うための検討も続いている．

　次節では，環境汚染物質の排出許可証取引制度を取り上げ，取引可能利用権制度の市場メカニズムによる利点と問題点を検討しよう．

6-4-2　排出許可証取引制度

　排出許可証取引制度は，環境汚染物質の排出について，目標とする排出総量を排出源ごとに配分し，その排出量を取引する市場を設けることで，市場メカニズムを利用して最小の費用で目標とする排出総量を達成するための政策である．

　排出許可証の市場は流通市場であり，取引可能な排出の総量は汚染による環境リスクの許容度によって物理的に決定されている．したがって，排出量の取引によって排出総量が変化することはないが，市場メカニズムによって一定の排出総量を最小費用で実現することができる．

　排出許可証取引のプロセスは，次の通りである．数年後の目標年に達成すべき汚染物質の排出総量が決定され，その汚染物質の排出源に初期排出量を割り当てる．各排出源は，目標年以降に配分された排出量を排出できるが，割り当てられた排出量は現在の排出量よりも小さいため，目標年までに排出量を削減しなければならない．

　ところで，1単位の汚染物質の排出を削減する費用は，各排出源にとって異なる．排出量の取引市場では，排出量1単位の価格と自らの排出削減の限界費用を比較して，排出削減限界費用の方が高いならば，実際に排出量を削減するよりも排出量（排出許可証）を購入して排出量を増加させる方が費用を節約できる．逆に，排出量1単位の価格の方が高い排出源にとっては，割り当てられた初期排出量の一部を売却しても目標値は達成できるため，売却する方が削減費用を節約できることになる．このような市場取引の結果，すべての排出源の削減限界費用が排出量1単位の価格と等しくなり，全体として目標の排出総量を低い費用で達成することができる．すなわち，効率的な配分が達成される．

　ここで，初期の排出量がどのように割り当てられるかが，個々の排出源にとって大きな関心事となる．初期の配分量が多いほど，目標年までに削減しなければならない配分量は少なくてすむからである．しかしながら，市場メカニズムにより，どのような初期配分であろうとも，取引後には効率的な配分が達成される．

　たとえば，排出削減の限界費用が高い排出源 A の割り当てが小さければ，より多くの排出量を購入する必要が生じるが，相対的に，限界費用が低い排出源 B の割り当ては大きいはずなので，B には多くの排出量を売却するインセンティブが生じている．すると，市場に出回る排出量は多くなるため，排出量 1 単位の価格は下落し，排出源 A は低価格で購入することができる．結果として，排出削減の限界費用は均等化され，どの排出源も費用を節約でき，全体として総排出量目標は最小費用で達成される．

　したがって，初期の排出量の割り当てをめぐる関心は，排出許可証取引市場の制度が目的とする効率性の問題ではなく，公平性の問題であるということができる．公平性の問題は，排出許可証取引市場がもたらす結果には何ら影響しないが，排出許可証取引市場という政策を導入する際には政治的コストとなる．

6-4-3　制度のメカニズム

　排出許可証取引制度の一般的に運用されている方式はキャップ・アンド・トレード方式である．図 6-3 は，生産に汚染物質の排出を伴う財 Q の市場を示している．簡単化のため，需要曲線は完全弾力的（水平）であり，供給曲線は MC，均衡価格は p^* であるとする．このとき，取引市場に参加する n の排出企業のうち，i 番目企業の最適産出水準は Q^* であり，そのときの生産者余剰は p^*AB で表され

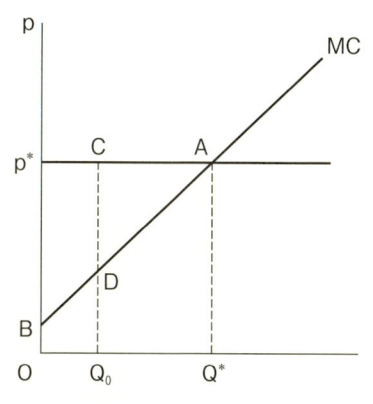

図 6-3　最適排出取引量

る．ここで，排出許可証がキャップ・アンド・トレード方式により無償で配布されるとし，この企業にとっての初期割当ては Q_0 であるとする．総排出量に上限が設定されているので，Q_0 を各企業について足しあわせたものが総排出量となる．このとき，初期の企業 i の生産者余剰は p^*CDB となる．

企業 i は，排出許可証を購入することで，産出水準を Q_0 よりも増加させ，生産者余剰を増加させることができる．では，排出許可証をどれだけ購入することが最適であろうか．

図 6-4 には，排出企業 i の限界純便益 MNB と所与の排出許可証価格 p^* が描かれている．限界純便益とは，産出量を 1 単位増加させたときの生産者余剰の増分であり，産出水準が Q_0 であれば図 6-3 の CD で，図 6-4 では DQ_0 で表されている．産出量 Q_0 では，限界純便益が排出許可証の価格を上回っている（$DQ_0 > p^*$）ので，許可証取引市場で許可証を購入すれば，生産者余剰を増加させることができる．したがって，企業 i は限界純便益が許可証の価格 p^* と等しくなる Q_E まで許可証を購入し，許可証の購入費用 Q_0Q_EEF を支払った上でなお DEF 分の余剰を得て余剰を最大にすることができる．ただし，総排出量は，n 個の企業のもともとの総排出量よりも低く定められているため，Q_E は Q^* よりは低い水準となる．

このようなプロセスが n 個の企業すべてにおいて生じるため，個々の企業が Q_E の産出水準を，すなわち総排出量の目標が達成される．たとえば，別の企業 j にとっては，初期配分が図 6-4 の Q_1 であり，自らに配分された排出許可分を売却した方が余剰を増加させることができる．売却収入 Q_EQ_1GE に対して，産出水準を下げることによって失われる余剰は Q_EQ_1HE だからである．すなわち，各企業は自分の限界純便益 MNB が排出許可証の市場価格 p^* と等しくなる産出水準を選択する．

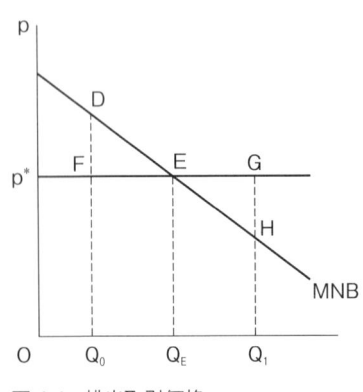

図 6-4　排出取引価格

この結果を資源配分の観点から考

えると，総排出量目標が達成されるとともに各企業の余剰は最大となっており，総産出量が制限された条件のもとでの資源配分としては最も効率的な状態が達成されている．

6-4-4　取引可能利用権制度の問題点

　排出許可証市場に代表される取引可能利用権制度は，外部費用に基づく目標を価格メカニズムによる効率性を以て達成できる．理論的には，たとえば排出許可証市場の場合，初期割当てが偏っていたとしても，排出削減の限界費用が小さい企業からの排出許可証の供給が増加するため，許可証の価格が下落することにより最終的な配分の効率性に問題は生じない．しかしながら，実際の制度の運用には多くの困難が生じる．その理由は，市場メカニズムをうまく働かせるための取引費用が大きいことである．

　第一の取引費用は，参加主体の利害関係による政治的問題である．たとえば，排出許可証の初期割り当ては，効率性の観点からは問題にならないことを示したが，これまでの排出量から初期割当が決まる場合，それまでの排出削減努力が異なることから，問題は市場創設後の効率性のみではなく過去の経緯も含めた公平性となる．このような公平性の問題は，市場メカニズムの内部では解決されないため，排出許可証市場の制度導入そのものに関する問題となる．

　第二の取引費用は，創設する市場の運営費用である．市場参加者は，お互いの限界削減費用や限界便益について完全情報の状態でなければならないが，汚染の排出に関するそれらの情報はもともと非市場財であるから，新たに調査・計測する情報コストが発生する．さらに，新しい市場の創設であるから，取引ルールの設定やそのための資料作成等の事務的・行政的な費用が大きいであろう．

　さらに第三の取引費用として，倫理的な観点からの批判がある．排出許可証は実質的には汚染権であるが，市場で獲得された汚染権がどのように行使されるかについてはコントロールできない．もし空間的に限定された地域で多くの汚染権が行使されれば，地域環境への悪影響は大きい．そもそも，環境汚染という社会への負荷を割り当て以下に抑えることで，売買可能な，す

なわち儲けることのできる権利を得るということ自体が倫理的に許容される
のかといった，市場取引に対する原理的な批判もある．取引可能利用権に値
するものは何か，に関する議論が重要である．

> （注1）社会資本整備交付金および防災・安全交付金における空き家再生等推進事業：
> 除却事業タイプ。

学習課題

1. ピグー税とピグー的補助金が同じ効果となるための条件をまとめてみよう．
2. 経済的インセンティブを用いた政策と前章の規制的手段を用いた政策の
   利点と欠点をまとめてみよう．
3. 総量のコントロールが必要な財・サービスについて，取引可能利用権を
   設定すべき財かどうかを考えてみよう．

参考文献

環境省地球温暖化対策課市場メカニズム室『国内排出量取引制度について』2013 年
　　［https://www.env.go.jp/earth/ondanka/det/capandtrade/about1003.pdf］
　　（2018 年 3 月 20 日閲覧）.

萩原清子編著，朝日ちさと・坂本麻衣子著『生活者からみた環境のマネジメント』
　　昭和堂，2008 年.

浜本光昭『環境経済学入門講義（改訂版）』創成社，2017 年.

地域マネジメントの制度評価

第 7 章

評価と意思決定の基本

… キーワード …

評価
意思決定
代替案
システム選択
可視化
説明責任

　さまざまな分野で評価が不可欠とされている．本章では選択のための公的な意思決定を支援するための評価のあり方と，意思決定のあり方について，可視化による共有の観点を含めて考える．意思決定とは複数の選択肢（代替案）の良し悪しを評価し，目標達成のためにより良い代替案を選択することであるが，複雑さを増す現実社会のなかでは人々の選好把握の困難さに加え，未知のリスクや不確実性の存在も考慮して合理的に意思決定を行うことは容易ではない．納得を得て合意形成につなげるためには，人々の多様性も前提として，さまざまな角度からの多角的な検証を評価の枠組みに組み込んでいく必要がある．同時に，一連の意思決定プロセス，すなわち目的の明確化，代替案の列挙，評価，選択というプロセスを可視化し，広く共有することによって不正や恣意性を排除し，評価と意思決定が適正に行われたことを確認できるようにすることが求められる．たとえミスが生じたとしても，透明でオープンな情報のやりとりによって信頼関係を構築し，検証結果をフィードバックして次につなげていくことができるのである．

7-1　評価とは

　民間企業が四半期ごとあるいは一年ごとに収益や利潤という物差で評価され，その評価を無視しては企業活動が成り立たないように，多くの組織は定期的な評価によって活動を見直し，再調整することを繰り返しながら社会変

化に適応し，存続，発展を図っている．政府，各自治体においても行政評価，政策評価の導入が進められつつあるように，さまざまな分野において評価の重要性が掲げられ，今や「評価」は避けて通れない問題となっている．

評価（evaluation）の起源，及び定義については諸説あるが，Rossi らによれば，評価の歴史的起源は 17 世紀に及ぶものの，システマティックな評価研究は現代になってからであり，1930 年代の先駆的な取り組みから育ち，戦後，新たな方法論が開発されたのにつれて急速に発展した（Rossi/ Lipsey/ Freeman, 1999）．

評価という用語は，しばしば複合語としても用いられる．行政評価や資産評価のように評価の対象を表す場合，絶対評価（絶対的評価）や相対評価（相対的評価）のように評価の方法を表す場合，内部評価や外部評価のように評価の主体を表す場合，などがある．

『広辞苑』（第 7 版）によれば，評価は，「①品物の価格を定めること．また評定した価格．②善悪・美醜・優劣などの価値を判じ定めること．特に，高く価値を定めること．」とされている．また，『ロングマン現代アメリカ英語辞典』によれば，評価（evaluation）とは，誰かあるいは何かについてよく考えて判断する行為であり，特にそれらの熟練度や有用性を判断すること，あるいはその結果の文書であるとされている．このように，広義の評価には，出来事や物事やプロセスや人々に価値を置くすべての取り組みが含まれていると考えられるが，本章で扱うのは，選択のための公的な意思決定を支援するための評価であり，ある対象について，何らかの基準項目あるいは物差しにおいてのパフォーマンスがどうであるかを明らかにすることである．

さて，評価の重要性と同時に言及されるのが，評価における市民の視点の必要性である．かつて行政が一方的に主導してきた分野においても，市民参加，パートナーシップ，協働，等々の言葉が当たり前のように用いられるようになってきた．しかしながら，社会の複雑化，価値観の多様化を背景として，「市民」自体も多様化しており，誰のどのような視点を評価に組み込むのかが問われるようになってきている．

評価の方法については，既にさまざまな手法が提案され，実用化が進みつつある．公的部門において一般的な分析手法としては，費用便益分析（CBA），

費用効果分析（CEA），多基準分析（MCA）などがある．このうち，費用便益分析が費用と便益を貨幣尺度で捉えて比較し，費用効果分析が貨幣尺度で捉えた費用をそのものの尺度で捉えた効果（便益）と比較するのに対して，多基準分析では複数の基準についてそのままの尺度で評価し，それらを何らかの方法で統合しようとするものである．市場が存在しない環境の価値を貨幣換算するためには，仮想評価法（CVM）やコンジョイント分析といった表明選好法，トラベルコスト法やヘドニック価格法といった顕示選好法などの経済的評価手法が導入されつつあるが，これらの適用にはアンケート等データ入手に関連したバイアスの発生など信頼性に関わる問題や評価コスト等の課題も指摘されている（たとえば，鷲田［1999]）．環境，医療，福祉分野をはじめさまざまなシステム選択の意思決定においては，コストや効率性だけでなく，公平性の問題といった時として相反する複数の事柄を多角的に考慮しなければならず，貨幣尺度での評価が困難な基準を含めて評価の俎上にのせ，包括し，意思決定を支援できる手法が求められている．

7-2　意思決定

7-2-1　意思決定とは

　一般に，意志決定（decision making）とは，複数の選択肢（代替案）から一つあるいはいくつかを選択することである．

　個人的あるいは社会的な意思決定について，経済学，経営学，心理学，統計学，政治学，をはじめとしてさまざまな研究領域で扱われさまざまなアプローチでの研究成果が発表されてきた（たとえば，佐伯［1986]；Keeney/Raiffa, 1976 [1993] など）．選択できる代替案を確定し，その結果を予測した上で，目標達成のために最良の結果を得られる代替案を選択できればよいわけだが，容易ではない．

　意思決定を扱うアプローチは，規範的（normative），記述的（descriptive），処方的（prescriptive）アプローチに三つに大きく分けることができる．規範的アプローチとは，意思決定が為されるべき方法を定義しようとするものであり，人々が最適な意思決定を行うのを助けになることを意図している．そ

のため理性的な意思決定者が意思決定にあたって従うべき公理が示される．これに対して記述的アプローチは，意思決定者が実際にどのように意思決定を行うかを描写しようとするものであり，経験的，臨床的である．そこでは多くの研究が，意思決定者が常に理性的に意思決定を行うわけでも規範的モデルによって強いられる公理や原則に従うわけでもないことを立証している．また，処方的アプローチは，規範的な目的と記述的な目的の両方で利用できることが意図されている．公的な意思決定の場合，公共部門，民間部門を問わずさまざまな主体が関係し，選択の判断により影響を受ける範囲も広い．そのため，地域住民としての市民，納税者としての市民，有権者としての市民を含む多くの人々の信頼と支持を得られるよう，説明責任を果たすことが不可欠であり，規範的考え方を念頭に置きつつ，記述的要素を踏まえて，処方的にアプローチすることが望ましいと考えられる．

　それぞれ，前提条件や焦点を当てている課題は一様ではないが，より良い意思決定を求める認識は共通しており，そのためにたとえば，最適化理論，パレート理論，効用理論，ゲーム理論をはじめ，さまざまな決定のためのルールが検討され提案され，費用や便益や効用，価値等を明らかにするための測定手法について膨大な研究がなされてきた．しかしながら，多様化，複雑化を増す社会の中での選好把握や合意形成の困難化，環境問題をはじめ未知のリスクや不確実性の存在といった現実社会の状況にオールマイティに対応できるには至っておらず，混沌とした模索が続いている．

7-2-2　合理的意思決定とは

　合理的（rational）とは，一般には道理や理屈にかなっている，無駄がなく能率的なことであるが，合理的意思決定というとき，経済的合理性のみに基づいて行動する経済人（homo economics）が仮定されており，完全合理性（ベストを選ぶ）がめざされる．経済人とはもっぱら経済的合理性にのみ基づいて，個人主義的に行動する人間像である．経済合理性とは，経済的な価値基準に沿って論理的に判断した場合に，利益があると考えられる性質・状態であり，効率性が重視される．効率性の最大化が目的の場合には，政策が社会に対してもたらす便益（benefit）と，その政策に必要な費用（cost）の差（純

便益）が最大になる代替案を選択することが合理的意思決定となる．従来の経済学はこのような経済人を想定し発展してきたわけだが，実際の人間は損得ではなくそれぞれに価値観をもち経済的合理性から外れる行動を選択することがしばしばおこる．そのため，合理的意思決定の概念に対して従来から問題点が指摘されてきた．

　1978 年にノーベル経済学賞を受賞したサイモン（Herbert A. Simon, 1916-2001, 米国経営学者）は完全合理性の概念の非現実性を指摘し，意思決定における合理性には人間の能力の制約があるという限界合理性（bounded rationality）の概念を提示している．サイモンによる三つの限界とは，第一に知識の問題，つまり合理的意思決定に要求される知識・情報は人間の能力を超えているということ，第二に価値予測の困難性，つまり代替案評価において将来的な価値変化を予測しきれないということ，第三に人間行動の範囲の限界，つまり人間がとり得る行動には限界があり，可能性のある代替案をすべて列挙しても現実的でないということ，である．そして，意思決定の主体として，経済人ではなく，あらたに経営人（administrative man）の概念を提示した．最も効率的なベストな代替案を選択する経済人とは異なり，経営人は自身の要求水準を満たす代替案が見つかれば，それを選択し（すべての代替案を探索するわけではない），その代替案はベストでなくてもかまわないとする．サイモンは限定合理性に基づき，「経済主体は効用などの目的関数を最大化するのではなく，それについての達成希望水準を設定し，その水準以上の値が達成されれば目的関数の値をさらに改善するための代案を模索することはしない」という満足化仮説（satisficing hypothesis）満足化モデルを提唱した．

　また，リンドブロム（Charles E. Lindblom, 1917-2018, 米国政治学者）は合理的意思決定の問題点として，第一に目的と手段は常に分離できるものではなく，先に取るべき手段が決まっていたり新たな手段が見出されることで目的が設定されることもあり，社会的に統一的な価値体系が存在することはまれであること，第二に人間の分析能力の限界，時間やコストの制約といった分析の限界，第三に合意としての決定，社会にとって望ましい目的を設定することも，評価基準を設定することも困難であると指摘している．そ

して，現実の人間にとっての実行可能性を重視し，予算編成などでは，予算や政策をゼロベースから考えるのではなく，変更する分（増額する分）のみに着目して意思決定するほうが合理的であるとするインクリメンタリズム（incrementalism 増分主義，漸進主義）を提唱した．現状をベースに増分部分を検討し，目的と手段を一体化して選択したり，場合によっては政策に目的を適合させることもあるというものである．分析対象は範囲を限定して行い，すべてを一気に解決するのではなく，改善を積み重ねて漸進的に解決していくことをめざすのである．実際のところ現実社会においても予算編成はそのように決定されているわけだが，既得権意識が発生すると改廃ができにくいなどの欠点もある．

7-2-3　意思決定と合意形成

意思決定は，関与する者が一人か複数かによって個人的意思決定と集合的意思決定にわけることができる．個人的，集合的ともに意思決定は基本的に，目的の明確化，代替案の列挙，代替案の評価，代替案の選択というプロセスで進むが，集合的意思決定においては，複数の意思決定者が関与するために複雑になる．

集合的意思決定，特に公的な意思決定においては，その選択結果が利害関係者に広く受け入れられなければならない．立場や価値観が異なれば選好も異なる．代替案評価も一様ではないなかで合意を得るためには，各人にとってベストな選択ではないとしてもベターな選択として受けとめてもらえること，それぞれの選好が意思決定に組み込まれた上での選択過程において不正や恣意性がなく適正に行われたとわかることで納得が得られることが必要である．そのため，意思決定プロセスを適正に記録，可視化して広く共有できるようにしておくことが求められる．

7-3　評価と意思決定の共有

7-3-1　情報の可視化

評価と意思決定のプロセスは，記録され共有されることが求められる．共

有されるためには，情報を可視化し公開する必要がある．「可視化」とはレオナルド・ダ・ビンチによる流れのスケッチ，あるいはさらに遡って縄文土器の火焔文様や渦文様などが可視化の試みのはじまりといわれ，流体工学を中心とした領域で用いられてきた用語であるが，近年では，「取調べの可視化」，「CO_2 の見える化」等々というようにさまざまな場面で使われるようになった．株価の変動パターンの可視化による株価変動の予測，三次元超音波撮像システムによる人体内の動きをはじめ，情報処理技術の進歩によってさまざまな分野で複雑で捉えにくい情報の可視化が可能となり，最近では人間の心理状態を可視化し防犯やマーケティングに活用するなど，技術開発の進展は著しい．

　同義語といえる「見える化」とは，企業活動の現場での情報共有の取り組みとして用いられるようになった用語であり，トヨタ生産方式における「カンバン」がその代表である．また，企業活動の中で製品製造のライフサイクルを通して排出する二酸化炭素の量を計算して示す取り組みは「CO_2 の見える化」として用いられているほか，行政においてもしばしば用いられている．

　さて，評価と意思決定における可視化とは，一連のプロセスをブラックボックスにしないで，透明で開かれたものにすること，理解しやすいように示すことであり，単に視覚的に見えればいいというわけではない．種々雑多な情報があふれ，前提となる事実，情報を整理しないことには適切な判断ができない状況や，説明責任のあり方が問われる状況のなかで，可視化の必要性は増している．特に公的意思決定においては，恣意性の排除，説明責任によって広く納得を得るという点で重要であり，公文書として適正に管理される必要がある．行政文書等の扱いについては「公文書等の管理に関する法律」(2009年制定，2017年改正）にあるように，「健全な民主主義の根幹を支える国民共有の知的資源として，主権者である国民が主体的に利用し得るもの」であり，適正な管理によって「行政が適正かつ効率的に運用されるようにするとともに……（中略）……諸活動を現在及び将来の国民に説明する責務が全うされるようにする」ことが求められている．

7-3-2　情報共有の目的，主体と受け手

評価と意思決定に関する情報を共有する狙いは立場，つまり情報の提供者（主体）側と受け手側とでは若干異なるようである．受け手が特に期待するのは，主体側による隠蔽や恣意性の排除であり，受け手側の選択システムへの参加（による選好の実現）であるのに対して，主体側が期待するのは，情報の共有による選択（判断）の正当性の確保，理解と協力の獲得，そして受け手側との責任の共有であるだろう．主体と受け手とで実現しようとする目的が一致していればよいが，両者の狙いが異なる場合には離齬が生じうる．

たとえば，情報の提供者（主体）側が計画案への理解と協力の獲得を主目的としているのに対して，受け手の目的が計画立案への参加（あるいは，参加による選好の実現）にあるような場合には，双方の求める可視化のレベルがずれてしまう．このようなずれは，都市計画による道路整備をはじめ特定の政策や事業等について地域住民に説明を行うために開催される住民説明会において，しばしば見受けられるだろう．住民側が計画への参加（住民側の要望を反映させること）を期待しているのに行政側が既に出された結論を前提に計画内容や計画プロセスを可視化をしていたのでは住民側の理解や協力を得るのは難しいであろう．「はじめに結論ありき」では，その事業等に対する支持を得られないばかりでなく，住民説明会という制度そのものについても，かえって不信感を持たれてしまうかもしれない．また，主体が受け手側との責任の共有を期待しているのに，受け手側に関心や参加の意欲が欠けていたり，可視化された情報を受け止めることができない場合には，やはり期待するような効果は得られないであろう．まちづくりのワークショップや参加型イベントへの応募が芳しくない場合なども，主体側と受け手側とのずれがあることが要因となっているのかもしれない．

公的意思決定において，情報提供の主体は事業者である行政であり，受け手は主に生活者としての市民である．事業者にとっては代替案選択の妥当性について説明責任を果たし，市民の理解と協力を得るために必要な情報提供である．できるだけわかりやすいかたち，受け入れられやすいかたちで可視化することができれば，事業への理解が進み協力を得られやすくなる．近年

では工事現場などで事業の進捗状況を含む詳細なパネル等が掲示されている
のを見かけるが，このような掲示は事業に関する問い合わせや苦情を減らし，
その対応のために余計な労力を費やさなくても済むようになる効果も期待で
きるかもしれない．

　反面，事業者が情報提供の主体となるがゆえに，触れられたくない情報か
ら市民の関心を逸らすよう予め巧妙に避けて可視化される懸念もある．その
ような懸念を受け手側にもたれてしまうようでは意味がない．可視化の過程
に何らかの作為や恣意性，世論のコントロールといった意図が入り込む可能
性，あるいはそのように思われてしまう可能性も否定できないのである．

7-3-3　意思決定プロセスと共有

　公的意思決定のプロセスについて例を示したのが表 7-1 である．まず①政
策の選択として，複数の上位政策（A, B, C,……）が示され，そこで仮に A
が選択された場合，次いで②政策手段の選択として，政策 A 実現のために
どの事業（A1, A2,……）を選択するのかということになる．ここで仮に事業
A1 が選択された場合，次に，③事業内容の選択として，さらにより具体的
に何をやるかという選択（A1-1, A1-2,……）が必要となるであろう．さらに，
④実施手段の選択（A1-1-1, A1-1-2, ……, A1-2-1, A1-2-2,……）といった選択肢
が示されるであろう．それはたとえば，事業実施の方法であったり，技術で
あったり，手段であったり，対象であったり，時期であったりするかもしれ
ない．その上で，⑤実施体制の選択として，たとえば，事業を直営でやるのか，
あるいはどの企業に委託するのか，という選択が行われ，履行される．履行後，
一定の期間を経て⑥事業評価がなされ，改善策が検討されるという PCDA
サイクルに沿っていくことになろう．

　一連のプロセスのうち，①から⑤のそれぞれの段階での評価は，相互に密
接に関係するものではあるが，それぞれの段階での可視化について考えてみ
るならば，①は上位の意思決定である．たとえば政治であるとすれば，選挙
の政策として掲げられ投票により有権者一人ひとりの主観に基づいた判断の
集計に委ねられて選択されるというルールに従うことになる．この場合政策
はマニフェストとして可視化されるが，選挙は個々の政策を選択するのでは

表 7-1　意思決定プロセスの公開

プロセス	可視化の現状	例
①政策の選択 A or B or C or ……	選挙（投票），マニフェスト，選挙公報，公開討論会など	ゴミ処理問題 or 高齢者福祉充実 or 中小企業対策 or……
②政策手段の選択 A1 or A2 or A3 or ……	プロセスの提示調査内容（方法・結果・分析・評価）の公表議会・委員会設置，議事の公開パブコメ等意見と回答の公開結論（決定事項）の公表	ごみ減量化 or 焼却施設新設 or 埋立場確保……
③事業内容の選択 A1-1, A1-2,……		リサイクル or 有料化 or 家庭用生ゴミ処理機 or 環境教育 or……
④実施手段の選択 A1-1-1, A1-1-2,……		システム M or システム N or……,技術 S or 技術 T or……,
⑤実施体制の選択	入札，選定委員会	P 社 or Q 社 or R 社 or……
⑥事後評価	評価報告書の公開	ごみ減量実績, リサイクル率, コスト等

なく複数の政策の組み合わせを公約とする候補者に対して行われるため，獲得票数は厳正なる集計結果として示されるものの，各政策に対する有権者個々人の選好は埋没し，必ずしも可視化されない．一方，⑤は入札とすれば単基準（価格）で評価し選択は自動的（つまり，許容される最安値を示した業者が選定される）が，総合評価落札方式では，価格と価格以外の要素（たとえば，技術提案書に記述される初期性能の維持，施工時の安全性や環境への影響）を総合的に評価することになり，可視化は複雑になるが重要性も増す．

　②，③，そして④については，いずれにおいても，［ⅰ］どのような手順で選択するか（決め方について），［ⅱ］何を根拠に選択するか（データ取得について），［ⅲ］どのように選択したか（結論と判断の根拠）が可視化の対象となる．

7-3-4　可視化の対象と手法

　可視化の対象は，①プロセス（仕組み），②事象（データ），③選択（判断）に大別できよう（表 7-2）．ここで，①は，手続き，手段，プロセス，議論の展開など評価と意思決定の仕組み全体の流れにかかわる項目であり，②は，取得したデータなどの根拠となる事象である．そして③は，①②を踏まえた，判断と選択の結果である．なお，これら三つに分類される内容（対象）は，7-3-3 で述べた意思決定のプロセスの各段階のそれぞれに当てはめて考える

表7-2　可視化の対象・かたち・手法

可視化の対象		可視化のかたち	可視化の手法
①プロセス (仕組みの共有)	手続き	準備・立案から決定までの流れ	フローチャートなど
	手段	データ取得方法や評価方法	観測，アンケート調査など
②事象 (データの共有)	生データ	加工前の生データ	数値，映像，音声，記録など
	処理データ	加工によって見えやすくしたデータ	グラフ化，多変量解析など
③選択 (判断の共有)	評価レベル	良し悪しを評価した状態 (判断材料)	CBA, CEA, MCA など
	議論	議論の展開	議事録など
	結論レベル	評価に基づき判断した結果	行政評価書など

ことができる.

　①プロセスの可視化とは，プロセスの始めから終わりまでの一連の流れを示すことであり，選択がどのような手続きや手段を踏んでいくのか，たとえば，ある選択問題について，現状の課題や市民の意向を把握するために市民に対してアンケート調査を行い，そのデータを分析して市の担当課（及びコンサルタント）が複数の代替案を設定し，専門家（学識）と関係団体代表及び公募市民により構成される諮問機関を市長が設置して審議し，さらにインターネット等を活用してパブリックコメントを受けた上で決定，履行する，といったプロセスを見えるようにすることである．ここでの課題としては，受け手側が可視化された情報から，諮問機関の構成員の代表性，データ取得方法の妥当性などを読み取ることができるかどうか，さらに仮に疑問や不服があった場合に問い合わせや申し立てができるのか，回答が得られるのかどうかといった問題が指摘できるだろう.

　②事象の可視化とは，取得した情報やデータを，そのままの形で，あるいはわかりやすいかたちに加工して示すことであり，良し悪しの判断を加えていない状態である．定量的データにしろ定性的データにしろ，生データのままで可視化された場合には恣意性が入り込む余地は比較的少ない反面，膨大な情報量をあまねく示されても把握できず，素人にはわかりにくいであろう．近年では行政の評価に市民参加が導入されることが試みられているが，評価対象についてのデータを読み解くことには困難が伴う．わかりやすくするためには分類やグラフ化等の処理が必要となる．そこで可視化の技術開発が進

められてきているわけだが，情報処理量が大きいほど，またわかりやすくしようとするほど，可視化のプロセス自体がブラックボックス化していく．加工の度合いが進むにつれて何らかの作為が反映される，あるいは反映されていると思わせてしまう余地が生じてくるであろう．市民参加が導入されていても，判断材料となる情報やデータをわかりやすくするという理由で恣意的に加工されていたならば，判断が誘導されてしまう可能性も否定できないということである．可視化しようとする部分に光をあてることで，不可視化されてしまう影の部分ができてしまう懸念を忘れるわけにはいかない．

　③選択（判断）の可視化とは，事象（②）をもとに，プロセス（①）に沿ってなされた判断を示すことである．すなわち，データをどう解釈したのか，どのような議論を経たのか，どのような結論に到達したのか，を明らかにすることである．ここでデータのパフォーマンス，つまり良し悪しを可視化する手法としては費用便益分析（CBA），費用効果分析（CEA），多基準分析（MCA）がある．

　委員会等における議論の展開は，議事録の公開等によって可視化される．議論の展開がトレースされることで，より広い人々が情報と問題の所在について議論を共有することが可能になる．会議の場の議論が偏っている場合には，判断や選択の妥当性は支持されないであろう．可視化が，より多様な人々の多角的な視点を意識したバランスの取れた議事運営を促すことにつながることを期待したい．

7-4　信頼関係の構築に向けて

　スタートからゴールまでの判断のすべてを洗いざらい公開できれば，一つひとつの判断の痕跡を辿り，妥当性を厳正に検証することが担保される．受け手側に，時間とコストをかけても検証するだけの熱意と能力があるかどうかはともかくとしても，検証の可能性が担保されるような評価と意思決定の可視化は，恣意性の介入に歯止めをかけ，より公正な判断を促すことになるだろう．しかしながら，誰が判断したのか，すなわち責任の所在がどこにあるのかがわかってしまうことで，恣意性が排除されると期待される半面，責

任の回避，すなわち，誰も責任を取りたくないがために判断することを避けるようになってしまうおそれもある．判断の停止は事業を足踏み状態にし，何も進んでいかない事態を引き起こすことになるかもしれないのである．可視化される側を萎縮させてはならない．そもそも人間の世界の評価や意思決に完璧はなく，間違いや失敗，期待していた結果が得られないこともしばしば起こる．肝心なのは都合の悪い情報も含めて洗いざらいオープンにしようという姿勢によって，受け手との信頼関係を構築していくということである．

　自動車，家電製品，食品をはじめ，商品に欠陥や不具合があることがわかった場合，すみやかにその事実を公表し，リコール実施など迅速に対処することは企業にとって消費者の支持を獲得し続けていくための必須事項である．ミスの公表によって多額の損失が生じることは企業にとって大きなダメージではあるが，迅速な情報発信と対処によって企業イメージのマイナスを最小化し，長期的な信頼を得ることは可能である．ミスがないに越したことはないが，ミスが生じた場合にはその影響を最小限にとどめ，ミスが生じるに至った経緯の検証結果をフィードバックして再発を防げばよい．透明で的確かつ誤解のない情報のやりとりが信頼関係を構築する．ミスを隠そうとする隠蔽体質からは信頼を得られず，結果的には組織にとっては大きなマイナスとなる．

学習課題

1. 公的な意思決定的問題を一つ設定し，意思決定プロセスと可視化のあり方について考えてみよう．
2. 説明責任が問題となった実際の事例について調べ，何が問題となり，どうすべきだったのか考えてみよう．

参考文献

佐伯胖『認知科学の方法』東京大学出版会，1986 年.

堀江典子・萩原清子・木村富美子・朝日ちさと「環境の評価と意思決定のための多基準分析の活用に関する一考察」『地域学研究』第 37 巻第 4 号，2008 年，pp. 1097-1107.

堀江典子・萩原清子・木村富美子・朝日ちさと「評価と意思決定支援のための可視化をめぐる諸問題──「可視化」の構造と課題」『地域学研究』第 39 巻第 2 号，2009 年，pp. 405-416.

鷲田豊明『環境評価入門』勁草書房，1999 年.

Getzner, Micheal/ Spash, Cleve/ Stagl, Sigrid, *Alternatives for Environmental Valuation*, Routledge, 2005.

Keeney, Ralph L./ Raiffa, Howard, *Decisions with Multiple Objectives: Preferences and Value Tradeoffs*, Wiley, 1976 [reprinted, Cambridge University Press, 1993].

Lindblom, Charles E., "The Science of "Muddling Through" ", *Public Administration Review*, Vol. 19, No. 2, 1959, pp. 79-88.

Rossi, Peter H./ Lipsey, Mark W./ Freeman, Howard E., *Evaluation: A Systematic Approach,* 6th Edition, Sage Publications, 1999.

Simon, Herbert A., *Administrative Behavior: A Study of Decision Making Process in Administrative Organizations*, 4th ed. Free Press, 1997 ［サイモン『新版経営行動──経営組織における意思決定過程の研究』二村敏子ほか訳，ダイヤモンド社，2009］.

<table>
<tr><td>

第8章

経済的評価

</td><td>

··· キーワード ···

経済波及効果
費用便益分析
パレート効率性
カルドアーヒックス基準
潜在的パレート効率性基準
便益
消費者余剰
生産者余剰

</td></tr>
</table>

　人口減少を背景として，国も地域も財政が厳しい状況にある中で，地域が持続可能であるためには，高齢化や少子化への対応，老朽化したインフラや公共施設の維持更新などのさまざまな地域課題に対応しなければならない．また，特区制度などの地域的な規制緩和の取り組みも進んできている．このような公的部門の投資や規制の変化は資源配分を変化させ，生活者の生活環境に影響を与える．限られた資源や財源を有効に使うためには，政策の経済的な効率性を評価することが必要である．本章では，政策の経済的評価について，経済波及効果と費用便益分析の違いについて概観したのち，費用便益分析の理論と手法をみる.

8-1　政策の経済的評価

8-1-1　政策の経済的評価

　政策の経済的評価を考える際に，まず政策の「経済効果」について見ておこう．政策の経済効果の分析には，政策によって経済にどのような影響が生じるかを描写する方法と，政策によって新たに生まれた付加価値を示す方法とがある．前者は経済波及効果や生産誘発効果と呼ばれる．産業連関表を用いて，政策による需要によってある産業の生産額や価格に変化が生じたとき，産業間の取引により他の産業にも需要が生まれ，政策の効果が波及していく様子を累積的に足し上げる．すなわち，「風が吹けば桶屋が儲かる」ように，

政策によって発生した取引をすべて金銭価値で示すものである．一方，後者は政策の実施によって生まれた付加価値と費用を，市場の情報を用いて金銭的価値で表すもので，費用便益分析と呼ばれる．この両者はいずれも政策の「経済的な効果」ではあるが，分析の内容と目的が異なる．

　経済波及効果は，政策によって資源とお金がどのように動いたのかがわかるものの，政策を契機とした取引すべてが，政策の目的に対応する新たな付加価値を創りだしているわけではない．一つには，それらの取引による生産の多くは中間投入物として相殺されるからである．すなわち，政策によってある産業に需要が発生し，生産が行われる．その生産物は，それを用いて生産を行う他の産業の需要を満たすために投入される．その過程が繰り返されるが，そのとき，ある産業で売り上げとなったものは，ある産業では費用となる．経済全体では移転（transfer）が生じているだけであり，新たな付加価値としてカウントすることができるのは原則として最終消費財のみである．さらに，最終消費財が政策で供給したい目的物であった場合にはよいが，政策を契機とした取引の結果，政策目的と関係のない最終消費財も生産される．経済波及効果はそれらをすべて計算に入れるため，ある政策が経済全体にどのような「影響」を及ぼしたかを知ることはできるが，政策目的に対して効率的な投資がなされたかを判断することはできない．

　それに対して費用便益分析では，政策の実施が費用を上回る新たな付加価値を生み出したかどうかを，政策の効果が顕れる市場で測る．したがって，政策の実施が意図された「成果」に対して効率的であったかどうか，を評価することができる．

　このように，政策の経済的な効果を考える際には，評価の目的が，経済全体に及ぼす規模やある産業への「影響」を知ることなのか，あるいは，あくまで政策の「成果」に対して効率的に資源が投入されたかどうかを判断したいのか，を区別することが基本である．さらに，経済的評価とは，政策による資源配分の変化に対して，規範的な基準による一定の判断を示すことであるが，その理論的な根拠を備えているのは費用便益分析である．

　なお，政策評価のプログラム評価の枠組みでは，政策の経済的効率性を評価する手法として，費用便益分析（Cost-Benefit Analysis: CBA）と費用効果

分析（Cost-Effectiveness Analysis: CEA）が挙げられている（第10章「公共政策の評価制度」参照）．費用便益分析は，政策の効果を金銭的価値に換算して便益を推定し，政策を実施する機会費用と比較する．このとき政策のさまざまな効果を金銭的価値に換算するのは必ずしも簡単ではない．そこで，金銭的換算をせずに，政策効果1単位あたりの費用を比較したり，費用1単位あたりの政策効果を比較したりすることで効率性を判断するのが費用効果分析である．費用効果分析は，費用便益分析の簡易版と位置付けられる．

8-1-2　費用便益分析の展開

　ある活動が経済効率性を満たしているかどうか，つまり，活動に資源を投入したことによる便益が実施の費用を上回っているかどうかは，限りある資源を投入する活動においては常に重要な問題である．特に政策の実施は公共の資源を投入するため，経済効率性の評価は，政策の合理的な意思決定や評価において重要な役割を果たす．政策の決定において合理性を追求しようとする試みは，政策科学の分野において中心的なテーマの一つである．これまでにイギリスやアメリカを中心にオペレーションズ・リサーチ（OR），費用便益分析，システム分析，PPBS（Planning, Programming, Budgeting System）などの手法が展開されてきた（秋吉ら，2015）．このうち，費用便益分析は経済的評価の基本的な手法であり，これをシステム分析によって予算編成システムとして適用したのがPPBSである．このように，経済的評価は政策決定の合理性を表す基準として，中心的な役割を担ってきた．

　費用便益分析は，フランスの土木経済学者であったデュピュイが，橋の建設がもたらす社会的な費用と効果を比較しようとした「橋」の事例分析に始まる（デュピュイ，2001）．事業がもたらす効果を金銭的価値に換算した便益としてとらえ，費用と比較することで事業の効率性を判断することができる．

　アメリカでは1936年に「洪水制御法」において費用便益分析の原則が示されたのを受けて，1950年代には水資源開発の標準的なガイドラインにおいて適用が指示され，公共の事業において費用便益分析が制度化されることとなった．1960年代には，ジョンソン政権において全省庁にPPBSが導入され，①計画策定，②プログラム作成，③予算編成の3段階から成る予算編

成システムにおける①計画策定の段階で，長期の観点から費用便益分析が行われた．PPBS は，費用便益分析という評価ツールを省庁横断的かつシステマティックな政策過程に直接的に組み込んだ画期的な試みであったが，各省庁の政策体系の独自性や分析コストの大きさという困難に直面し，導入から3 年間で廃止されることとなった．予算編成を自動的に合理化する仕組みの構築には失敗したものの，政策決定に経済効率性を反映させる必要性は再認識され，その後は個別の事業や規制ごとに費用便益分析が求められる方向となった．1981 年のレーガン政権では，国の政策評価制度として費用便益分析の実施を支持し，大統領令 12291 では主要な規制について規制インパクト分析が求められた．1994 年のクリントン政権での大統領令 12866 では，規制インパクト分析において費用と便益を明示することが指示された．事業評価においても，便益に金銭換算されない事業の影響の定性的項目とともに，費用便益分析の結果が事業採択の指標の一つとして用いられることとなった．

　日本では，1960 年代にアメリカの PPBS にならった予算編成方式を導入するための調査研究がなされたものの制度としての導入は実現しなかった．1990 年代に公共事業に対する批判的な指摘が増加してきたことを踏まえて，公共事業の効率的な執行および透明性の確保のため，費用便益分析による事業評価が導入されることとなった．1997 年に行政改革会議最終報告において，政策に関する評価機能の充実の必要性が提言されたことを受け，当時の橋本内閣総理大臣より公共事業関係省庁に既存事業の再評価と事業採択段階における費用対効果分析の活用が指示された．2001 年には中央省庁再編等の行政改革の一環として政策評価制度が導入され，政策の効率性は三つの評価方式（事業評価・実績評価・総合評価）のうちの一つである事業評価で評価されることとなった．特に国の 10 億円以上の公共事業，規制の改廃では事業評価手法を用いた事前評価が義務付けられており，費用便益分析はその基本的な手法として位置付けられている．そのため，公共事業関係省庁は，それぞれの主な事業ごとにマニュアルを作成しており，規制については政策評価専担組織である総務省が評価の事務参考マニュアルを提供している．これらの評価結果については，政策評価法の規定に基づき，評価書として公表されている．

8-2　費用便益分析の厚生経済学的基礎

8-2-1　余剰分析

　費用便益分析は，ある事業による社会的総余剰の変化と純政府収入の変化との和を，その事業の機会費用と比較することにより，効率性の観点からみた事業の採否を決定する．社会的余剰とは，消費者余剰と生産者余剰の和であり，それぞれ消費者と生産者の厚生を示す概念である．図8-1は，ある財 x の市場において，消費者余剰，生産者余剰，社会的余剰を示したものである．図中の p は価格，x は財の数量，D は需要曲線，S は供給曲線，E は市場均衡を表し，そのときの均衡価格を p^*，数量を x^* とする．

　■ 消費者余剰

　消費者余剰（CS）は，消費者が財に支払いたいと思う金額と実際の価格での支払の差であり，図8-1の aEp^* の面積で表される．需要曲線は，消費者が直面する価格 p と，その価格を所与として予算制約下で効用を最大化したときの消費量 x との組み合わせを表す．消費者は市場価格を受容した上で消費量を決定するのであるが（プライス・テイカー），それを換言すると，ある消費量に対応する市場価格は，その消費量に支払おうと思うだけの価値を表していることになる．市場価格は p^* であるから，消費者は均衡 E に至るまでの量では，財 x は市場価格よりも大きな価値をもつと評価していることになる．この消費者にとっての価値，すなわち，需要曲線の高さは支払い意思額（Willingness to pay: WTP）と呼ばれる．したがって，WTP を均衡の消費量 x^* まで足し合わせた面積 aEx^*o（粗便益）から支払う費用（p^*Ex^*o）を除いた部分（aEp^*）が消費者余剰となる．

　■ 生産者余剰

　生産者余剰（PS）は，財を供給する場合に生産者が受け取りたいと思う金額と実際の価格との差であり，図8-1の p^*Eb の面積で表される．供給曲線は，生産者が直面する価格 p と，利潤を最大化する生産量 x との組み合わせを表す限界費用曲線である．供給曲線の高さは生産を1単位増加させたときに追加的に必要となる費用（限界費用）である．よって生産者は，生産量 x^* に

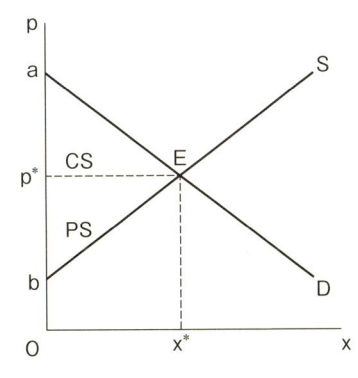

図8-1　消費者余剰・生産者余剰・社会的余剰

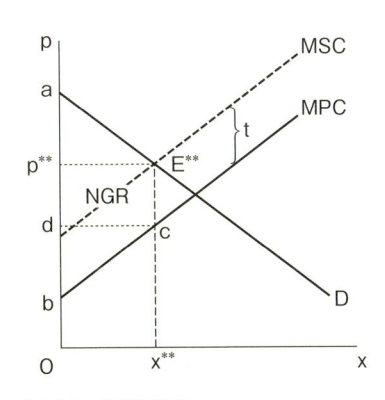

図8-2　政府純収入

至るまで，限界費用よりも高い価格を受け取ることになる．したがって，受け取った収入（p^*Ex^*o）から費用（bEx^*o）を除いた部分（p^*Eb）が生産者余剰となる．

■ 社会的余剰

社会的余剰は，消費者余剰と生産者余剰を合わせたものであり，図8-1のaEbで表される．社会的余剰は市場均衡において最大になることから，市場均衡は効率的であるという，経済的評価の規範的基準（厚生経済学の第1基本定理）を示している．

■ 政府純収入

図8-2は，環境汚染による外部不経済が生じているため，ピグー税を課して外部不経済の内部化したときの余剰分析を表している．政府の課税がない場合，生産者は汚染が第三者にもたらす社会的費用（健康被害，不快さなど）を考慮しない私的費用 MPC で行動するが，実際には社会的費用を被る第三者も含めると社会的費用 MSC が生産の真の機会費用を表す．よって，社会的に最適な生産量は均衡 E^{**} における x^{**} である．均衡 E^{**} は政府による生産者へのピグー税 t の課税によって達成されるため，政府収入 $p^{**}E^{**}cd$ が発生する．ここから課税のための政策コストを除いたものを政府純収入（NGR）という．ここでは簡単化のため課税の政策コストは無視するものとする．この政府収入は消費者余剰にも生産者余剰にもならないが，一時的に政府部

門の保留されたのち，民間部門の余剰を生む政策に投資や支出がなされたり，所得再分配にまわったりすることから政策の便益と考えてよいことになる．

8-2-2　潜在的パレート効率性

費用便益分析では政策による社会的余剰と政府純収入の変化を測り，それを政策の機会費用と比べて，政策の実施が社会的に効率的であるかどうかを評価することができる．その理論的な根拠となる概念は，カルドア－ヒックス基準に基づく潜在的パレート効率性である．

費用便益分析は資源配分の効率性を測るための評価手法である．最適な資源配分を表す基準をパレート効率性という．パレート効率的な状態とは，「少なくとも他の一人の状態を悪くすることなくしては，誰の状態も改善することができないような資源配分の状態」と定義される．実際の費用便益分析においては，潜在的パレート効率性が評価の基準となる．ある政策が厚生を増加させるときには，現実には他の人の厚生が犠牲となる場合が多い．パレート効率性の基準を厳密に適用すると，大きな社会的便益が見込まれる政策であっても採択されない可能性が大きい．そのため，より現実的な基準として提唱されたのが，カルドア－ヒックス基準（仮説的補償原理）である．カルドア－ヒックス基準とは，「ある政策によって厚生が改善される人が，その政策によって厚生が悪化する人を完全に補償することができ，補償をしてなお改善された状態であるとき，その政策を採択せよ」という基準であり，費用便益分析において純便益が正となるときに満たされる．これを潜在的パレート効率性といい，「純便益が正となる政策を採択せよ」という基準である．

ある政策によって損失を被る人がいたとしても，その政策によって便益を受ける人が損失を被る人を補償してもなお正の便益が残るならば，その政策は潜在的パレート効率性基準を満たすことになる．図8-3は，Aの効用U^AとBの効用U^Bの組み合わせを示したものである．点cから点dへの変化は，Bの効用は増加しているがAの効用は減少しているのでパレート改善ではない．しかし，Bの効用の増加は，Aが被った効用の減少を補償してもまだ余りあるため，社会全体で享受できる効用は点cの状態よりも増加している．このような変化を潜在的パレート改善という．

　ここで注意すべきことは，仮説的補償原理の名が示す通り，政策の採択の可否を判断するにあたって，実際に補償が行われる必要はないということである．あくまで仮に補償をした場合の状態が，政策を実施しない場合よりも改善された状態であると見込まれるならば，実際に補償をしなくても政策を採択する判断の根拠となる．

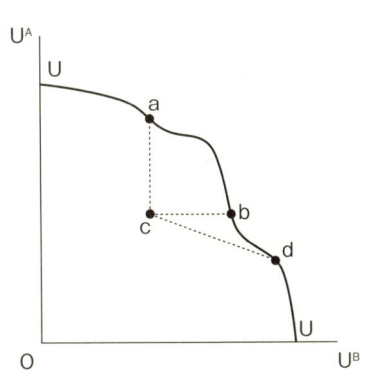

図 8-3　効用可能性フロンティア

　潜在的パレート効率性基準は，厚生が悪化する人が一人でもいたら満たされないというパレート効率性基準よりも緩い基準である．政策の採択基準として，パレート効率性基準ではなく潜在的パレート効率性基準を用いる理由として，五つの考え方がある．第一に，一人でも厚生が悪化するならば政策が採択されないという条件が緩められることにより，厚生が悪化する人はいるものの，大きな社会的便益を発生させる政策が選択肢に残る．第二に，常に純便益が正の政策を採択し続けていれば社会全体の富が最大化されるため，再分配される富が増加し，最終的には再分配によって厚生の状態が悪化した人も状態が良くなる．第三に，多くの政策が実施されれば，それぞれの政策によって厚生が改善する人と悪化する人は異なるため，総合してみると個人にとって状態の改善と悪化は平均化される．第四に，仮説的に補償が可能かどうかという点のみに注目するため，政策決定過程において，政治的に声の大きいステイクホルダー（stakeholder）にとっての厚生のみが重視されてしまうことを防ぐことができる．そして最後に，個々の政策を効率性基準で採択していれば，公平性のための再分配政策は，個々の政策ごとに配慮する必要はなく一括して行えばよいことになり，行政コストが節約される．

8-3　費用便益分析のプロセス

8-3-1　費用便益分析（CBA）のプロセス

　費用便益分析（以下CBAという）を実施する際の基本的なプロセスは図8-4の通り，六つのステップで示される．

　■ ① 代替案の特定

　CBA の対象となる政策，および比較対象とする代替案を特定する．多くの場合，代替案を「事業を実施しない場合（without project）」とし，「事業を実施した場合（with project）」と比較する．ここで，気を付けなければならないのは，事業実施の前（before）と後（after）の比較ではないことである．事業実施前後の比較には，実施後の成果に当該の事業以外の要因も入ってしまうため，事業の効果が正確に測れないからである．

　次に，事業による費用と便益の及ぶ主体を特定する．事業の影響が，空間的，時間的にどこまで及ぶとみなすかによって，誰の便益と費用を算入するのかは異なってくる．道路建設の例であれば，受益者である道路利用者は整備対象地域の住民のみか，外部からの旅行者や通過交通等も便益を得るかなどを特定する．また，道路建設が環境に与える影響が現世代の地域住民だけではなく，遠い将来世代にも及ぶ可能性があると考えられる場合には，将来世代の便益を考慮するか否かを決定する．

　■ ② 事業のインパクトおよび測定指標の選定

　事業がもたらすインパクトおよびそれを測る指標を特定する．また，政策のインパクトは，多くの場合，複数年にわたって発生するため，事業の効果が持続する期間のインパクトを予測する必要がある．

　■ ③ インパクトの貨幣換算

　定量化されたインパクトを貨幣換算する．貨幣換算とは，インパクトを市場における需要，供給，または均衡価格の変化として把握し，その余剰の変化を算出することである．市場価格は資源の希少性を表すシグナルであることから，事業による価格変化の情報からインパクトを貨幣換算することができる．しかしながら，市場が不完全競争（例：独占）の場合，市場への政府の介入（例：補助金，料金規制）がある場合には，市場価格はその財の価値

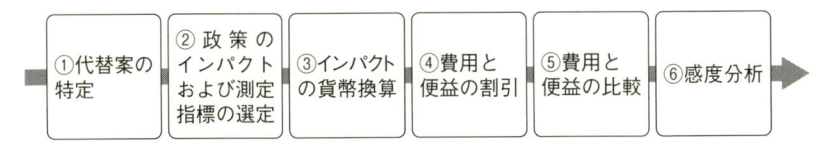

図 8-4　費用便益分析のプロセス

を正確に表していない．また，事業が市場で取引されない財（大気，水質など）にインパクトを与える場合には，市場価格そのものが存在しない．これらの場合には，もし市場が完全で介入がない状態であったら成立するであろう価格，すなわちシャドウ・プライスを求める必要がある．シャドウ・プライスは，代替財や資産の市場を代理市場として求める方法や，アンケートによって直接的に支払い意思額を求める方法がある．

■ ④ 費用と便益の割引

事業期間にわたる費用と便益を年ごとに足し上げる際には，将来の費用と便益を割り引いて現時点の価値に修正する．これを現在価値（Present Value : PV）といい，割引の率を社会的割引率という．現在価値の計算式は，以下の通りである．ただし，B は便益，C は費用，t は年，n は政策の期間，s は社会的割引率を表す．

$$PV = \sum_{t=0}^{n} \frac{B_t - C_t}{(1+s)^t}$$

CBA による事業の順位は社会的割引率によって変化することもあり，社会的割引率の選択は重要な意味を持つ．一般に，低い社会的割引率を採用すると，便益が発生する時期に関わらず総便益の高い政策が選ばれ，高い社会的割引率を採用すると，早い時期に便益が発生する政策が選択される．

社会的割引率は「将来利用できる一定量の資源は，現在利用できる同量の資源よりも価値が低い」という考え方を反映している．なぜそのように考えるのだろうか．その理由は，社会的割引率の値が，資本の機会費用および時間選好という概念によって決まることにある．時間選好とは，消費者が財を現在消費するのと，将来消費するのと，どちらをどれだけ好むか，を表す．

一方，資本の機会費用とは，資本を事業に現在投資することによって，将来あきらめなければならない投資の最大の価値を表す．理論的に適切な割引率は，時間選好の考え方を採れば限界的時間選好率，資本の機会費用の考え方を採れば民間投資収益率である．もし資本市場で完全市場の条件が成立していれば，市場利子率，限界的時間選好率，および民間投資収益率は一致するため，市場利子率を用いればよい．しかし現実には課税等により市場に歪みがあり，三つの値は一致せず，どの値を割引率として採用するかについては議論が分かれる．両者の考え方を組み合わせた割引率の算出方法や，事業の性質によって将来になるほど低く見積もる逓減的割引率などが提唱されているが，理論的に合意を得た社会的割引率の決定方法はについては未だに議論がある．

　実務的には，政策的に定められた値を用いるのが一般的である．日本では事業の主要な財源である国債の利回りを参考とするなどの理由により，4％といった値が定められている．

　　■⑤費用と便益の比較

　社会的割引率によって計算された費用と便益の現在価値を比較する方法は3種類ある．純現在価値法（Net Present Value：NPV），費用便益比率法（Benefit Cost Ratio：B/C），内部収益率法（Internal Rate of Return：IRR）である．

　純現在価値法は，事業の便益の現在価値と費用の現在価値との差であり，事業の純現在価値（NPV）が正であれば採択，負であれば非採択の判断（カルドア・ヒックス基準）がなされる．費用便益比率法は，事業の便益の現在価値と費用の現在価値との比率を判断基準とする．すなわち，費用便益比率（B/C）が1より大きければ，その政策は採択と判断される．経済内部収益率（IRR）とは NPV＝0 となるような割引率である．IRR が民間投資収益率等の資本の機会費用より高い場合には，当該政策は資本を他の用途に利用した場合よりも効率的であることを示し，採択と判断される．三つの基準の計算式を表8-1に示した．

　三つの指標のうち，事業によって発生する社会的余剰の「大きさ」を表す指標は NPV である．B/C および IRR による事業の順位付けは，NPV による順位付けと異なることがある．たとえば，便益が10で費用が1の政策A

表8-1 費用と便益の比較法

純現在価値法 (Net Present Value：NPV)	費用便益比率法 (Benefit Cost Ratio：B/C)	内部収益率法 (Internal Rate of Return：IRR)
$NPV = \sum_{t=0}^{n} \dfrac{B_t - C_t}{(1+s)^t}$	$BCR = \sum_{t=0}^{n} \dfrac{B_t}{(1+s)^t} \Big/ \sum_{t=0}^{n} \dfrac{C_t}{(1+s)^t}$	$IRR > s$ （IRR：NPV $= 0$ となる s）

と，便益が 100 で費用が 90 の政策 B を考えた場合，NPV では政策 B が採択と判断される．一方，B/C によれば政策 A が採択と判断される．NPV では，費用がかかったとしても社会的により大きな便益が得られるのであれば採択するのに対して，B/C は社会的な便益の最大化ではなく，より費用効率的な事業を採択する基準となる．よって，社会的余剰を最大にするという事業の目的に対して適切な基準は NPV である．実務的には，予算制度により事業の費用が先に決定されている場合が一般的であり，その場合には，B/C による評価の順序付けは NPV によるものと等しくなる．IRR による政策の順位付けもまた，政策実施期間にわたる便益と費用の発生パターンによっては NPV と異なる場合がある．資本投資の効率性を測るのに適した指標であり，公的なプロジェクトの融資の評価に適用されることが多い．

⑥ 感度分析

便益や費用の計算の際に用いられる情報は，事業のインパクト，市場価格あるいはシャドウ・プライス，事業の費用であるが，それらの値は事業期間にわたる予測値であったり，実際には観察できない推定値であったりする．そのため，それらの値の計算過程における不確実性に対処するために，感度分析が行われる．インパクトの予測値やシャドウ・プライスのうち，評価結果に大きな影響を与える項目の値に幅をもたせてシミュレーションを行い，ベース・ケースよりもインパクトが小さかったり，より多くの費用がかかったりしても，評価結果の順位が変化しないか，すなわち分析の頑健性を検討する．

8-3-2　便益の評価

　便益の評価は，前項8-3-1 の CBA のプロセスにおける③インパクトの貨幣換算に該当する．すなわち，8-2-1「余剰分析」（112頁～）でみたように，政策を実施した場合の対象市場における消費者余剰，生産者余剰，政府純収入の変化を測ることである．ところが，政策の効果は必ずしも市場で観察できるとは限らない．なぜならば，政策の多くは，市場の失敗，あるいは市場では保証されない公平性などの政策目的を達成したいときに実施される．したがって，政策が効果をもたらす市場はもともと完全市場ではなく，公共財，外部性，自然独占，情報の非対称性等，あるいは市場が存在しないといった状態であることが多い．そのような場合には，需要曲線，供給曲線，市場価格が観察できず，シャドウ・プライスを推定して用いたりする必要がある．

　政策の効果が市場で観察できる場合には，その市場の需要曲線を推定し，政策による余剰の変化を計算することができる．直接市場が存在しない非市場財の便益を求める場合，その財と密接に関係する私的財の市場（代理市場）が存在すれば，その代理市場における消費者余剰の変化分がその非市場財の変化を表す，という考え方（弱補完性理論：weak complementarity theory）により，間接市場法による評価を行う．さらに，代理市場も見出せない財の場合には，もしその財に市場があったならば消費者がどれだけ支払うのか，を表明するような仮想的な市場を設定し，アンケートによる質問によって需要曲線を導き出す．表8-2は，便益の評価手法を政策の成果が顕れる市場行動の観察可能性によって分類し，それぞれの特徴を示したものである．

　それぞれの評価手法は，適用にあたって理論的に成立していなければならない前提条件がある．また，仮想市場法のような SP データによる方法に関しては，バイアスの存在などさまざまな問題点が指摘されており，その解決のためさまざまな提案が行われている．それぞれの便益評価手法によって信頼性のあるシャドウ・プライスや便益の値を得るためには，十分な注意が必要である．なお，政策評価の実務では，シャドウ・プライスの原単位の共通化を図るために，評価対象の分野ごとにマニュアルやガイドラインによって使用すべき推定手法や参考値が与えられている場合も多い．

表 8-2 便益の評価手法

市場行動が観察可能	直接市場法	需要曲線の推定	市場価格，需要，価格弾力性のデータを用いて，需要曲線を推定し，余剰を計算する．
	間接市場法	市場類似法	住宅，高等教育など，民間でも供給されている財の場合に，民間の市場価格を用いる．
		トレードオフ法	安全性や移動時間の改善を，機会費用とのトレードオフで評価し，労働市場の賃金を用いる．
		中間財法	中間投入財を供給する政策の場合，供給による最終消費財の変化を便益とみなす．
		資産評価法	政策が土地や不動産などに影響を与える場合，政策の効果が資産の市場価値に「資本化」されたとみなし，資産価格の変化を便益とみなす．
		ヘドニック価格法	政策の効果が，賃金や土地の市場価格の属性の一つとして顕れる時，その属性の市場価格への寄与度から便益を推定する．
		旅行費用法	政策の効果を享受するために，その場所へ行くことが必要な時，そのためにかける旅行費用の需要曲線を推定し，便益を計算する．
		防御支出法	外部不経済への対応や公共財の供給を生産者が供給しようとする時の費用を，政策の効果によって回避される支出として便益とみなす．
市場行動が観察不可能	仮想市場法	仮想市場法	政策の効果に関する仮想的な市場があったとしたら，その効果にいくら支払うかをアンケートで質問し，その結果から需要曲線を推定し，便益を計算する．

出典：Boadman, et al.（2011）より筆者作成．

学習課題

1．経済波及効果と費用便益分析の違いを，具体的な政策で説明してみよう．

2．消費者余剰とその測り方を具体的な財で考えてみよう．

3．潜在的パレート基準について，あなたの考えを述べなさい．

参考文献

秋吉貴雄・伊藤修一郎・北山俊哉『公共政策学の基礎（新版）』有斐閣，2015 年．

金本良嗣・蓮池勝人・藤原徹『政策評価ミクロモデル』東洋経済新報社，2006 年.

デュピュイ『公共事業と経済学』栗田啓子訳，日本経済評論社，2001 年.

ナス，T. F『費用・便益分析──理論と応用』萩原清子監訳，勁草書房，2008 年.

萩原清子編著『環境の意思決定支援の基礎理論』勁草書房，2013 年.

ボードマン，アンソニー・E ／グリーンバーグ，デヴィッド・H ／ヴァイニング，アイダン・R ／ワイマー，デヴィッド・L『費用・便益分析──公共プロジェクトの評価手法の理論と実践』岸本光永監訳，出口亨・小滝日出彦・阿部俊彦訳，ピアソンエデュケーション，2004 年.

Boardman, Anthony E./ Greenberg, David H./ Vining, Aidan R./ Weimer, David L., *Cost-benefit analysis: concepts and practice*, pearson, 2011.

Column 3

持続可能性と経済指標

　経済発展は，人間の Well-being に対する寄与という観点で評価される．持続可能な発展というとき，それが達成されているかどうかは，どのように評価されるのだろうか？

　経済発展によって豊かになったかどうかは，長い間，GDP（国内総生産）によって評価されてきた．日本では高度経済成長によって GDP が急速に増加し，それは確かに日本人の生活に豊かさをもたらしてきたといえる．しかしその一方で，経済成長は環境汚染や生態系の破壊などの副作用も生み，経済活動や健康で快適な生活を支える基盤を脅かすという側面ももっている．さらに，高度経済成長期が終わり GDP の増加が鈍るとともに，人口減少によって将来の経済成長についても危機感がもたれている．

　このような問題は，日本のみならず世界各国の経済発展に共通の現象であり，国際的な課題となってきた．そこで，経済発展の評価について，経済発展が持続可能であることは GDP の増加で測れると暗黙にみなされてきたが，そのような枠組みでは不十分であるとの認識が広がってきた．2008 年にフランスのサルコジ大統領（当時）が「経済パフォーマンスと社会的発展の計測に関する委員会」を立ち上げ，その成果であるスティグリッツ報告書（Stiglitz et al., 2010）によって，より多様な視点と将来にわたる時間の概念を採り入れた，新たな Well-being の経済指標の考え方が提示された．その考え方は，2012 年に国連の持続可能な開発会議（リオ＋20）で発表された「新国富指標（Inclusive Welth Index: IWI）」の基礎となっている．また，2030 年の世界的な持続可能な開発の実現を目的とした，持続可能な開発目標（SDGs）に対応して，経済発展が持続可能かどうかを判断する指標ともされている．

　新たな経済指標としての IWI の特徴は 2 点ある．第一に，GDP のようなフロー

Column 3

（ある一定期間の経済的成果）ではなく，フローを生み出すストック（ある時点の資本・資産の蓄積）を評価対象としている点である．それによって，評価に将来にわたる時間の概念を採り入れることができる．なぜなら，ストックの大きさは，それが将来生み出すことができるであろうフローの現在価値で表されるからである．たとえば，ある土地の土壌汚染によってその土地での生産量や利用可能性が減少すれば，土地資産（ストック）はその分だけ低く評価されることになる．

　第二に，GDP のような物質的な生産の成果だけではなく，自然や人間の状態（教育や健康）といった広い概念で構成されていることである．これは，Well-being に影響をもたらすフローは，道路や生産設備などの人工資本だけではなく，それらの整備を支えたり，それ自身が人々の Well-being に直接はたらきかけたりする自然資本や人的資本が生み出すと考えるからである．たとえば，森林が荒廃すれば，その下流の海の生態系が影響を受け，養殖業の生産性が低下する．地下水の過剰な採取は，地盤沈下を引き起こし，大雨の際の浸水する脆弱なエリアを拡大させてしまう．

　図1は，世界全体で IWI が，1992 年を基準としたときに何%変化したかを表した図である．IWI は 30%以上増加しているが，1 人当たりでみると 6%程度の増加となっている．これは人口増加率よりも低い．1 人当たり資本の内訳をみると，人工資本の伸びが最も大きく 60%近くとなっているのに対し，人的資本は 10%に届かない．一方，自然資本は唯一減少しており，30%の減少となっている．GDP ベースで評価するならば，2010 年には 1992 年比で 50%以上の増加が達成されており，問題がないようにみえる．しかしながら，IWIベースで評価すると，すなわち，将来の持続可能性と自然や人的資本を加えた広い概念で Well-being を測るならば，6%と一桁台の増加にとどまる．それぞれの資本カテゴリーの IWI への寄与は，平均して，人的資本が 57%，自然資本が 23%，人工資本が 20%であるという．よって，IWI の伸びは，人工

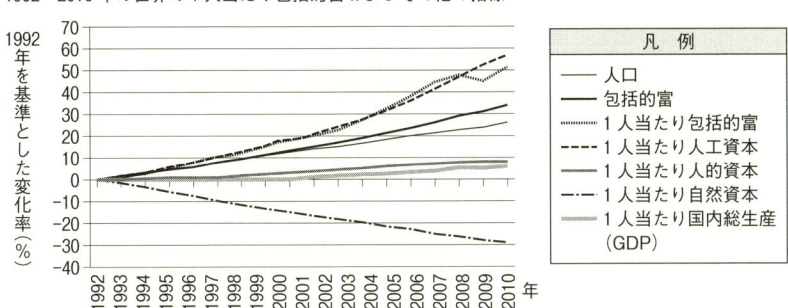

1992～2010年の世界の1人当たり包括的富およびその他の指標

図1　IWIの変化率

出典：United Nation University (2014).

資本に対して，自然資本と人的資本の伸びが不足しているために，抑えられていることがわかる．

　また，日本のIWIは，1990年から2010年において，人的資本64％，人工資本35％，自然資本1％で構成されており，自然資本の少なさが際立っている．またIWIの成長率は1.1であり，内訳は人的資本0.4，人工資本0.7，自然資本0.0となっている．

　IWIは金銭的価値で表されるため，自然資本や人的資本を求めるためには，非金銭的価値や非利用価値を貨幣換算する必要が生じる．8-3「費用便益分析のプロセス」（116頁～）でみたように，貨幣換算には市場では直接観察できない情報を扱うため，必ずしも簡単ではなく，理論や前提を注意深く適用していかなければならない．IWIの推定に関する課題も多い．それでも，Well-beingを，より多元的に，かつ将来という時間の概念を容れながら評価する取り組みは，GDPのみに頼る従来の方法に比べて，はるかに持続可能な発展に対する政策的な示唆を与えてくれるものである．

Column 3

参考文献

馬奈木俊介編著『豊かさの価値評価——新国富指標の構築』中央経済社, 2017 年.

UNU-IHDP, *Inclusive Wealth Report 2012: Measuring progress toward sustainability*, Cambridge University Press, 2012.

UNU-IHDP and UNEP, *Inclusive Wealth Report 2014: Measuring progress toward sustainability*, Cambridge University Press, 2014.

Stiglitz, Joseph E. et al., *Mismeasuring Our Lives: Why GDP Doesn't Add Up: The Report by the Comission on the Measurement of Economic Performance and Social Progress*, The New Press, 2010.

第9章	··· キーワード ···
多元的評価	多基準分析 ステイクホルダー 代替案 基準 スコアリング ウェイティング 感度分析

評価には，社会の複雑さや価値観の多様さを前提とした上での合意形成と意思決定を支援していくことが求められる．本章においては，コストや効率性だけでなく，公平性や環境価値など貨幣換算や定量化が困難な基準を含めて複数の基準で代替案を評価しようという多基準分析を取り上げる．多基準分析は，意思決定の文脈，代替案，目的と基準を確認し，スコアリングとウェイティングを行った上でスコアを統合し，その結果を吟味し，感度分析にかけるというプロセスで行われる．多基準分析は，複雑な環境，経済，社会問題を含む意思決定において包括的なフレームワークを提供できる強い利点がある反面，どの基準を評価の枠組みに入れるか，ウェイティングをどうするかが大きな問題となる．参加型アプローチの採用などによって，より多くの人々の選好を反映させる努力をしつつ，分析のプロセスをブラックボックスにせずにトレースすることができるようにして恣意性を排除することが求められる．

9-1 多元的な評価の必要性

意思決定が，一つの視点からだけでなく，いくつかの視点から行われている，あるいは行われるべきであることに注目して，多目的，多属性，多基準などの用語を用いた検討がなされてきた（たとえば，Keeney/ Raiffa [1976 (1993)]; ネイカンプら [1989]; Yoon/ Hwang [1995]; Olson [1996] など）．また，

代表となる意思決定者を想定し，その意思決定者が他のステイクホルダーの意思を取り込むことで社会的意思決定につなげるという考え方や，複数のステイクホルダー間にコンフリクトが存在する場合を明示的に扱い，議論や交渉によって社会的な合意に達するように働くファシリテーターの存在を想定したもの，さらにはゲーム理論の枠組みを用いての合意形成，あるいは市民参加による合意形成などさまざまな試みの検証や提案などが行われてきた（たとえば，岡田ら［1988］；萩原［2004］；原科［2005］など）．環境分野に関わる評価については，Getzner らが次の三つのアプローチをあげている．すなわち，環境の経済的価値と社会心理あるいは行動心理との関連を把握するアプローチ，多様な価値（多基準）を考慮に入れるアプローチ，評価プロセスにおける包括的な審議のためのルールを探求するアプローチ，である（Getzner et al., 2005）．

　いずれも現実世界の社会の複雑化，価値観の多様化，絡み合った利害関係，不確実性をはらんだ問題の解決に向けてのその中での合意形成の困難さを反映した動きに他ならない．評価手法には，社会の複雑さや価値観の多様さを前提とした上での合意形成と意思決定を支援していくことが求められているのである．以下，多基準分析を中心に多様な基準を考慮に入れる評価について考える．

9-2　多基準分析の概観

　多基準分析の萌芽を何処に求めるかは明らかではないが，意思決定手法の提案の初期事例として指摘されているものに，ベンジャミン・フランクリンのジョセフ・プリストレイへの手紙（1772 年 9 月 19 日付け）の中で提案されている思慮深い計算法（Prudential Calculus）がある．この手法は，用紙に線を引いて 2 列に分け，事柄の良し悪し（賛否）を記入することから始まる．三，四日かけていろいろな思考状態（heads）の下で，時間（times）の違いによって基準に対して思い浮かぶ，いろいろな動機（motives）の手がかり（hints）を書き留めていく．そしてすべて一緒にひと目で見られるようになったところで，それぞれに，ウェイト（重み weight）を見積る．その上で，両サイド

から同等であると思われる項目を削除していき，最終的にどちらが残るかに従って判断する，というものである．ウェイトが代数的に正確ではなくても，個々に比較検討され，全体がわかるようになっていれば，ベターな判断ができ，道徳的あるいは思慮深い代数（Moral or Prudential Algebra）と呼べる，とされている．この手順には，意思決定に必要な特色が備わっており，重要な基準の確認について注意深く考えることを促している．したがって，多基準分析や費用便益分析への流れにつながるものとして位置づけることができる．

　多基準分析（Multi-criteria analysis: MCA）は，その範疇にさまざまな手法を含んでおり，理論的根拠，分析手順，内在する問題点等も一様ではないが，複数の基準で代替案を評価し，それを何らかの方法で統合することによって選択を支援しようとする分析手法ということができる．貨幣価値という単一の尺度で測る CBA とは異なり，多基準分析は，コストや効率性だけではなく，公平性や環境価値など，貨幣尺度での評価や定量化が困難な基準を含めて多基準として明示的に扱うことができることから，欧州を中心に医療施設や自動車道や原子炉の立地といった問題で用いられてきており，近年では複雑な環境，経済，社会問題を含む意思決定のツールとしてより広い分野での活用が期待されている．

　多基準分析の利点としては，第一に，複雑化する社会の中で複数の目的を明示的に扱うことができること，第二に，貨幣換算が困難な対象を無理に貨幣価値に置き換えることなく評価の枠組みに組み入れることができること，第三に，評価のプロセスを容易にトレースすることができ情報の共有性や透明性が高いこと，第四に，複数の代替案の中から最良のものを確認したり，ランク付けしたり，数を絞り込んだりといった意思決定支援のニーズに応じた柔軟な使い方が可能であること，第五に，費用便益分析や費用効果分析など従来からの手法を否定するのではなく，それらを多基準の評価項目の一部として取り入れて扱うことが可能であること，第六に，政治的意思（あるいは社会の意思）をウェイティング（重み付け weighting）に反映させることが可能であること．第七に，ウェイティングを行わない（スコアの統合をしない）場合にも，各基準ごとの評価を意思決定に結びつけることが可能であること，が挙げられる．

　反面，どの基準を評価の枠組みに入れるかが評価結果を大きく左右する以

上，基準の選び方はきわめて重要である．また，スコアリングとウェイティングのあり方についても議論の余地が大きい．特にウェイティングは広く受け入れられるウェイティング手法が定まっておらず，恣意性をはらむことから多基準分析批判の大きな要因となっている．しかしながら，恣意性については多基準分析に限った問題ではなく，いずれの分析手法においても避けて通れない課題である．恣意性を極力排除するため，プロセスをブラックボックスにしない透明で理論的に確かなウェイティング，多基準分析の特質である透明性と説明性を損なわないような数値化と統合の手法の確立が求められるとともに，複雑な意思決定問題に包括的なフレームワークを提供して参加型アプローチに活用するなど，現実社会への貢献が期待される．

9-3　多基準分析のプロセス

　完全な多基準分析には通常，次のような8段階のステップがある．すなわち，①意思決定の文脈の確認，②代替案の確認，③目的と基準の確認，④スコアリング，⑤ウェイティング，⑥スコアの統合，⑦結果の吟味，⑧感度分析，である．

　ここでは，多基準分析のうち公的意思決定をはじめさまざまな意思決定の場面で多くの適用が見られる多基準意思決定分析 MCDA（多属性意思決定分析 MADA としても知られている）の手順にそって述べる．

9-3-1　意思決定の文脈の確認

　最初の段階は常に，意思決定の文脈を確認することから始まる．つまり，何のために多基準分析を実施しようとしているのかを明確にし，分析の参加者を選び，ステイクホルダーを確認した上で，分析のやり方をデザインする．

　分析を実施する目的はいくつか考えられる．複数の代替案から唯一最良のものがどれであるかを明らかにすること，総合的な順位付けをすること，各基準ごとの順位を知ることや，代替案の数を絞ることである．

　分析の参加者は，プロジェクト等の実施主体，ステイクホルダー（利害関係者）の代表，専門家，その他分析の助けになる情報をもつ人々などを含む．

意思決定支援のために多基準分析を行う場合，ステイクホルダーをどのように捉えて分析に組込むかが重要である．なぜならば，多基準分析には誰の立場で評価するかによってスコアリングが大きく異なる基準が含まれるからである．たとえば開発予定地周辺の環境保全に関する基準を考えてみよう．環境保護派と開発推進派では全く異なるスコアがはじき出されるであろう．また，予定地の近隣住民と離れた所に住む住民とでも違うであろう．ステイクホルダーの範囲をどこまでとすればいいのか，さらに，ステイクホルダーによって受ける影響の違い，濃淡をどのように捉えたらいいのか，そしてこのようなステイクホルダーの選好をどのように反映させればいいのかが大きな問題である．したがって，実施主体，専門家等の各参加者の役割を含め，分析のやり方を適切にデザインすることが求められる．

9-3-2　代替案の確認

考慮すべき一連の代替案を確認しリストにする．しかし，最終的な確固としたものではなく，分析の進行に伴って修正や追加がなされ，より良い代替案が設定される可能性があることを念頭におかなければならない．

9-3-3　目的と基準の確認

多基準分析には，環境問題のように複雑な意思決定問題についてのフレームワークを提供することができる強い利点がある．この利点とは，意思決定支援のための評価において，対象を多角的に捉え，生態系及び人間生活への影響を含め，多様さ，複雑さ，不確実性など，空間的にも時間的にも広範に影響が及ぶ可能性や，公平性，倫理性などの問題が生じることも考慮に入れつつ，評価の包括的な枠組みを示すことができることであり，予防原則に適うものであるといえる．この評価の枠組みを構成する柱が「基準」であるがゆえに，「基準」をどのような方法で設定するかは重要な問題となる．

基準をリストアップしていくやり方には二つのアプローチがある．トップダウンアプローチとボトムアップアプローチである．トップダウンアプローチの場合は，評価において考慮すべき領域を大まかに提示し，それぞれを具体的な基準に落とし込んでいく方法であり，抽象から具体への展開といえる

だろう．ボトムアップアプローチの場合は，具体的な基準を片端から挙げていき，それらを統合しつつ，抜け落ちている領域や観点がないかどうか検討していく方法であり，具体から抽象への統合といえるだろう．前者は定性的な基準をある程度定量化あるいは良し悪しの比較が可能な基準へと分解していくアプローチとして，また後者はその逆方向のアプローチとして見なすことができるかもしれない．

　各代替案のパフォーマンスを評価するための基準はブレインストーミング等によって引き出すことができる．その際に見落とされている視点がないかを確認するためには，ステイクホルダーを直接巻き込むこと，ステイクホルダーからのさまざまな情報を調査分析すること，意思決定チームによってステイクホルダーの立場をロールプレイすること，などの方法によってさまざまな視点を包括することが必要である．

　そして，目的のための価値ツリー（value tree）を構成することによって，基準をグループ化し系統立てる．これは，引き出された一連の基準がその問題に適切かどうかをチェックするプロセスであり，ウェイティングの際にも役立つ．また，目的間のトレードオフの構造を全体的な観点から確認することを容易にする．

　このような基準の選択にあたっては次の条件を確認する必要がある．

　第一に，完全性（completeness）．これは重要な基準をすべて含んでいること，つまり，重要な視点を見逃していないか，代替案を比較するために必要な基準をすべて含んでいるか，目的の重要な局面を基準として押さえているか，などである．この完全性が重要なことは，たとえば過去に経済の発展だけを重視したことによって環境を損ない，その結果として損なわれた環境や健康のためにかえって経済が拘束されてしまった歴史を振り返ってみれば明白である．たとえ一つの視点を優先させる場合であっても多角的な視点から対象を捉えようとすることが必須なのである．

　第二に，重複性（redundancy）．無駄に繰り返されている基準がないことである．これは後述する相互選好独立性や二重計算にも関係する．重複を防ぐためには，意思決定全体の文脈において，まずは完全性をめざして見逃しのないよう基準を並べる．その上で並べた基準をグループ化し整理していく

過程で，重複の可能性を確認しながら取捨あるいは一本化していく方が確実であると考える．このような手順を踏むことによって，先に進んだ段階から再びフィードバックする場合にも，基準選択の確認が容易になる．

第三に，操作性（operationality）．各代替案をそれぞれの基準によって評価できることである．それぞれの基準は判断可能なように明確に定義されなければならない．必要な場合には，よりはっきりと定義できる副基準に分解することになる．

第四に，相互選好独立性（mutual independence of preferences）．基準は相互に選好が独立でなければならない．つまり，ある基準における評価が他の基準における評価に影響を受けないことが必要であり，相互独立ではない基準については一つに結合させることなどが必要となる．

第五に，二重計算（double counting）がないこと．二重計算は相互選好独立性と密接に関係する．公共部門においては，とりわけ効果と便益の算定において二重計算が起こりやすい．二重計算を避けるために，公共投資における費用便益分析では，金銭的外部性による便益はすべて計算に入れない．

第六に，サイズ（size）について．基準の数が多すぎないことが必要である．核廃棄物施設配置といった大規模で複雑な問題の場合には相当数の基準が余儀なくされるであろうが，通常は 6 〜 20 程度，あるいは人間の評価プロセスの比較能力からして基準と副基準で各々 8 項目が限界という指摘もある．分析にかけられる時間や費用にも限りがあるのが普通である．いつまでにどの程度わかることが期待されているのかも意識することになるだろう．

第七に，長期的影響（impact occurring over time）について．費用便益分析など貨幣換算を基礎とした手法では割引率を用いる手法が確立されているが，多基準分析において時間選好問題はあまり積極的に扱われておらず，共通の手法はない．それは，時間の視野が基準によって異なるためであり，各基準の中で明確に定義されなければならないためであろう．割引や，短期的・長期的といった時間区分で影響を扱うことになる．

基準設定をめぐっては，基準選択プロセスの正当性と選択された基準そのものの妥当性が問われる．基準設定プロセスを手順に注目して類型化を試みたのが表9-1 である．参加型は何らかの参加による検討が組み込まれている

表 9-1　基準設定プロセスの類型

類　型		基準の設定経過
参加型	市民会議型	市民が基準を検討して設定
	市民参加型	基準選択についてパブコメ等による市民の意見収集の機会がある
	専門家参加型	専門家委員会などによる基準の検討と設定
閉鎖型	内部設定型	担当部局内での検討により基準を設定
	所与型	既存マニュアル，ガイドライン等を適用して基準を設定

タイプで，誰がどの程度関与するかによって市民会議型，市民参加型，専門家参加型の三つに分けることができる．また，閉鎖型は基本的に参加によらないタイプである．ただし，一つの事例が一つの類型に当てはまる場合もあれば，複数の類型の性格を有する場合もある．

　自治体で導入の進んでいる行政評価あるいは政策評価は，主に内部設定型と所与型で行われる場合が多いように思われる．「政策評価の方法に関する標準的ガイドライン」（2001 年 1 月 15 日）の中では，「評価の観点」として「必要性」，「効率性」，「有効性」，「公平性」及び「優先性」の五つが挙げられており，このうち，「必要性」，「効率性」，「有効性」については遍く適用すべき観点であるのに対し，「公平性」は政策の性質によって，また「優先性」はその他の観点からの評価を踏まえた観点であると説明されている．各自治体が実施している行政評価（政策評価・施策評価・事務事業評価）においても，これをそのまま踏襲あるいは多少アレンジした基準（評価の視点，観点）が設定されて評価表が組み立てられている．

　基準選択プロセスについては，たとえば，専門家による委員会で検討した基準を公表した上で広く試行調査と意見募集等への参加を募り，その結果を基準に反映させていくことによってより包括的で実際的な評価の枠組みを構築していこうという方法や，検討過程で一般市民へのアンケート調査を実施して基準に反映させていく方法も，一つのモデルとなる．よりよい評価，より多くの人々の納得を得られるような評価のあり方をめざす姿勢は，時間と手間がかかるとはいえ大いに尊重されるべきであろう．

　設定された基準自体の妥当性については，たとえば「効率性」の測度として用いられる単位当たりのコストや費用便益分析による効率性基準といった

数値化が可能な指標であれば比較的受け入れられやすいが,「必要性」や「公平性」など数値化できる指標で表現することが困難な基準は,定性的な記述に頼ることになり,基準を定義することにも困難が伴い,次の段階であるスコアリングにおいても,ウェイティングにおいても,その扱い方が議論になるであろう.

ただ,いずれにしても,多様な価値観,複雑で不確実な影響がからむ意思決定問題においては,その基準あるいは基準の組み合わせがベストの選択なのかどうかを決めることは容易ではないが,安全性評価基準のように設定される基準の如何が深刻な影響を及ぼすような場合で,かつ科学的に基準の妥当性を明白に示すことが困難であっても,参加や情報の共有などによって,その基準選択のプロセスを共有することができていて,かつ将来的に新たな情報が得られた段階での再検討の可能性が担保されているならば,社会は一応の納得をもって受け入れることができるであろう.つまり,基準選択プロセスの正当性の面でも,また選択される基準自体の妥当性という面からも,基準設定を何らかの参加型で行い,情報を共有する意義は大きい.ただし,参加型であっても,参加者の構成や情報開示に不信が生じた場合には,基準選択プロセスの正当性も基準そのものの妥当性も損なうことになりかねない.

シュレーダー゠フレチェットは,リスク評価が科学的であると同時に民主的である必要について論じているが,基準設定において求められるはまさに科学的かつ民主的な選択なのである(シュレーダー゠フレチェット,2007).

9-3-4 スコアリング(各基準に対する各代替案のパフォーマンスを確認する)

スコアリングは以下のプロセスで行われる.まず,代替案による影響をそれぞれの基準ごとの尺度で明らかにする.貨幣尺度,定量的尺度だけでなく,定性的表現で記すこともある.この段階(スコアリングをしない段階)でのパフォーマンス行列そのものを意思決定者に提供することが分析の目的である場合がある.次に,基準により代替案にスコアをつける.代替案のスコアを決める方法は三つあり,いずれも 0 ~ 100 のスケールに変換される.この際,方向感覚は共通していなければならない(スコアの高いものがより選好される).一つめのアプローチは,価値関数の考え方を使うもので,影響の評

価を 0 ～ 100 のスケールの価値スコアに変換する．ここで多くの場合価値関数は線形であると見なされるが，場合によっては非線形関数を用いることが望ましいこともある．二つめのアプローチは，直接にランキングすることであり，一般的な測定尺度が存在しない場合や測定に取り組む時間的あるいは予算的余裕がない場合に使われる．この場合も 0 ～ 100 の範囲の数が各代替案の価値に割り当てられる．三つめのアプローチは，意思決定者から，各代替案のパフォーマンスを判断する表現の言葉を一対比較によって引き出す方法で，AHP（階層分析法）がこれにあたる．一対比較は各基準に関して代替案のパフォーマンスを確認する手段として一般に受け入れられているが，内的一貫性に対する懸念，順位の逆転現象，言葉と得点とのリンクの根拠についてなど理論的には批判もある．そして最後に，基準ごとのスコアの一貫性を確認する．

9-3-5　ウェイティング

ウェイティングは各基準におけるスコアを統合する際に必要であり，意思決定者あるいは意思決定者に負託を与えた社会が，何を重視して選択を行おうとしているかという問題でもある．これに対して多基準分析自体が示すことのできる普遍的な解はない．そのため，ウェイティングは個々のケースに委ねられており，状況に応じた柔軟性をもつ反面，恣意性，つまり意思決定者によって都合のいいように操作される可能性を孕んでおり，多基準分析への批判の要因となってきた．しかし，恣意的になされたのかどうかを知るすべがないことが問題なのであって，誰がどの段階で何を操作したのか，あるいはどう判断したのかを知ることができれば，その責任の所在は明らかとなり，そのことが恣意性を持ち込む歯止めとして機能するはずである．恣意性に対する懸念のためにウェイティングをためらうのではなく，ウェイティングの透明性を確保することによって積極的にウェイティングを活用することの方に力点がおかれるべきであると考える．

普遍的に受け入れられているウェイティングの方法はないが，ここでは Pricing Out ，Swing Weighting，及び Rank Order Centroid（ROC）weight を紹介する．

　Pricing Out は，属性の価値をある特定の属性（通常は貨幣）の価値に換算する手法である．ある属性における便益の増分に対して支払うであろう最高額か，あるいは便益の減分を受け入れるであろう最低額として理解することは容易であるが，ほとんど市場の無い属性についての算定は困難であり，無理に行おうとすれば，複数の基準をそのままの尺度で評価し統合するという多基準分析の利点を捨てなければならなくなる．

　Swing Weighting は，意思決定者が仮想的代替案の個々の属性を相互に比較する一種の思考実験を必要とする．手順としては，まず各属性において最も選好されない最悪のレベルにあるケースをベンチマークとして設定する．次に，属性のうち一つだけを最も選好される最良のレベルにできるならばどれを選ぶかを尋ね，選ばれた属性に 100 のウェイトを与える．そして順次重要と考える属性を最悪から最良へと ‘swing’ させながらウェイトを引き出していくという手法である．一般に，属性あるいは基準の重要性を直接的にウェイトづける方法や一対比較では，価値の幅（レンジ）に対してウェイトの反応が十分ではないというレンジ問題が存在する．これに対して，swing weights には属性がとる価値の幅（レンジ）に敏感であるという利点があることから，近年では多基準意思決定分析で一般的なウェイティング手法となっている．

　しかし，仮想的に代替案をイメージすることによって個々の属性を比較し，その重要性を何らかの数値（割合）で表現することは容易でない場合もある．次に紹介する ROC weight は ‘swings’ の比較によって順位をつけるにとどまっており，より簡易な手法である．

　ROC weight では，すべての基準について，重みの程度を順に，

$$w1 \geq w2 \geq w3 \geq \cdots\cdots \geq wn$$

のかたちに単純にランク付けすると，n 個の基準がある場合，i 番目の基準のウェイト wi は，次の式で与えられる．

$$wi = (1/n) \sum_{j=i}^{n} (1/j) \quad i = 1, \cdots\cdots, n$$

広範囲にわたるシミュレーション研究からは，75 〜 87%の事例で swing

weight を用いた場合 (SMARTS) と ROC weight を用いた場合 (SMARTER) で最も高い総便益がある代替案が一致することが示されている.

　いずれのウェイティング手法を選択するか, あるいはウェイトの割り当てについて合意が得られない場合には, 二つ以上のウェイトの組合わせを並行して採用する. 時にはウェイトに関する合意抜きで, 代替案の選択に対して合意が可能なこともありうる.

9-3-6　スコアの統合

　代替案 i の総スコア Si は, 代替案 i の基準 j における選好スコアを sij, 各基準のウェイトを wj とすると, 次の式で表すことができる.

$$Si = w1\,si1 + w2\,si2 + \cdots\cdots + wj\,sij + \cdots\cdots + wn\,sin = wj\,sij$$

　ただし, スコアの統合は, すべての基準が相互に加法独立と効用独立であることを前提に行われる. 前述したように, この独立性の仮定が妥当であるためには, 基準設定段階で細心の注意が払われなければならないことが非常に重要であるといえる.

　二重計算を避ける別の考え方として, スコアの統合を優先させないという選択もありうる. スコアの統合はあくまでも合意形成と意思決定支援のための手段であり, 仮にウェイティングやスコアの統合において完全な合意が得られない場合でも, 代替案の選択においては合意が得られる場合があるということである.

9-3-7　結果の吟味

　代替案の順位付けは総スコアによって判断することができる. また, 全体結果を価値ツリーのレベルで, 二次元の図表の中に各代替案の位置を落とすことによって, 主なトレードオフを表すことができる. たとえば, 費用と便益のグラフで表現することが可能である.

9-3-8　感度分析

　感度分析とは, 分析の過程におけるあいまいさや不一致が, 最終的な結果

に何らかの違いをもたらす範囲を調べるものである.

　一般に, 感度分析は分析結果の再確認的プロセスとして位置づけられているが, 多基準意思決定分析においては, より積極的な意味合いがあるように思われる. 代替案を複数の基準で評価する場合, 基準間のトレードオフが大きければ大きいほど, 特にウェイトの選択には議論があるであろうし, スコアリングについてもステイクホルダー間で認識が異なってくる. スコアリングやウェイティングについて, あいまいさや不一致がある部分のインプットを変えてみることで, 代替案の順位がどのようになり, その違いがどの程度であるかを確認することによって, 合意形成への足がかりを得ることができる可能性がある. 上位の代替案が限定されていて, それら代替案間の違いが小さいものであれば, 合意形成にそれほどの困難はないであろう. 一方, 代替案の順位の逆転が大きい場合には, 意思決定の文脈を再確認しながら新たな代替案の設定を含めたフィードバックが求められることになるかもしれない.

9-4　多基準分析の課題と可能性

　第一に, ウェイティングの問題である. ウェイティングについて多基準分析自体が示すことのできる普遍的な解はないため, ウェイティングは個々のケースに委ねられており, 状況に応じた柔軟性をもつ反面, 恣意性を孕んでいる. 公的な意思決定において多基準分析を行うことによって複雑な社会の選好をよりよく反映させ, 厚生の増進を図ろうとするならば, そこで用いられるウェイティングは社会の選好にきちんと対応しているか, あるいは少なくとも近似していると判断できるものでなければならない. 近年では参加型アプローチの模索の潮流のなかでステイクホルダーを含む多様な人々の選好を反映させようという参加型の試みもなされてきており, 参加型に対応したウェイティング手法が求められている.

　第二に, 多基準分析だけの問題ではないが, 分析結果が決定をするわけではなく, あくまでも意思決定のための客観的情報を提供するに過ぎないことがあげられる. このため, 政治的意図から分析結果が意思決定に反映されな

いことが常にありうる．これに対して多基準分析ができるのは，説明責任が求められる場合に，分析のプロセスと結果を「審査の跡（audit trail）」として広く提供することによって責任の所在を示唆することである．このため，分析のプロセスは決してブラックボックスであってはならないのである．

　評価において争点が多い場合，代替案の選択は混乱しがちである．選挙においてしばしば生じるジレンマのように，有権者は候補者の掲げる政策目標のすべてに無条件で賛同しているわけではなくても，いずれかを選ばなくてはならないし，いったん選択が行われてしまえば，個々の基準に対する選好は埋没してしまう懸念がある．選択の困難さのために選択すること自体をあきらめてしまうことも投票率の低さにつながっているのかもしれない．しかし，どのような社会システムもより多くの人々の選好を汲み取る努力なしに健全な社会に向けて十分な効果は発揮できないだろう．困難であるとしても，投票行動に必ずしも顕著に表れてはこないサイレントマジョリティさらにはサイレントマイノリティを含めた社会の複雑な選好を組み込む努力を忘れてはならない．

学習課題

1. 個人的な選択問題を設定し，多基準分析のプロセスを適用して考えてみよう．
2. 公的な選択問題を設定し，多基準分析のプロセスを適用して考えてみよう．

参考文献

岡田憲夫，キース・W・ハイプル，ニル・M・フレイザー，福島雅夫『コンフリクトの数理──メタゲーム理論とその拡張』現代数学社，1988 年．

シュレーダー＝フレチェット，クリスティン『環境リスクと合理的意思決定──市民参加の哲学』松田毅監訳，昭和堂，2007 年．

ネイカンプ，P.／デルフト，ヴァン／リートヴェルト，P.『多基準分析と地域的意思決定』金沢哲男・藤岡明房訳，勁草書房，1989 年．

萩原清子編著『環境の評価と意思決定』東京都立大学出版会，2004 年．

林清忠『農業の意思決定分析──多基準と多主体のマネジメント』養賢堂，2000 年．

原科幸彦編著『市民参加と合意形成──都市と環境の計画づくり』学芸出版社, 2005 年.

堀江典子・萩原清子・木村富美子・朝日ちさと「環境の評価と意思決定支援のための多基準分析の活用に関する一考察」『地域学研究』第 37 巻第 4 号, 2008 年, pp. 1097-1107.

Clemen, Robert T., *Making Hard Decisions An Introduction to Decision Analysis*, 2nd Edition, Duxbury Press, 1996.

Department for Communities and Local Government, *Multi Criteria Analysis: A-Manual*, 2009 [https://www.gov.uk/government/publications/multi-criteria-analysis-manual-for-making-government-policy]. (2017 年 10 月 30 日閲覧)

Gal, Tomas/ Stewart, Theodor J./ Hanne, Thomas (eds.), *Multicriteria Decision Making: Advances in MCDA Models, Algorithms, Theory, and Applications*, Kluwer Academic Publishers, 1999.

Getzner, Micheal/ Spash, Cleve/ Stagl, Sigrid, *Alternatives for Environmental Valuation*, Routledge, 2005.

Goodwin, Paul/ Wright, George, *Decision Analysis for Management Judgment*, 5th Edition, John Wiley & Sons, 2014.

Hanley, Nick, "Cost-benefit analysis and environmental policymaking", *Environment and Planning C: Government and Policy*, Vol. 19, 2001, pp. 103-118.

Keeney, Ralph L./ Raiffa, Howard, *Decisions with Multiple Objectives: Preferences and Value Tradeoffs*, Wiley, 1976 [reprinted, Cambridge University Press, 1993].

Klauer, Bernd/ Drechsler, Martin/ Messner, Frank, "Multicriteria analysis under uncertainty with IANUS-method and empirical results", *Environment and Planning C: Government and Policy*, Vol. 24, 2006, pp. 235-256.

Niemeyer, Simon/ Spash, Clive L., "Environmental valuation analysis, public deliberation, and their pragmatic syntheses: a critical appraisal", *Environment and Planning C : Government and Policy*, Vol. 19, 2001, pp. 567-585.

Olson, David L., *Decision Aids for Selection Problems*, Springer, 1996.

Proctor, Wendy and Drechsler, Martinv, "Deliberative multicriteria evaluation", *Environment and Planning C: Government and Policy*, Vol. 24, 2006, pp. 169-190.

Vincke, Philippe, *Multicriteria Decision-aid*, Wiley, 1992.

Yoon, K. Paul/ Hwang, Ching-Lai, *Multiple Attribute Decision Making: An Introduction*, Sage Publication, 1995.

第10章

公共政策の評価制度

··· キーワード ···

政策評価
行政評価
プログラム評価
業績測定
アカウンタビリティ
形成的評価
包括的評価
参加型評価

　地域マネジメントにおける行政部門の役割は大きいが，その活動や政策の必要性，有効性，効率性は自動的に保証されるわけではない．政策のプロセスを把握し評価することができるような体制をとり，評価結果に応じて政策を改善したり説明責任を果たしたりすることが必要である．本章では，政策の評価の必要性と目的を整理し，政策科学における評価の理論と手法，日本の国と地方自治体における評価制度について解説する．さらに，評価が抱える課題と，地域マネジメントにおける行政部門の立場の変化の流れから，今後の評価の方向性を考える．

10-1　政策評価の必要性と目的

　地域課題を解決するために，政府部門による社会的介入，すなわち政策が策定される．たとえば，道路や水道のようなインフラは，公共財や自然独占の性質を持つため，市場では供給が過少となるから，政府部門が直接供給したり整備主体に補助金を出したりする．環境汚染によってもたらされる公害問題は外部不経済の性質を持つため，政府部門が環境基準や汚染物質の排出基準に関する規制によって介入する．さらに，人権や格差是正の観点から，公的給付や累進課税といった所得再分配機能をもつ政策を実施するのも政府部門の役割である．

　このように政策は，生活者が地域の住民や生産者として生活しているだけ

では解決しないさまざまな「市場の失敗」や公平性の問題などに対処するための営みである．しかしながら，政府部門によるその政策が，真に必要な課題に対して，過不足なく，効果的に実施される保証はどこにもない．政策に関する意思決定の多くは，市場メカニズムになじまない課題を扱うだけに，情報が不十分であったり，政治あるいは行政の事情に左右されたりすることもあり，常に合理的な意思決定や適切な資源配分を達成することは難しい．そこで，そのような「政府の失敗」を発見あるいは予防するために，政策が目的に対して合理的であること，すなわち政策の「必要性」，「効率性」，「有効性」をチェックし，検証するプロセスである政策評価が必要となる．

　政策評価の目的は，主に二つに整理される．政策の「改善」および政策の「アカウンタビリティ」である．評価という行為は，実は私たち個人の意思決定においても頻繁に行っている．つまり，私たちは行動のプロセスと結果を予測したり振り返ったりし，それらがもたらす効果を確認して，次なる行動を決めたり，自分自身や周囲を納得させたりする．換言すると，自らの意思決定の結果の「改善」と「アカウンタビリティ（ここでは納得と解釈しておこう）」を目的として，評価という行為を行っている．これを評価の「反射的必要性」（田中，2014）という．

　このように，個人的な意思決定に際して「改善」と「アカウンタビリティ」を目的として評価を行うことは当たり前の行為である．しかしながら，政策の場合には，この二つの目的は必ずしも当たり前ではなくなる．個人の意思決定の場合，意思決定する主体，意思決定したことを実行する主体，そしてその結果の影響を受ける主体は自分，つまり同一人物である．一方，政策の場合には，政策を意思決定するのは議会および行政，実行するのは行政，その結果の影響を受けるのは国民や住民であり，それぞれの主体が異なる．政策を実施する主体はその結果の影響を直接に受けるわけではないから，評価によって政策を「改善」しようとするインセンティブは弱くなる．また，政策が議会や住民の要望を反映して決定されるとしても，あえて政策の出来不出来を説明して「納得」を得るアカウンタビリティのインセンティブもまた弱い．

　このように政策の形成と実施にはさまざまな主体が関わるために，政策の

受益者，利害関係者，納税者である地域の生活者が，政策の「必要性」，「効率性」，「有効性」の情報を得られにくい構造がある．そこで，政策を「改善」するため，また「アカウンタビリティ」を確保するために，政策に関する情報を調査分析し，公開するプロセスを評価として制度化する必要があるのである．前者の政策を「改善」するための評価を「形成的評価（informative evaluation）」，後者の「アカウンタビリティ」を確保するための評価を「包括的評価（summative evaluation）」という．

10-2　政策評価の理論

10-2-1　政策のとらえ方

　政策評価の前提として，政策を体系，プロセス，マネジメント・サイクルによって整理しよう．

　政策の体系は，対象分野とその方向性を表す政策（Policy），政策を実現するための具体的な内容を説明する施策（Program），施策を実現するためのアクションを示す事業（Project）という段階的な構造をとる．たとえば，「都市交通の利便性および快適性の向上」という政策目標があるとき，それを実現するための施策の一つが「都市内の交通渋滞を緩和する」であり，そのために「交差点を立体化する」事業や「路上工事時間を縮減する」事業が実施される．すなわち，事業の集合体が施策であり，施策の集合体が政策となる．政策体系のうち，政策評価の対象となるのは主に施策および事業である．

　政策のプロセスとは，政策体系のそれぞれの段階における過程の把握の仕方であり，投入資源（Input），活動（Activity），結果（Output），成果（Outcome）の流れでとらえられる．たとえば事業レベルの政策において，事業費は投入，事業の実施が活動，提供される公共サービスが結果，事業の目的の達成度合いを成果と整理することができる．政策プロセスの要素は，それぞれが前段階との因果関係の連鎖で結ばれている．結果は投入と活動を原因とし，成果は結果または投入や活動を原因とする．政策評価は，そのような因果関係の連鎖を想定し，検証し，運営と意思決定にフィードバックするための情報の収集と分析の活動である．

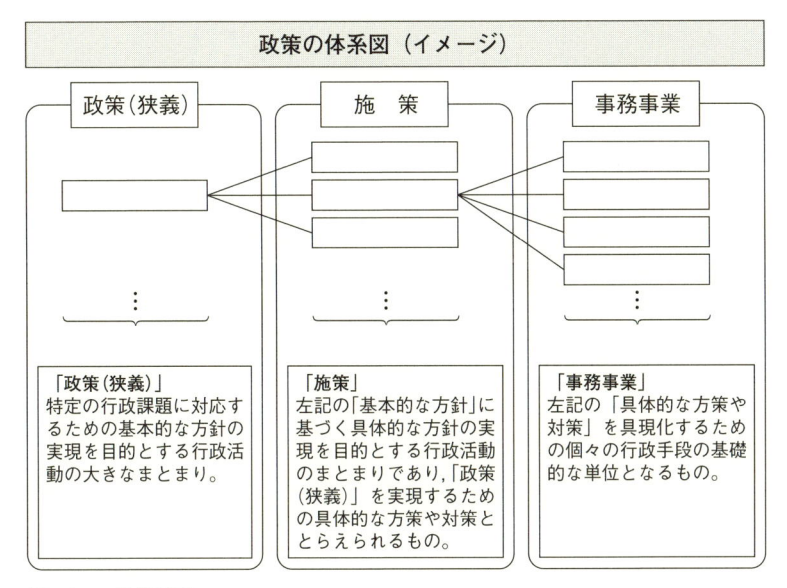

図 10-1　政策体系

出典：総務省行政評価局（2017）．

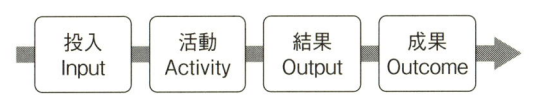

図 10-2　政策のプロセス

　政策のマネジメント・サイクルは，政策を企画立案（Plan），実施（Do），評価（Check），改善（Action）の循環的過程としてとらえる概念である（PDCAサイクル）．一般的には，サイクルの中の「評価」のステップが政策評価に該当するとされるが，評価のタイミングは必ずしも政策の実施後ではない．図 10-3 は，評価のタイミングにかかわらず，マネジメント・サイクルのそれぞれの段階に対応する評価手法の例を挙げた．たとえば，政策の決定のためには事前評価を実施する．事前評価とは，政策プロセスとその因果関係の想定の妥当性を予測によって検証する評価である．また，政策の実施段階おいては，モニタリングあるいは中間評価により，政策の結果及び成果（中間・最終）の実績値を計画値と比較し，政策の実施と進捗を検証する．評価段階

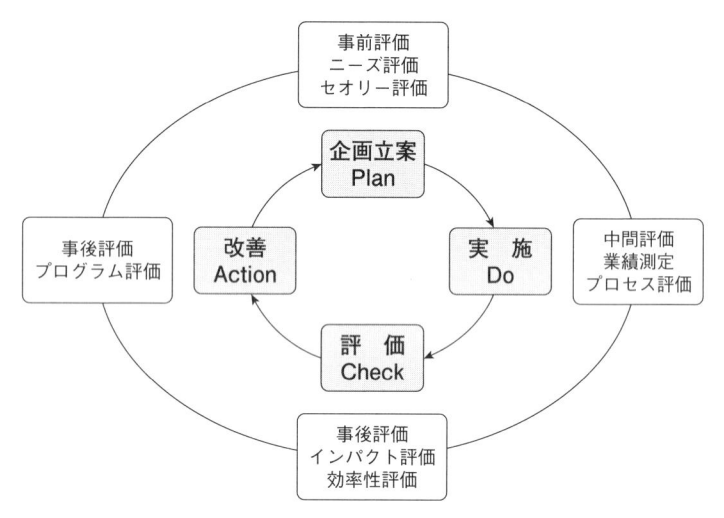

図 10-3　マネジメント・サイクル（PDCA サイクル）と評価

及び改善段階に対応するのが事後評価である．事後評価は，政策，施策，事業の終了後，一定の期間をおいたのちに成果の発現を検証するとともに，それらの最終的な価値の判断と将来の計画・実施に向けた提言を行う評価活動である．

10-2-2　プログラム評価

　政策評価は，社会科学の諸理論を基礎とする政策科学の領域で発展してきた．その体系は今日では概ね「プログラム評価」と「業績測定」から成る．「業績測定」は，「プログラム評価」の前提となる情報収集の必要性から生まれた経緯をもつことから，まず包括的な評価の枠組みである「プログラム評価」を概観しよう．

　プログラム評価とは，政策を「プログラム」としてとらえ，経済学，政治学，社会学などの社会科学の理論と手法を用いて情報の収集・分析を行うものである．プログラム評価は，ニーズ評価，セオリー評価，プロセス評価，インパクト評価，効率性評価（コスト・パフォーマンス評価）の五つの評価課題から成り立っている．ニーズ評価は，プログラムが対処しようとしている

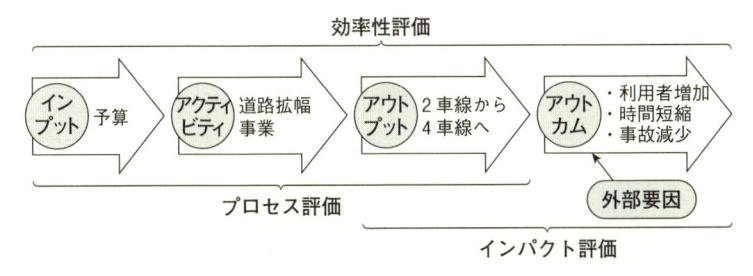

図 10-4　プログラム評価のイメージ（道路改良事業の場合）

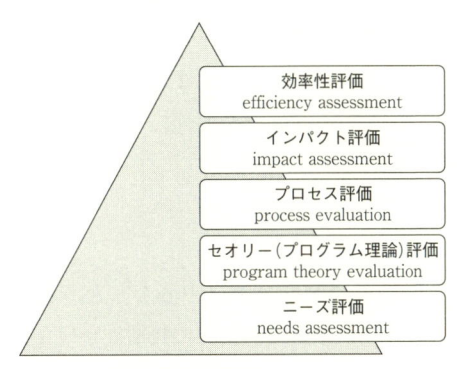

図 10-5　評価課題の階層性

出典：ロッシ／リプセイ／フリーマン（2005）より筆者作成.

社会的状況を明らかにし，プログラムが必要か否かを判断する．セオリー評価とは，施策の投入から結果，成果までの因果関係の想定と検証を行うことによって，施策の論理的構造を明らかにするものである．プロセス評価とは，施策が当初意図した通りに実施されているかを検証する評価であり，実施プロセスを継続的に測定するモニタリングが含まれる．インパクト評価とは，施策の対象に改善がみられたか否か，また，どの程度の改善があったかを評価するものである．特に，施策の成果を明らかにする際には，施策以外の要因や偶然の影響を取り除くことが必要であり，無作為実験法を基本とするさまざまな手法が提示されている．効率性評価は，施策の費用と効果を比較するものであり，費用便益分析（Cost-Benefit Analysis: CBA）と，効果の貨幣換算を行わないより簡便な手法である費用効果分析（Cost Effective Analysis:

CEA）との 2 種類が代表的な手法である．道路事業を例とすると，政策のプロセスにおける各評価の位置づけは図 10-4 のように表される．

　これらの五つの評価課題は，図 10-5 のように階層的な構造となっている．上位の段階の分析課題は，それより下位の分析課題の情報に基づいて初めて分析が可能となる．たとえば，図 10-4 の事例において，インパクト評価は，アウトプットの状態に対してアウトカムを評価するが，たとえば用地買収の遅れによって車線の増加が一部実現していないとすると，アウトカムの時間短縮の効果は完全には発現しない．プロセス評価によって，計画通り事業が進捗したかというプロセス評価の情報なしにインパクト評価を行っても，評価結果は実態を表さないことになってしまう．また，五つの評価課題は必ずしもすべて実施するわけではなく，評価の必要性に合わせて，いくつかの評価課題を組み合わせて設計される．

10-2-3　業績測定

　業績測定は，プログラムのモニタリングを中心とした，より簡便で実用的な評価手法である．プログラム評価は事後的に長期間かけて実施されるが，それでは評価の結果が政策の立案や実施に必要なタイミングで提供されるとは限らないという限界に対応して 1970 年代にアメリカで開発された．具体的には，政策の目的に対して，成果を測定する指標と数値目標を設定し，定期的にその指標値を収集することにより目標の達成度合いをモニタリングする．

　業績測定のプロセスは次の 6 段階から成る．すなわち，①目的及び目標の明確化，②評価指標の選定，③目標値の設定，④指標値の収集，⑤定期的な比較分析，⑥実績の報告・提言，である．それぞれの段階における内容を表 10-1 に示す．

　プログラム評価と業績測定は補完的関係にある．業績測定はプログラム評価による政策プロセスのセオリー（因果関係）が設定されて初めて可能となる一方，プログラム評価にとっては業績測定による指標値が重要な情報となる．さらに，プログラム評価は科学的な分析手法による客観性が重視されることから政策の企画立案や外部評価に適するが，業績測定は目標管理指向であることから，政策の執行におけるモニタリングや内部評価に適するという特徴をもつ．

表 10-1　業績測定の内容

プロセス	内容	要件・留意点
①目的及び 目標の明確化	政策の目標と優先順位を明示する．	定量化された値ではなく，時間の経過に耐えうる質的な定義が望ましい．
②評価指標の選定	プログラムの目標に対応した成果，コスト，原因を特定し，測定指標を開発する．サービス対象者及び提供者のグループ別に集計できるように指標を設定することが望ましい	成果の測定指標が満たすべき要件： ⅰ）一つの成果は一つ以上の測定値で把握されること ⅱ）可能な限り定量化されていること ⅲ）測定の対象期間が明示されていること
③目標値の設定	成果について，現状の指標値を収集して基本値（ベースライン）を観察した上で，測定指標の実績値を比較するための基準（ベンチマークを設定する）．	ⅰ）ベンチマークを目標値とする場合：必要性，類似の事例の最高値や平均値，過去のトレンドの延長などによって設定する ⅱ）目標値を設定できない場合：目標としての意義は持たないが比較は可能である比較基準（前年度実績値など）を設定する
④指標値の収集	定期的な測定により，指標値の実績データを収集する．	測定の期間は，計画，予算，実施プロセスに応じて決定する．
⑤定期的な比較分析	成果とコストについては，目標値（ベンチマーク）と実績値との比較を行う．実施プロセス，制度，計画については，機能したか否か，改善されたか否かを分析する．	分析は，定量的かつ簡便であることが望ましい．
⑥実績の報告・提言	実績値と目標値との比較から，サービス提供の問題点を特定し，報告書としてまとめる．	報告書は親しみやすく，意志決定者に加え，議会や市民へ公開されることが有用である．

出典：源（2016）をもとに筆者作成．

10-3　政策評価の制度

10-3-1　国の政策評価

■ 導入の経緯

　国の政策評価制度は，行政改革会議最終報告（1997 年）において「評価機能の充実の必要性」として言及され，中央省庁等改革の柱の一つとして導

入された．2001 年に，「行政機関が行う政策の評価に関する法律」が成立し，2002 年に施行された．政策評価の目的は，「①国民本位の効率的で質の高い行政を実現すること」「②国民の視点に立ち，成果重視の行政を実現すること」「③国民に対する行政の説明責任を果たすこと」（「政策評価に関する基本方針」2001 年）とされる．つまり，政策を「改善」，および国民に対する「アカウンタビリティ」という本来的な必要性のもとに政策評価が制度化されてきた．2007 年に規制の事前評価，2010 年には租税特別措置に係る政策評価，さらに 2013 年には目標管理型の政策評価が本格導入され，評価の対象や手法の拡充が図られている．

　一方，2009 年に民主党政権への政権交代時に，別途，新たな政策の評価の取り組みが始まった．国の事業の必要性等について公開の場で検討し，きわめて短期間に廃止や見直しを求めることのできる事業仕分けである．事業仕分けは断続的に実施され，2010 年度から各府省が自主的に事業を点検する行政事業レビューが実施されている．行政事業レビューとは，国のすべての事業について，「PDCA サイクル」が機能するよう，各府省が点検・見直しを行う「行政事業の総点検」である．政策の評価という用語は用いられていないが，事業の執行状況や資金の流れをチェックして予算編成に反映させることとなっており，政策評価の一種とみなすことのできる取り組みである．

　行政事業レビューは，政策評価制度と比較すると，各事業の点検の過程を全面公開する「公開性」と，外部の有識者による点検により外部の視点を活用するという「外部性」が特徴的であり，評価の透明性によって「アカウンタビリティ」が強化されているといえる．一方，きわめて短期間に多くの事業について一定の点検結果を出すことから，無駄の削減の結論には結びつきやすいが，効果の高い事業に見直すという「改善」のためには，熟議型による公開議論の必要性が指摘されている．また，政策評価制度と併存するため，情報の相互活用や双方の結果の一覧性など，広義の評価として制度の連携強化が求められ，2013 年には政策評価制度の「実績評価（目標管理型の政策評価）」との連携がなされた．

　■ 評価の枠組み

　政策評価の代表的な観点は，「必要性」「有効性」「効率性」である．また，

政策評価制度の方式は,「事業評価」「実績評価」「総合評価」の 3 方式から成る．事業評価は政策の決定の事前に，主に個々の事務事業を対象として実施されるのに対し，実績評価および総合評価は事後に施策レベルを対象として実施される．事業評価は事業の採否や選択のため，実績評価は政策の不断の見直しや改善，総合評価は問題点の把握とその原因分析を目的とする．

　これらの観点や方式は，プログラム評価理論の評価課題と整合的である．評価の観点の「必要性」はニーズ評価の課題であり，「有効性」「効率性」はプロセス評価を踏まえたインパクト評価と効率性評価の課題である．また，評価方式についても，事業評価が効率性評価，実績評価がプロセス評価，総合評価がプログラム評価全体の実施に該当する．特に，プロセス評価に該当する実績評価は，さらに業績測定として強化された．実績評価は，2012 年度から「目標管理型の政策評価」として改善されたが，その意図は，目標値の定量的な設定によって達成度が明確になる業績測定の利点をより活かすものとなっている．施策の事前分析表により，施策のアウトプットやアウトカムの指標，指標の基準値と目標値，達成手段，期間などを一覧できるようにし，「メリハリのあるわかりやすい評価」により説明責任を徹底することとしている．

10-3-2　地方自治体の行政評価

■ 導入の経緯

　日本における政策評価は，国に先駆けて先進地方自治体において始まった．国の行政機関の評価制度が政策評価と呼ばれるのに対し，自治体の評価制度は行政評価と呼ばれるのが一般的である．

　日本で初めて評価を組織的かつ全体的に行政活動の中に組み込んだ事例は，1996 年に三重県が導入した「事務事業評価システム」である．2000 年代に入ると，行政評価を導入する自治体は急速に増加し「行政評価ブーム」と呼ばれる状況となった．2002 年以降，行政評価の導入自治体数は増加しており，表 10-2 によれば，2016 年における導入率（全自治体数に占める行政評価導入自治対数の割合）は 61.4% となっている．都道府県と指定都市は全団体が導入済みであり，市区においても 83.5% が導入している．町村は 4 割弱にとど

まっているが，試行中及び検討中の団体を合わせると 84.4% が行政評価の実施および導入に取り組んでいる．

　自治体における行政評価が急速に制度化されてきた社会経済的な背景は，①行政改革の必要性，②アカウンタビリティの拡張，③ニュー・パブリック・マネジメント（New Public Management：以下 NPM と略す）の影響，である．

　①行政改革は，1970 年代の石油危機を契機として高度成長から低成長時代へと移行したことに伴い，それまでの「大きな政府」路線から行政事務の縮小と民営化による「小さな政府」への転換に始まった，行政部門の減量化をめざす改革である．1980 年代のバブル経済期に，多くの自治体は公共事業をはじめとする財政支出を拡大し，続く 1990 年代のバブル崩壊後には税収が落ち込むと同時に，景気対策のためのさらなる財政支出を余儀なくされた．また，将来を見据えると構造的な支出増大の要因がある．まず，少子高齢化のための社会保障費，福祉費の増大が見込まれる．さらに，高度経済成長期に整備されたインフラや公共施設が老朽化しており，機能維持のための大規模な更新投資が必要となっている．このような財政需要に対して，国による調整と補助の制度は，国自体の財政の悪化により見直しがなされ，従来のような依存が不可能になってきていた．こうした厳しい財政状況の中で，行政評価は，予算の無駄を省き財政を立て直すための行政改革の手法として注目され，多くの自治体で相次いで導入されることとなった．

　②アカウンタビリティの拡張とは，アカウンタビリティが表す「説明責任」を果たすべき対象が拡がってきたことを表す．従来，自治体が制度的に負うアカウンタビリティとは，議会に対して，法令や制度が規定する範囲内の施策の運営状況を説明する責任であった．この狭義のアカウンタビリティは，行政機関の不祥事や政策運営への不満を背景として，対象は住民一般へ，内容は施策や組織の全般的な状況へと拡がることとなった．この広義のアカウンタビリティを果たすために，自治体では広聴や広報，市民参加を強化してきている．行政評価は，行政の活動や意思決定を調査分析し公開する取り組みであるから，広義のアカウンタビリティを果たすための役割を果たすことが期待された．

　③NPM は，1980 年代後半のイギリスやニュージーランド等のアングロ・

表 10-2　行政評価の導入状況（2016 年 10 月 1 日現在）

（単位：団体数）

	都道府県	指定都市	市区町村	中核市	施行時特例市	市区	町村	合計
導入済	47 (47)	19 (19)	1033 (994)	44 (41)	36 (40)	593 (588)	360 (325)	1099 (1060)
試行中	0 (0)	0 (0)	66 (92)	0 (0)	0 (0)	20 (35)	46 (57)	66 (92)
導入予定あり	0 (0)	0 (0)	420 (459)	1 (1)	1 (0)	42 (46)	376 (412)	420 (551)
導入予定なし	0 (0)	0 (0)	118 (126)	0 (0)	0 (0)	12 (14)	106 (112)	118 (126)
過去に実施していたが廃止した	0 (0)	1 (1)	84 (51)	2 (0)	0 (0)	44 (27)	38 (24)	85 (52)
合計	47 (47)	20 (20)	1721 (1722)	47 (42)	37 (40)	711 (710)	926 (930)	1788 (1789)
導入割合 （平成25年度 導入割合）	100% (100%)	95.0% (95.0%)	60.0% (57.7%)	93.6% (97.6%)	97.3% (100%)	83.5% (82.8%)	38.9% (34.9%)	61.4% (59.0%)

※全地方公共団体を対象。
出典：総務省『地方公共団体における行政評価の取組状況等に関する調査結果』2017 年.

サクソン系諸国における革新的な行政改革の理論的な背景となる枠組みであ
り，民間企業の経営理念や手法等を行政の現場に導入することにより，政
府部門の有効性や効率性を高めようとする試みの総称として用いられている.
具体的な改革の概念は，①民営化，②権限委譲，③成果志向型マネジメント，
④顧客志向型マネジメントの四つである．これらにより，政策を効率的に実
施するための新たな行政マネジメントを支援することを目的とする．NPM
による行政改革が指向されてきた背景には，政府の役割が変化してきたこと
が挙げられる．第二次大戦後，先進国における政府の主な役割は，経済成長
を支えるインフラ整備や福祉国家の構築であり，政府部門の役割に多くを求
める「大きな政府」が志向された．しかしながら，1970 年代に入ると「大
きな政府」を支えるための財政負担の増大が問題となり，さらに政府部門の
効率性の悪化が指摘されるようになった．これらの「政府の失敗」に対応

すべく，1980 年代に入ると「小さな政府」を実現するための行政改革手法として，NPM が注目されることとなった．NPM を実現するための手法は，市場メカニズムの導入と行政活動の評価である．市場メカニズムは分権的な主体による効率性を実現するシステムであることから，効率性の追求，顧客ニーズの満足，権限委譲による現場のインセンティブの改善に合致する．一方，評価は，行政活動のモニタリングを通じて，成果主義のための成果の測定や，アカウンタビリティの確保に実効性を持たせる役割を果たす．

■評価の枠組み

行政評価は，先駆的事例であった三重県の「事務事業評価システム」を参考として制度的枠組みを構築してきた自治体が多い．三重県の評価システムは，業績測定を採用したものであった．すなわち，評価対象の事業や施策のアウトプットやアウトカムに指標と目標値を設定し，指標のモニタリングにより目標の達成状況を明らかにする．総務省（2017）によれば，行政評価を導入している団体のうち，部分的にでも評価指標を導入している団体数は99.9％となっており，ほとんどの自治体が業績測定タイプの評価手法を導入していることがわかる．

行政評価の対象は，事務事業，施策，政策であるが，ほとんどの団体で事務事業を対象とした評価を実施しており，施策・政策と併せて体系的な評価を行う団体も増加している．評価の体制には，事業担当課や行政改革の担当課が実施する内部評価と，外部有識者の専門性を活用するために行う外部評価がある．行政評価を導入している団体のうち，外部評価を導入している団体は 2016 年度の調査において 46.5％であり，その割合は増加傾向にある．また，アカウンタビリティのために議会への審査，報告・説明，資料配布を行う団体は，導入団体中 55.9％となっている．また，住民へのアカウンタビリティの一環として，住民等から意見を取り入れる仕組みを設ける団体は，導入団体の 45.0％となっている．

10-4　政策評価の課題と方向性

1990 年代後半から，自治体の先進的な取り組みと政策評価法の成立を経

て確立した政策評価・行政評価は，行政改革の効率化ツールとしての評価
への過大な期待が外れたことによる「評価疲れ」と呼ばれる状況を引き起
こしながらも，行政運営に根付いた．しかしながら，評価の活用によるア
カウンタビリティと政策の改善には多くの課題がある．たとえば，総務省
（2017）に挙げられる行政評価の課題の上位は，「行政評価事務の効率化」（導
入団体の 79.5%），「評価指標の設定」（同 78.5%），「予算編成等への活用」（同
71.3%）となっている．評価の努力に対して，評価指標設定の困難さから評
価結果に信頼性が不足し，予算編成等への活用に至らない状況が課題となっ
ている．

　これらの課題を考えるにあたって，政策評価のもつ二つの側面，すなわち
「科学」による政策評価と「ガバナンス」における政策評価を検討してみよう．
前者は，政策評価の理論と手法の基礎が科学的分析にあることを示す．政策
の意思決定には科学的根拠（エビデンス）に基づく情報が必要であることに
異論はないであろう．政策評価の理論と手法は，その科学的根拠を提示する
ことを追求してきたものであり，アカウンタビリティや政策の改善において
その役割の意義は変わらない．

　一方，後者のガバナンスとは，政策過程における政府部門の立場の変化を
表す．ここでガバナンスとは，「政策結果に影響力を行使しようと参加する
多様な主体のネットワーク」を意味する（秋吉ら，2015）．政府はそのネットワー
クの一員であり，政策はネットワークのメンバーの相互作用によって形作ら
れる．このとき，政府の役割は，公共サービスの直接供給や規制から，多様
な主体間の連携や協力を支援するための環境整備へと変化している．このよ
うな政府の立場の変化を踏まえると，アカウンタビリティおよび政策の改善
の内容も異なってくる．行政部門が議会や住民と相対し，政策の妥当性を証
明するための従来のアカウンタビリティでは，評価活動は政策の利害関係者
から距離をおいて客観性や中立性を確保することが求められる．一方，ガバ
ナンス型のアカウンタビリティでは，評価活動は，ネットワークのメンバー
が政策の形成プロセスを共有することで，政策の内容や手続きを妥当なもの
と認め，さらにメンバー間の連携や協力を促すことが目的となる．

　このような目的のためには，ネットワークのメンバー，つまり利害関係者

が評価活動に参加する「参加型評価」が求められる．参加型評価の定義は，「評価の主体として，評価の技術・知識を持つ専門家集団のみならず，評価対象のプログラムに関わりのある人々を巻き込み，ともに評価を行う形」（源，2016）である．参加型評価には複数のアプローチがあり，参加者の討議過程を経る「熟議民主主義型評価」，評価結果の活用者を評価に巻き込むことで実用性を高める「実用重視型評価」，政策の受益者である個人や組織が評価主体となり自己決定能力を高める「エンパワーメント評価」などがある．参加型評価は，参加者の評価に関する対話のプロセスによって，各自が自らの意見を振り返りつつ政策の意味を再構築することから，アカウンタビリティを高め，政策の改善に直接結びつきやすいという有用性をもっている．

　公共部門における参加と主体を強調するガバナンスは，ニュー・パブリック・ガバナンス（New Public Governance: NPG）と呼ばれ，成果と効率性の評価を強調する NPM を修正し，行政部門と NPO 等の社会組織，そして住民が共に公共サービスを生産することを重視する（工藤，2016）．日本の行政評価においても，外部評価における市民の参加や，ワークショップ形式による参加型の評価を採り入れる自治体が増加している．政策への科学的アプローチと NPM を二本柱として設計されてきた評価制度や手法は，NPG を前提とした参加型評価の導入など，公共部門のあり方の変化に伴って不断の改革途上にあるといえる．

学習課題

1. あなたがこれまでに評価を受けた経験（例：成績評価，サークルのオーディションなど）について，評価の目的，対象，評価者，評価基準，結果の使われ方を整理し，「よい」評価とはどのような評価かについて考えてください．

2. あなたが関心のある地域の政策（事業あるいは施策）を一つ挙げてください．それを評価するためには，プログラム評価の五つの評価課題のうち，どの評価課題を適用すべきか，考えてください．

3. 政策の評価のプロセスに「参加」すると，どのような利点と課題があるか，考察してください．

参考文献

秋吉貴雄・伊藤修一郎・北山俊哉『公共政策学の基礎（新版)』有斐閣，2015 年.

工藤裕子「NPM は終わったのか？――New Public Governance と New Political Governance を中心に」『Eco-forum』第 31 巻第 4 号，統計研究会，2016 年，pp. 9-16.

総務省『地方公共団体における行政評価の取組状況等に関する調査結果』2017 年.

総務省行政評価局『政策評価 Q & A（政策評価に関する問答集)』平成 29 年 10 月版，2017 年.

田中啓『自治体評価の戦略――有効に機能させるための 16 の原則』東洋経済新報社，2014 年.

源由理子『参加型評価――改善と変革のための評価の実践』晃洋書房，2016 年.

ロッシ，ピーター・H.／リプセイ，マーク・W.／フリーマン，ハワード・E.『プログラム評価の理論と方法――システマティックな対人サービス・政策評価の実践ガイド』大島巌・平岡公一・森俊夫・元永拓郎監訳，日本評論社，2005 年 [Rossi, Peter H./ Lipsey, Mark W./ Freeman, Howard E., *Evaluation: A Systematic Approach*]。

「政策評価に関する基本方針」平成 13 年（2001 年）12 月 28 日閣議決定，2001 年.

Column 4

費用便益分析と参加・合意形成
——神戸空港と和歌山電鐵貴志川線の事例より——

　費用便益分析は，国民や市民に事業の説明責任を果たすための評価ツールの一つと位置付けられている．8-1「政策の経済的評価」（108頁～）でみたように，公共事業の事前評価の多くでは費用便益分析が実施され，その結果が公表されており，関心のある人は誰でもその結果を見ることができる．事業の費用対効果は，事業の可否を判断したり意見を述べたりするための基準となり得る客観的な情報の一つである（鶴岡ら，2016）．しかしながら，実際に市民が費用便益分析というツールを用いて，事業の合意形成に関与する事例はほとんどない．市民の間で「ムダな公共事業」「必要な公共事業」といった感覚的な意見は存在する一方，「ムダ」なのかどうかを判断するためのこのツールが，市民の側から活用されることは稀である．その稀な事例である「神戸空港」と「和歌山電鐵貴志川線」の事例を概観して，費用便益分析がどのような条件のもとで，市民の政策決定における参加や合意形成に役立ち得るのかを考えてみよう．

「ミナト神戸を守る会」による神戸空港建設の費用便益分析

　神戸空港は2006年に開港した．関西では騒音問題で伊丹（大阪）空港の移転が議論され，神戸沖も移転先の候補であったが地元の反対等があり，泉州沖の関西国際空港が1994年に開港した．その後，1995年に阪神・淡路大震災が発生し，神戸空港の建設計画は，神戸市の震災復興計画に盛り込まれる形で復活した．そのため，神戸市，神戸市議会，産業界は空港建設計画を推進する一方で，建設のための財政負担を懸念する市民グループ等は建設に反対する活動を展開した．反対を主張したグループは住民投票を請求する署名を市議会に提出したが，結果として，神戸市議会は請求を却下し，神戸空港

が建設され開港に至ることとなった.

　この建設の是非をめぐる議論のプロセスで，神戸市は「神戸空港整備事業の費用対効果分析について」（神戸市，2004）で費用便益分析を公表したが，建設反対を主張した「ミナト神戸を守る会」（以下，守る会）も独自に費用便益分析を実施した．公共事業の事業主体である行政以外の主体が同時期に費用便益分析を実施すること自体が注目に値することであったが，さらに，二つの「費用便益分析」の結果は大幅に異なるものとなった.

　守る会と神戸市はいずれも，当時，国土交通省が作成していた費用便益分析のマニュアルである「空港整備事業の費用対効果分析マニュアル 1999」に準拠して分析を実施した．しかしながら，表 1 に示されるように，社会的便益については守る会が神戸市の約 1.8 倍，費用については守る会が神戸市の約 7 倍，結果として便益（B）と費用（C）の比率である B/C は，守る会が 0.51，神戸市が 2.03 という分析結果が提示された．つまり，事業の効率性について正反対の結論が得られたことになる.

表 1　神戸空港整備事業の費用便益分析の比較（単位：億円）

	神戸市	守る会：市民モデル
便益（B）	1315	2423
費用（C）	646	4719
純便益／便益費用比率(B/C比率)	668/2.03	− 2296/0.51

出典：長峯（2014）より筆者作成.

　長峯（2014）は，その理由を比較分析している．まず社会的便益について，相違をもたらした大きな要因の一つが需要者予測である．神戸市は県間の旅客流動量のデータを近畿 6 府県内の 34 のゾーンに卸売業販売価格を用いて按分してデータを作成している．対する守る会は，「2000 年度神戸空港航空需

Column 4

要予測調査報告書」のデータを用いて，各ゾーンに人口比率による按分を行ってデータを作成している．これらの違いにより，神戸市の需要予測は，関空など近隣空港との競合を考慮できない「航空対鉄道」の実績データを用いていること，按分に卸売業販売価格を用いているため都心部の予測値が高くなること，さらにポートライナーなどの乗り換え抵抗が考慮されていないこと，によって過大な推計値となったとされる．また，空港需要の価格である一般化費用を設定する際に用いられる時間価値について，神戸市の採用した値が高すぎることが指摘されている．このように，需要予測と一般化費用については神戸市の方が高い値を設定しているが，社会的便益は守る会の値の方が大幅に大きくなっている．その理由は，神戸市は神戸市と兵庫県の旅客のみを受益者として計算しているのに対し，守る会では近畿6府県の旅客を受益者と想定して計算したことであろうと分析されている．

　二つの分析は，費用についても大きく異なる．表2は，費用便益分析で考慮された費用項目と費用総額を示したものである．一見しての比較が難しいが，守る会の分析にあって神戸市の分析にないものは，土地造成費とポートライナー延伸事業建設費である．土地造成費は埋立地である空港島を造成する費用であり，後者は空港島に行くために延伸されるポートライナーの事業費である．守る会の分析では，空港建設事業だけではなく，関連する公共事業について，神戸市・兵庫県・国が投入した事業費と補助金を費用としたため，費用が神戸市の約7.3倍となっている．

表2　神戸空港整備事業の費用便益分析の比較（単位：億円）

	費用項目	総　額
神戸市	建設費，用地費，維持改良費・再投資費，運営費，維持修繕費	646
守る会	土地造成費，空港整備費，港湾整備費，ポートライナー延伸事業建設費，運営費他	4719

出典：長峯（2014）より筆者作成．

「和歌山市民アクティブネットワーク（WCAN）」による
和歌山電鐵貴志川線存続の費用便益分析

　和歌山電鐵株式会社貴志川線は，猫の「たま駅長」や「いちご電車」を擁することで有名なローカル鉄道である．高度経済成長期からの急速なモータリゼーションの流れの中，地方旅客鉄道の少なからぬ路線が廃止となってきた中で，貴志川線は鉄道事業運営の新たなビジネスモデルへの転換によって再生した事例の一つである．前身である南海電気鉄道株式会社貴志川線は，2004 年に鉄道事業法に基づく事業廃止届を提出するに至るまで，年間 200 万人弱の旅客数を有しつつ数億円の営業赤字を出し続ける状態であった．その後，存続の可能性を模索するさまざまな活動があり，結果として 2006 年に岡山電気軌道の子会社として設置された和歌山電鐵株式会社に事業継承され，鉄道として存続することとなった．

　この再生の過程において，「貴志川線存続に向けた市民報告書——費用対効果分析と再生プラン」（辻本，2005）が発表され，その中で貴志川線存続をwith ケース，貴志川線廃線・バス転換を without ケースとして，費用便益分析が行われている．この費用便益分析は，実施の経緯・体制と内容において大きな特徴がある．

　まず実施の体制については，行政や事業主体ではなく，まちづくり市民団体である和歌山市民アクティブネットワーク（以下，WCAN）が主導し，学識者の協力を得て，企画から公表に至る全過程を「地域住民参加型」および「原則ただちに公開」のもとで実施された点が大きな特徴である．それを可能にしたのは，貴志川線存廃問題以前から，モータリゼーションの進展に伴う和歌山都市圏の拡散と環境問題，持続可能性についての問題が認識され，それを議論する産官学民連携の「和歌山グランドデザイン策定委員会」という場があり，そこで市民ワークショップを積み重ねてきたという土壌があったこ

Column 4

とである．このグランドデザインの詳細検討のために WCAN 公共交通検討体が設立され，そのタスクフォースとして WCAN 貴志川線分科会が設置されていたことから，費用便益分析を含む迅速な市民報告書という成果につながった．

　費用便益分析の内容は，表3に示される．存続によって，道路渋滞緩和による時間節約，交通費の節約，事故減少，さらに大気汚染や騒音の抑制の環境面の便益を地域社会全体の観点から貨幣換算している．存続後 10 年間で便益（B）が約 124.4 億円，費用（C）が約 17.8 億円であり，B/C 比率は約 7.0 となっている．さらに，交通や環境の便益だけではなく，貴志川線の非利用価値についても可視化していることが特徴的である．貨幣換算が困難ではあるが，住民が貴志川線に対してもつ価値を，オプション価値（高齢者となったときの利用可能性）や存在価値（町のシンボルとしての価値）といった概念に基づいてリストアップしている．これらは，便益の計算には算入されないものではあるが，存続に関して必要な情報と住民が判断して，評価されるべき項目として可視化されたことが注目すべき点である．

表3　貴志川線存続の単年度便益（バス転換率を 69％と想定した場合）

		便益(100万円)
貴志川線からバスやマイカーに転換する人にとって	所要時間の節約	256.5
	交通費の節約	628.7
もともと沿線道路を使っていた人にとって	所要時間の節約	610.5
	交通費の節約	99.6
利用者と沿線住民すべての交通安全面から	交通事故の防止	34.6
沿線住民の生活環境と全地球的な環境に関して	大気汚染の抑制	6.8
	地球温暖化抑制	0.6
	騒音の軽減	1.5
事業者にとって		− 154.2
社会的便益額の合計		1484.6

出典：辻本（2006）より抜粋．

政策の意思決定における市民の参加・合意形成と費用便益分析の活用

　さて，二つの事例はともに，通常，行政が公共事業における政策プロセスの一環として行う費用便益分析を，市民団体が自発的に実施し，その結果を政策の変更や合意形成のために活用しようとしたものである．結果として，神戸空港については開港の政策決定は覆ることなく，貴志川線は事業廃止届から一転して存続となって今日に至る．政策決定に至る実態的な過程は，予期せざるものも含めてさまざまな要因が絡み合い，評価はその中の一情報にすぎない．そのことを踏まえた上で，費用便益分析を市民団体が活用した効果と意義はどのようにとらえられるであろうか．

　二つの事例はいずれも市民団体が実施した費用便益分析ではあるが，大きく異なる点が二つある．第一に，行政が実施した費用便益分析の有無である．神戸空港は，国が提供している空港整備の事業マニュアルに沿って，神戸市による評価が実施された．守る会が行った評価結果との乖離は，一つの事業単位で想定する影響と，地域住民にとっての事業の影響の範囲が異なることを示した．たとえば，空港整備事業の評価の際には，空港の整備や利用の前提となる空港島の土地造成やポートライナーの延伸は，別事業となるために対象とならない．しかし，納税者あるいは生活者である住民にとって，空港整備の関連事業は当然に一体的に評価されるべきものであった．事業単位による評価という評価体制そのもの，あるいはその形式的な運用が，事業の住民への影響と乖離することがあることを示した意義は大きい．一方の貴志川線については，県や市に公共事業としての評価を行う義務はなかったため，行政による費用便益分析は存在しない．かえってそのために国の「鉄道プロジェクトの費用対効果分析マニュアル」を超えて，住民の関心に沿った非利用価値まで示すことで，存廃の議論により多くの情報を提供することができたといえる．

Column 4

　第二に，評価を実施した市民団体を超えて，一般の市民に対してどれだけ関心や議論が広がったか，である．長峯（2014）は，神戸空港の二つの費用便益分析は，一部の専門家や市民活動家の間の議論にとどまり，分析の詳細について，一般の市民をも巻き込んだオープンな議論にまで発展しなかったことを指摘している．一方の貴志川線については，WCAN が企画した費用便益分析のための調査に，WCAN，「貴志川線のみらいをつくる会」，「南海貴志川線応援勝手連」といった住民組織や有志による組織，また存続運動のキーパーソン（浅見・小美野，2013）であった和歌山大学経済学部の辻本勝久助教授（当時）が一般の市民の参加を実現させている．また，分析結果の載った報告書を，即時無償で Web，公立図書館，住民会議，地元大学等に公開・提供し，報道機関への情報提供も行っている．さらに興味深いのは，当初の住民側の活動は盛り上がりに欠け，南海鉄道の経営努力や行政の補助等に期待した「お上頼み」（辻本，2006）の域を出なかったという．その状況が急転したきっかけが，2004 年 9 月 NHK 総合「難問解決！　ご近所の底力」での全国放送であり，そこから住民の活動が活性化し，「地域のことは地域で考え自ら行動する」という新しい動き（辻本，2006）が展開された．すなわち，貴志川線の事例では，住民組織が費用便益分析を実施しただけではなく，一般の市民がそれを認知し，関心をもち，自らの問題としてとらえるための環境が整っていたということができる．

　費用便益分析は経済学を用いた科学的な評価手法の一つであり，政策決定にあたっての有力な根拠（エビデンス）を提供してくれる．しかし，それが地域の住民に納得のいく形の説明責任を果たしたり，事業主体と利害関係者との対話を促し合意形成に役立つ形で活用されたりするためには，地域の住民の自発的な参加とそれを支援する組織や活動の存在が鍵となることがわかる．

参考文献

浅見均・小美野智紀「地方鉄道の経営再建に関する事例研究」『地域学研究』第43巻第4号, 2013年, pp. 513-526.

神戸市「神戸空港整備事業の費用対効果分析について」2004年.

辻本勝久編著, WCAN貴志川線分科会著「貴志川線存続に向けた市民報告書——費用対効果分析と再生プラン」『Working paper series』05-01, 和歌山大学経済学部, 2005年.

辻本勝久『貴志川線の社会的価値と再生までの経緯』2006年4月1日〔http://www.wakayama-u.ac.jp/~ktjapanw/kishigawasen.htm〕(2018年3月20日閲覧).

鶴岡将司・福元渉・大西淳也「公共事業における費用便益分析等の役割」『PRI Discussion Paper Series』16A-03, 2016年.

長峯純一『費用対効果』ミネルヴァ書房, 2014年.

第 Ⅳ 部

持続可能な地域のためのマネジメント

第11章

地域の持続可能性

　持続可能な発展（開発）は1987年に「我ら共有の未来」で初めて定義されて以来，数多くの論文や公文書でも使われているが，その定義に関しては今でもそのあいまいさが指摘されている．「我ら共有の未来」では持続可能な発展（開発）とは，「将来の世代が自らの欲求（ニーズ）を充足する能力を損なうことなく，今日の世代の欲求（ニーズ）を満たすような発展をいう」と定義されている．この定義において発展という言葉を厳密に定義することや将来世代のニーズを測定することはきわめて困難である．さらに，この解釈は先進国と発展途上国では異なるものと考えられるなど，共通の理解を得ることが難しい概念であるといえる．

　本章ではまず，持続可能性とは何か，何のための，どのようにして，について厚生経済学に基づいて考えてみる．ついで，地域の持続可能性に関連して，脆弱性，レジリエンスの概念を考えた上で，多様な生活者の多様なwell-beingを考慮にいれた持続可能な地域マネジメントの考え方を示す．最後に，持続可能な社会としての脱炭素社会に向けた再生可能エネルギー政策の現状を紹介する．

11-1　持続可能性

11-1-1　持続可能性とは何か

　1972年にストックホルム（スウェーデン）で開催された「国連人間環境会議」では環境問題が地球規模，人類共通の課題であることを確認し，「人間

表 11-1　持続可能な開発目標（Sustainable Development Goals: SDGs）

目標 1	あらゆる場所のあらゆる形態の貧困を終わらせる.
目標 2	飢餓を終わらせ, 食料安全保障及び栄養改善を実現し, 持続可能な農業を促進する.
目標 3	あらゆる年齢のすべての人々の健康的な生活を確保し, well-being を促進する.
目標 4	あらゆるすべての人々に公正な質の高い教育を確保し, 生涯学習の機会を促進する.
目標 5	ジェンダー平等を達成し, すべての女性及び女児が能力を発揮できるようにする.
目標 6	すべての人々に, 利用可能かつ持続可能な水と衛生環境マネジメントを保証する.
目標 7	すべての人々に, 利用可能かつ信頼できる持続可能な近代的エネルギーへのアクセスを確保する.
目標 8	包摂的かつ持続可能な経済成長及びすべての人々の完全かつ生産的な雇用と働きがいのある満足できる雇用を促進する.
目標 9	レジリエントなインフラストラクチャーを構築し, 包摂的かつ持続可能な工業化とイノベーションを実現する.
目標 10	国内及び国家間の不平等を是正する.
目標 11	すべての都市および居住を安全, レジリエント, 持続可能なものとする.
目標 12	持続可能な生産と消費形態を確保する.
目標 13	気候変動及びその影響を軽減するための緊急対策を講じる.
目標 14	持続可能な開発のために海洋・海洋資源を保全し, 持続可能な形で利用する.
目標 15	陸域生態系の保護, 回復, 持続可能な利用の推進, 持続可能な森林管理, 砂漠化への対処, ならびに土地の劣化の阻止・回復及び生物多様性の損失を阻止する.
目標 16	持続可能な開発のための平和で包摂的な社会を促進し, すべての人々に公正・公平を保証し, あらゆるレベルにおいて効果的で説明責任のある包摂的な制度を構築する.
目標 17	持続可能な開発のための実施手段を強化し, グローバル・パートナーシップを活性化する.

出典：United Nations, A/70/L.1, 18 September 2015（筆者翻訳および表作成）.

環境宣言」が採択され「世界環境行動計画」が示された. また, 同じ年にローマクラブによるレポート「成長の限界」も発表され, 地球全体として環境問題を考えることの必要性が指摘された.

　1992 年にはブラジルのリオデジャネイロで国連環境開発会議（地球サミット）が開かれた. この会議では, 21 世紀に向けて国家と個人の行動原則である「環境と開発に関するリオ宣言」, その行動計画である「アジェンダ 21」等が採択された.

　アジェンダ 21 は, 持続可能な開発のあらゆる領域における包括的な地

球規模の行動計画である．さらに，国連持続可能な開発会議（リオ＋20）
（2012年）を経て，2015年の「国連持続可能な開発サミット」において
「我々の世界を変革する：持続可能な開発のための2030アジェンダ」が採
択された．2030アジェンダは，人間，地球及び繁栄のための行動計画とし
て，17の目標と169のターゲットからなる「持続可能な開発目標（Sustainable
Development Goals: SDGs）を掲げた（表11-1）．

　持続可能な発展（開発）は1987年に「我ら共有の未来」（WCED, 1987）
で初めて定義されて以来，これに関する数多くの論文も発表され公文書でも
使われているが，その定義に関しては今でもそのあいまいさが指摘されて
いる．「我ら共有の未来」では持続可能な発展（開発）とは，「将来の世代が
自らの欲求（ニーズ）を充足する能力を損なうことなく，今日の世代の欲求
（ニーズ）を満たすような発展をいう」と定義されている．この定義におい
て発展という言葉を厳密に定義することや将来世代のニーズを測定すること
はきわめて困難である．さらに，この解釈は先進国と発展途上国では異なる
ものと考えられるなど，共通の理解を得ることが難しい概念であるといえる
（Hanley, 2001）．

　このような定義のあいまいさからどのような持続可能性か，誰のための持
続可能性かなどの問いかけもされている（O' Neill, 2008）．

11-1-2　何の持続可能性か

　国連のミレニアム生態系評価報告書（Millennium Ecosystem Assessment :
MA）では持続可能性に関して，人間のある厚生水準としてのwell-beingと
それに影響する生態系の質や持続可能性を意味している．また，well-being
という言葉は17世紀から用いられており，英国の政策目標でも使われてい
る．しかしながら，MAや英国での概念は異なっている（萩原，2013a）．国
連のミレニアム生態系評価報告書は生態系サービスとその変化が人間の多元
的なwell-being（日本語訳としては，福祉，福利，安寧，幸福，健康などがある．
環境省では，福利［『環境白書』］や豊かな暮らしあるいは生活の豊かさと訳され
ている．本章ではこのままwell-beingを用いる）に及ぼす影響を分析している．
MAでのwell-beingはSen（1984など）による人間のwell-beingの定義に従っ

表 11-2　ミレニアム生態系評価での well-being

1.　安全	2.　豊かな生活の基本資材	3.　健康	4.　良い社会的な絆
個人の安全 資源利用の確実性 災害からの安全	適切な生活条件 十分に栄養のある食糧 住居 商品の入手	体力 精神的な快適さ 清浄な空気および水	社会的な連帯 相互尊重 扶助能力
かつ　横断的に 選択と行動の自由 個人個人の価値観で行いたいこと，そうありたいことを達成できる機会			

表 11-3　Commission on the Measurement of Economic Performance and Social Progress による well-being

i.　物質的生活水準	v.　政治的意見の表明およびガバナンス
ii.　健康	vi.　社会的な交流や関係
iii.　教育	vii.　環境（現在および将来の状態）
iv.　仕事を含む個人的活動	viii.　物質的ならびに経済的な自然の不確実性

ている．つまり，人間の well-being は単に資産や所得というよりはむしろ機会やケイパビリティーズ（capabilities）の集合として定義されるものである．それゆえ，MA では，well-being の構成要素を自由や選択を支えるものとして定義している（表 11-2）．

Dasgupta（2001）でも，well-being は多元的な概念として議論されている．well-being の物質的な源泉にはさまざまな種類の自由を行使する人間の能力が含まれる．そして，社会的 well-being は個人的 well-being を集計したものであるということが論じられている．Stiglitz ら（2009）も well-being は多次元であるとし，これらの次元（表 11-3）は同時に考えることが基本であるとしている．

萩原（2013a）では，厚生は多様な要素から成る（多元的である）ことを示した上で地域住民の well-being を階層モデルとして示している（図 11-1）．第 1 レベルは生存の確保（所得，健康，安全），第 2 レベルは生活の充実（便利，快適），第 3 レベルはゆとりある生活（生きがい，交流，趣味，豊かな自然）である．人間の欲求は生存が確保されると次の生活の充実を求め，次にはゆとりある生活を求めるようになるであろう．これらの欲求を個人レベル，民間

レベル，公共レベルが各々相互に補完し合いながら満たしてゆくものと考えられる．

　図 11-1 は GES 環境の S：ソシオに含まれる都市環境において都市住民の well-being を表したものであることに注意されたい．すなわち，環境は，ジオシステム：G，エコシステム：E，ソシオシステム：S の三つのシステムで構成されると考える（萩原ら，1998）．ここで，ジオシステムとは，地球物理的法則で支配されるシステム，エコシステムは，生態学的法則によって支配されるシステム，そしてソシオシステムは，人間や社会のふるまいを支配する法則によって動かされるシステムである（図 11-2）．どのレベルも GES 環境と関連しているが，特に第 1 レベルは G の影響が大きい．一方，第 3 レベルにおいては S の影響が大きくなる．

　階層的な well-being モデルでは，社会の成長がいかなる水準にあっても，安全・安心の欲求は，それに即応して常に基底に位置付けられるべきものと考える．したがって，何の持続可能性かについては，well-being の基底にある安全・安心，すなわち，生存が確保された上での well-being の持続可能性といえるであろう．

11-1-3　誰のための持続可能性か──持続可能性と世代内公平性の議論

　つぎに，誰のための持続可能性かを考えるために，まず厚生経済学ではどのように考えられているかをみることとしよう（萩原，2013b）．厚生経済学はある目標に基づいて資源配分のあり方を評価したり，経済政策を設計したりする規範的経済学である．その基礎となる目標とは，「社会の well-being の増進」であるが，その well-being をどのようにとらえ，どのように測るか，についてはいろいろな立場や方法があり得る．

　資源配分に関して厚生経済学は以下の二つの基本定理を示している．

　　【厚生経済学の第 1 基本定理】競争均衡配分は，存在すれば必ずパレート効率的である．
　　【厚生経済学の第 2 基本定理】すべての消費者が凸選好をもっているならば，任意のパレート効率的配分は，一括税・補助金による所得の適切な再分配によって競争均衡配分として実現することができる．

図 11-1　well-being の階層モデル

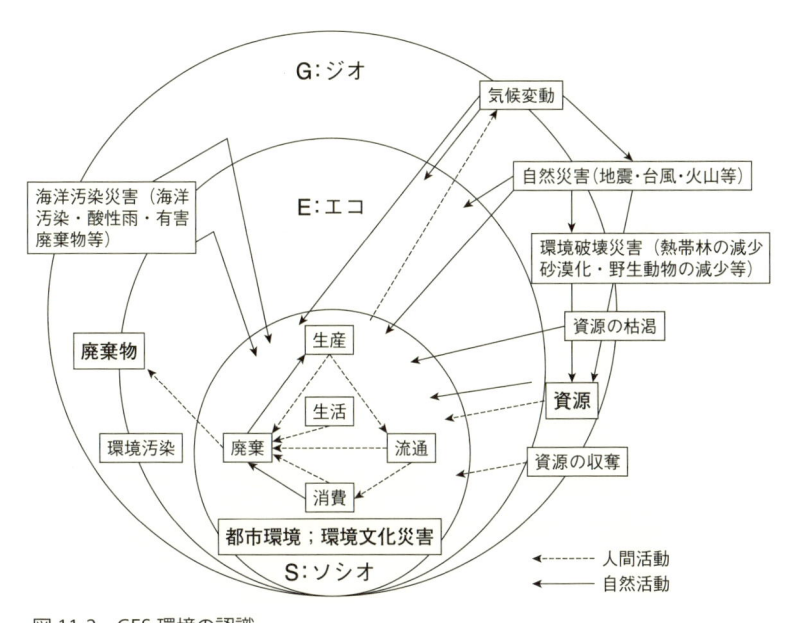

図 11-2　GES 環境の認識
出典：萩原ら（1998）を加筆・修正.

　パレート原理は，すべての人々の効用をいっせいに高める経済的変化は社会的にも望ましい，とする．パレート原理は資源配分の適否を判断するための基準として，一応の説得力をもっている．しかし，経済的変化の望ましさに関して人々の間に利害の対立が発生する場合には，この変化を実現させるべきか否かを社会的に判断する上で，パレートの基準は全く何の助けにもならない．現実のほとんどいかなる経済的変化も，ある人々の経済状態を改善し，別の人々の経済状態を改悪することによって，その変化の是非をめぐる複雑な利害対立を生むものである．したがって，パレート原理に基づいて資源配分に関する社会的な厚生判断を行える状況は，現実にはむしろきわめて稀なのである．

　これに対して人々の間で利害対立が存在する状況において人々の間での仮説的な補償の支払いを認めれば，パレート効率的であるという補償原理を提唱したのがカルドアとヒックスである．すなわち，ある政策によって損失を被る人がいたとしても，その政策によって便益を受ける人が損失を被る人を補償してもなお正の便益が残るならば，その政策は潜在的パレート基準を満たすことになる．潜在的パレート基準は，厚生が悪化する人を一人も許さないパレート効率性基準より緩い基準である．

　「新」厚生経済学の基礎とされる潜在的パレート効率性基準（カルドア - ヒックス基準）は論理的にも倫理的にも多くの難点が含まれている（Hanley/Spash, 1993 など）．この指摘に対して「新」厚生経済学の考え方では，分配の公正に関する難問をひとまず棚上げにして，経済がもつ潜在能力を予備的に判定するための部分的基準すなわち「効率性基準」（efficiency criterion）として潜在的パレート効率性基準を登場させたということになる．「新」厚生経済学では厚生判断の基準を効率性基準と公平性基準に分解した．

　公平性（equity）の議論は世代内の持続可能性に関する問題につながる．すなわち，富める者と貧しい者，先進国と発展途上国，河川の上・下流地域（一国内および多国間），などの間での不公平を維持したままでの持続可能性の問題である．要するに，多元的かつ階層的な well-being の構成要素をとらえることは，何が正義なのか，何が社会的善なのかという倫理的な問いと

不可分である．さらにこの倫理的問いは，「誰の well-being の持続可能性か」
にも向けられる．

11-1-4　脆弱性と持続可能性およびレジリエンス

　持続可能性を考えるときには，環境と付き合いながら環境と社会の未来を
どのように決めていくのかのプロセスが重要である．このプロセスにおいて
は，公平性，脆弱性，社会的疎外（無視），well-being などについて考慮す
ることが必要である．社会的無視や脆弱性や不公平な分配は将来のコンフリ
クトの種となり社会全体を不安定にさせる可能性がある．言い換えれば，意
思決定のプロセスはその結果の持続可能性に直接影響を及ぼすことになる．

　上述の well-being の第 1 レベルが脆弱であれば，持続・生存可能性の達
成が困難となろう．生存可能性とは個人の生活の維持とともにコミュニティ
がその機能を維持できることを意味している．すなわち，地域のレジリエン
スは地域の生存可能性のことである．「持続可能な開発のための 2030 アジェ
ンダ」の 17 の目標のうち特に 1 から 3（貧困の撲滅，食料の確保，健康および
well-being の増進）は生存可能性の基本である（上記表 11-1, 169 頁）．脆弱性
の程度は，被害をもたらすある事象（peril）が生起前の状態を規定する危険
事情（ハザード）によって決まる．すなわち，脆弱性は以下のように表わさ
れる（Hagihara/ Asahi, 2016）．

$$脆弱性 = f（危険事象（peril），対処（coping）：ハザード（hazard））$$

　脆弱性の程度はリスクと，家計のそのリスクへの対応能力によって決まる．
たとえば，貧困者は，（広い意味における）資産へのアクセスが限られており，
リスクに対応する能力も限られているため，脆弱となりやすい．

　対処は，リスクと潜在的な行動の選択肢に関する認知，避難・保険・事
前回避・緩和・対処などの取りうる選択肢の可能性，社会的な関係（social
capital）を活用し得る程度による個人的な対応，公的な対応で表現される．

　ここで，上述したパレート最適な状態を考慮すると，地域のレジリエンス
の改善後も残される脆弱性，すなわち，人々の間での生存可能性の差が存続
することのないような配慮が必要となろう．

11-2　持続可能な地域へのプロセス

11-2-1　多基準分析の可能性

　ピグーの厚生経済学に対するロビンズの批判に応えるかたちで登場したのが補償原理であった．一方，カルドアやヒックスらとは異なるアプローチでロビンズの批判に対応したのがバーグソン・サミュエルソンによる社会厚生関数である．政策の結果達成されるパレート効率的な資源配分の状態は初期の富の配分によって変わる．もともと所得に差のある状態を出発点とした場合，誰の状態も悪化しないことを求めるパレート効率性基準では，必然的に，改善後の状態も依然として高所得者への配分が大きい状態に決まる．このような富の初期配分の影響を問題にする場合，パレート効率性基準は厚生を評価する基準として不完全であり，効用，初期配分，消費を含む社会厚生関数を用いるべきであるという主張もある．

　バーグソン・サミュエルソン型の社会厚生関数は，経済学が解くべき資源配分問題のうち，社会的な価値判断の形成に関わる部分を切り離すことによって，厚生経済学の科学的な客観性を保とうとした．すなわち，パレート最適な配分どうしの比較は社会的な価値判断を表す社会厚生関数に照らして行われるが，その社会厚生関数がどのような価値判断を採用するかについては経済学の外部で決まる，という考え方の枠組みを与えたのである．価値判断は社会の構成員の合意によって形成されるが，アローの不可能性定理によれば民主主義的手続きによって一意の価値判断（社会的厚生関数）を決めるのは不可能である可能性が高い．

　しかし，この定理をより積極的に解釈し，選好の強度，厚生の個人間比較，社会状態（たとえば，各々の所得分配が示す不平等度，総所得あるいは平均所得の水準，ある人の先天的［ないし後天的］ハンディキャップなど，言葉の常識的な意味での倫理的判断に際しては重要な役割を果たすはずの情報）などの情報を積極的に活用する必要があるというメッセージとみなすこともできよう．個人間の比較をせずに集計的効用の増減によりさまざまな公共政策を判断するのではなく，より多くの情報を活用することを考えるべきであろう（萩原，

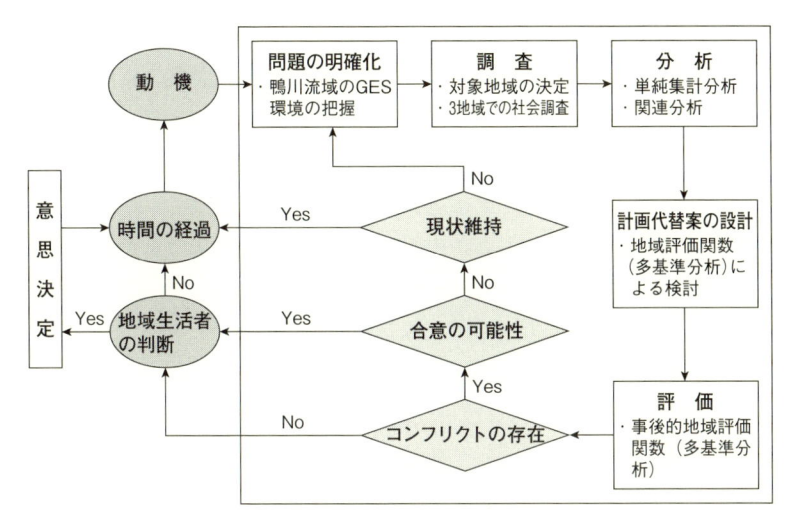

図 11-3　持続・生存可能性を考慮した地域計画

2013b）．

　近年，社会の多様化を背景として，多様な関係者（ステイクホルダー）による基準や評価を考慮することの必要性が高まってきた．つまり，複数の目的，多様な（重要度の違いや階層構造を有する）目的（基準），効率性ならびに公平性の観点などより多くの情報を，どのように取り込むかという問題意識が芽生えてきた．そこで，複数の目的（基準）をそのままの尺度で評価し，それを何らかの方法で統合しようという多基準分析（Multiple Criteria Analysis: MCA）がヨーロッパを中心として注目されつつある（第 9 章「多元的評価」参照）．特に，効率性基準ばかりでなく持続可能性の意味する多様な情報を考慮することが可能な多基準分析への期待が高くなっている（Getzner et al., 2005）．

11-2-2　システムズ・アナリシスによる持続可能な地域の創造

　以下では，持続可能性の意味する多様な情報を考慮することが可能な多基準分析を含むシステムズ・アナリシスに拠った適応的地域計画方法論を示す（図 11-3）．適応的地域計画方法論は問題の明確化，調査，分析，計画代替

案の設計，評価，コンフリクトマネジメントで示される一連のプロセスであり，十分な評価が得られず合意の可能性がなければ，代替案の再設計や場合によっては問題の明確化まで戻ることになる繰り返し（入れ子構造）がシステムズ・アナリシスの大きな特徴である．なお，入れ子構造とは，このプロセスのどこにおいても，たとえば調査，分析，代替案の設計，評価，コンフリクト分析いずれにおいても，このシステム全体プロセスの思考が含まれるということを意味している．入れ子構造という特徴により当初の計画代替案作成の場合にも整備後にも適用できるシステムである．このプロセスでは，（計画）情報への参加と意思決定への参加が可能である．

図11-3は京都市内を流れる鴨川流域の少子高齢化がより進行し，生活機能の低下が著しい上流地域としての大原と雲ケ畑，そして下流の市街地の銅駝地域を対象として行った「持続・生存可能性を考慮した水辺環境マネジメント」（萩原ら，2011）に基づいている．

11-3　持続可能な社会としての脱炭素社会に向けて

11-3-1　パリ協定

COP3（気候変動枠組条約第3回締約国会議，1997年）時に採択された「京都議定書」に代わる新たな国際的枠組み「パリ協定」がCOP21（2015年12月）で採択され，21世紀後半までに人間活動による温室効果ガスの排出量を実質的にゼロにする方向性が打ち出された（表11-4）．パリ協定は米中，インド，EUなど，既定数の55か国以上が批准し，2016年11月に発効した．パリ協定の最大の意義は温室効果ガスの排出削減を先進国のみに義務づけた京都議定書の枠組みから脱却し，発展途上国を含むすべての国が温暖化対策に取り組むことにある．

パリ協定発効以降，世界各国で温室効果ガス削減のための取り組みが始まり，フランスとイギリスは2040年までにガソリン車，ディーゼル車の販売を禁止し，電気自動車（EV）へシフトしていくとしている．温室効果ガス削減のための脱炭素社会を実現するために交通分野でのEVの普及や化石燃料に代わる再生可能エネルギーの活用が求められている．

表 11-4　　主要国の温室効果ガスの削減目標

国　　名	温室効果ガスの削減目標
日本	2013 年比　2030 年までに 26％削減
アメリカ	2005 年比　2025 年までに 26 〜 28％削減
EU	1990 年比　2030 年までに 40％削減
中国	2005 年比　2030 年までに 60 〜 65％削減（GDP 当たりの CO_2 排出量）
インド	2005 年比　2030 年までに 33 〜 35％削減（GDP 当たりの CO_2 排出量）

11-3-2　再生可能エネルギー

エネルギー資源は石油，石炭，天然ガス，水力，原子力などの在来型資源と非在来型資源に分けられ，非在来型資源は再生可能型（太陽光，太陽熱，風力，波力，潮力，地熱などのソーラーエネルギー型，アルコール（エタノール）やメタンガスなどのバイオマスエネルギー型，水素エネルギーや核融合などの未来型など）と再生不可能型（オイルシェール，オイルサンドなどの石油代替物，石炭液化，石炭ガス化など）に分けられる（藤岡，2009）．

日本では再生可能エネルギー源は法律（再生可能エネルギー特別措置法，2011 年）で「エネルギー源として永続的に利用することができると認められるもの」として規定されており，太陽光，風力，水力，地熱，バイオマスが挙げられている．世界的には地理的・社会的特性によってそれぞれの国で優先される再生可能エネルギーは異なっている．たとえば，アメリカでは，枯渇性の化石燃料とは異なり，再生することができ，いつまでも持続して使用できるエネルギー源として定義しており，五大エネルギーとして，バイオマス，水力，地熱，風力，太陽エネルギーを挙げている（藤井，2014）．

発電電力量に占める再生可能エネルギーの発電比率（2014 年）は諸外国に対して日本は低い（表 11-5）．

2015 年，日本政府は温室効果ガス削減目標のための「長期エネルギー需給見通し（エネルギーミックス）」を策定し，2030 年の電源構成で再生可能エネルギーを 22 〜 24％と見通している．なお，この見通しでは，原子力 22 〜 24％，化石燃料 56％程度としている．対して，主要国の再生可能エネルギーの目標は，表 11-6 に示すとおりである．

表 11-5 発電電力量に占める再生可能エネルギーの発電比率 (2014年)

国　名	発電電力量に占める再生エネルギーの発電比率
ドイツ	27.6％（水力を除くと24.5％）
スペイン	40.3％（水力を除くと26.1％）
イギリス	20.3％（水力を除くと18.5％）
フランス	16.9％（水力を除くと5.6％）
アメリカ	13.4％（水力を除くと7.3％）
日本 (2015年)	14.6％（水力を除くと6.0％）

出典：経済産業省（2017）をもとに筆者作成.

表 11-6 主要国の再生可能エネルギーの目標

国・地域名	目標値ドイツを除き2030年
イギリス	総発電量の40 ～ 65％
フランス	総発電量の40％
EU	総発電量の45％
アメリカ(カリフォルニア州)	総小売電力量の50％
アメリカ（ニューヨーク州）	最終エネルギー消費の40％
ドイツ	2050年に総発電量の80％，その達成のため，2025年までに40 ～ 45％，2035年までに55 ～ 60％
日本	電源構成で再生可能エネルギーを22 ～ 24％，原子力22 ～ 24％，化石燃料56％程度（2015年「長期エネルギー需給見通し（エネルギーミックス）」による）

出典：植田・山家（2017）を参考に筆者作成.

11-3-3　再生可能エネルギー導入の課題

■ 固定価格買取制度

　2012年7月に開始された再生可能エネルギーで発電した電気を事前に決めた価格で電力会社などが買い取ることを保証する制度である．あらかじめ政府が高めの買取価格を設定し，それを長期にわたって固定する．これにより，再生可能エネルギー発電事業者の収益を保証することにより投資を促すものである．

　再生エネルギー事業者は新規参入者の割合が高く，送電会社の裁量により

送電網に接続されない，給電されないということがあり再生可能エネルギー導入の障壁となっている．そのためドイツなどの固定価格買取制度では，再生可能エネルギー発電設備の優先接続や優先給電も義務付けている．送電部門による競争阻害行為を防止するとともに，再生可能エネルギーの電気を有効利用できることになる．

固定価格買取制度は売電に対する補助であり事業者の着実な発電・売電を促すことと，導入を加速しながらコスト低減を促す仕組みになっている．しかしながら一方で，送電会社の赤字を埋めるために消費者に課す賦課金の負担が問題となっている．

固定価格取引制度の運用は容易ではないが，この制度を実施した国は数十カ国におよび，再生可能エネルギーの導入という意味では大きな成果をあげている（高橋，2017）．なお，2016 年にこの制度の認定制度や買取価格設定方法の見直しなどによる改正が行われている（詳しくは植田・山家［2017］；高橋［2017］などを参照されたい）．

■ 発電コスト

日本では再生可能エネルギー導入の障壁の一つとして他の電源と比較して発電コストが高いことが挙げられている（経済産業省，2017）．

発電コストに関しては，国際再生可能エネルギー機関（IRENA）は 2010 年から現在までに太陽光発電のコストが 73％，陸上の風力発電のコストが約 25％下落したとの調査結果を発表した．さらに，同機関は，太陽光発電のコストが 2020 年までに 2017 年比で半減する可能性があると見込んでいる（IRENA，2018）．また，近年，新興国での再生可能エネルギー導入が目覚ましいが，この背景にあるのは太陽光発電や風力発電のコスト低減である（高橋，2017）．

■ 系統制約

系統制約には，容量面と変動面の系統制約がある．容量面での制約としては，①局所的な系統制約（連系のために送電線の増強が必要），②エリア全体の系統制約（需給一致のために余剰電力の出力制御が必要）がある．変動面での系統制約は，太陽光や風力の出力変動に対応するための調整力の拡大が必要とされている（経済産業省，2017）．

　しかしながら，系統制約に応ずるための系統連系問題の障壁は技術的要因ではなく，制度上の不備や不作為に起因するとされている（植田・山家，2017）．実際，再生可能エネルギー導入の先進国に一つであるスペインでは，気象予測による発電出力予測を活用し，一定規模以上の再生可能エネルギー電源へのリアルタイム制御を行いつつ，常に電力系統の安定運用を維持している（経済産業省，2017）．

11-3-4　地方自治体の脱炭素社会への取り組み

　国としての脱炭素社会に向けての再生可能エネルギー導入の動きが鈍いのに対し，民間（産業界，金融機関，機関投資家など）や地方自治体では国に先んじて脱炭素社会に向かい始めている．ドイツでは1980年代の民営化路線から大きく転換し，再公有化が始まっている（植田・山家，2017）．日本国内でも多くの自治体で再生可能エネルギー関連の条例が制定されている．たとえば，滋賀県湖南市では2012年に「湖南市地域自然エネルギー基本条例」^{（注1）}が制定され，再生可能エネルギー資源の地域利用をめざしている．さらに，エネルギーの地産地消を含んだ脱炭素社会に向けた施策は国内でもいくつかの自治体でみられる（表 11-7）．ヨーロッパでは木質バイオマスを中心とした自然エネルギーの利用により地域経済状況が改善した例もあり（自然エネルギー研究センター［ホームページ］），エネルギーの地産地消は検討の余地があろう．

　再生可能エネルギーは全体としては望ましいものと考えられているが，実際に風力発電の設置への地元住民からの反対や地熱利用に対する温泉組合などの利害関係者間での対立なども生まれている．総論賛成，各論反対が再生可能エネルギー導入においてもみられる．意思決定プロセスの明確化がここでも望まれる（図 11-3, 177 頁）．

　　（注1）「自然エネルギー」は日本では再生可能エネルギーと同義で使われている．
　　　　　英語での表現としては，natural energy ではなく green energy が同義で使われ
　　　　　ることが多い．

表 11-7　地方自治体による脱炭素社会への取組例

地　域	名称・目標など	内　容
宮城県東松島市	レジリエンス都市実現に向けて（東松島市スマート防災エコタウン）	復興事業と合わせて『環境未来都市』づくりを推進. 日常はエリア内でのエネルギーを地産地消し，地球温暖化防止に貢献．万が一の際は，住居に加え，周辺の病院，公共施設へも電力を供給できる，災害に強いまちづくり.
岡山県真庭市	バイオマス産業杜市の推進（回る経済）	木材利用，バイオマスエネルギーによる地域内経済循環を産み出す.
岡山県津山市	低炭素都市津山（豊かな自然と快適な都市機能を後世に引き継ぐ持続可能な環境に優しいまち）	市民協働発電所，超小型モビリティの活用，など
徳島県	脱炭素社会に向けた新たな羅針盤	気候変動対策推進条例. 自然エネルギー，水素エネルギーの最大限導入.
長野県	長野県環境エネルギー戦略	地球温暖化対策と環境エネルギー政策を統合した計画. 自然エネルギー（太陽光発電，小水力発電，バイオマス，グリーン熱：太陽熱・地中熱・温泉熱など）の普及.
福岡県みやま市	地域電力の挑戦	地産地消の再生可能エネルギーのインフラを整え，環境を保全しながら地域コミュニティと地域産業振興を推進.
北海道下川町	木質バイオマス地域熱供給システム	木質バイオマスエネルギーの利用による CO_2 排出削減. 地域資源活用により域内経済の内部循環化や燃料代削減による子育て支援の充実，など.

出典：環境省（2017）をもとに筆者作成.

学習課題

1．あなたにとっての well-being の内容を考えてください.

2．SDGs を日本の現状から評価してみてください.

3．あなたにとって関心のある地域の「持続可能な地域」をどのように計画するか考えてみてください.

4．日本のエネルギー政策について考えてみてください.

参考文献

植田和弘・山家公雄編『再生可能エネルギー政策の国際比較──日本の変革のため
　　に』京都大学学術出版会，2017 年．

環境省『長期大幅削減・脱炭素化に向けた基本的考え方』（環境省中央環境審議会地
　　球環境部会長期低炭素ビジョン小委員会第 11 回資料），2017 年 1 月 19 日［https://
　　www.env.go.jp/press/y0618-11/mat04-1.pdf］（2018 年 2 月 10 日閲覧）．

経済産業省『再生可能エネルギーの大量導入時代における政策課題について』（経済
　　産業省資源エネルギー庁省エネルギー・新エネルギー部「再生可能エネルギー
　　の大量導入時代における政策課題に関する研究会」第 1 回配布資料），2017 年 5
　　月 25 日［http://www.meti.go.jp/committee/kenkyukai/energy_environment/
　　saisei_dounyu/001_haifu.html］2017 年 8 月 17 日最終更新（2018 年 2 月 10 日閲覧）．

自然エネルギー研究センター（ホームページ）［www.nerc.co.jp］（2018 年 2 月 10 日
　　閲覧）．

鈴村興太郎『厚生経済学の基礎──合理的選択と社会的評価』一橋大学経済研究叢書，
　　岩波書店，2009 年．

高橋洋『エネルギー政策論』岩波書店，2017 年．

萩原清子編著，朝日ちさと・坂本麻衣子著『生活者からみた環境のマネジメント』
　　昭和堂，2008 年．

萩原清子「持続可能性とウェルビーイング（well-being）──階層的多基準分析の有
　　効性」『地域学研究』第 43 巻第 3 号，2013 年（a），pp. 307-324．

萩原清子編著『環境の意思決定支援の基礎理論』勁草書房，2013 年（b）．

萩原清子・萩原良巳・河野真典「都市・地域の持続・生存可能性を考慮した水辺環
　　境マネジメント」『地域学研究』第 41 巻第 1 号，2011 年，pp. 59-75．

萩原良巳・萩原清子・高橋邦夫『都市環境と水辺計画──システムズ・アナリシス
　　による』勁草書房，1998 年．

藤井秀昭『入門・エネルギーの経済学』日本評論社，2014 年．

藤岡明房「不安を抱える資源・エネルギー」萩原清子編著『生活者が学ぶ経済と社会』
　　昭和堂，2009 年．

Dasgupta, Partha, *Human Well-Being and the Natural Environment*, Oxford
　　University Press, 2001.

Getzner, Micheal/ Spash, Cleve/ Stagl, Sigrid, *Alternatives for Environmental
　　Valuation*, Routledge, 2005.

Hagihara, Kiyoko/ Asahi, Chisato eds., *Coping with Regional Vulnerability:
　　Preventing and Mitigating Damages from Environmental Disasters*, Springer,

2016.

Hanley, Nick, "Cost-benefit analysis and environmental policymaking", *Environment and Planning C: Government and Policy*, Vol. 19, 2001, pp. 103-118.

Hanley, Nick/ Spash, Clive L., *Cost-Benefit Analysis and the Environment*, Edward Elgar, 1993.

IRENA (International Renewable Energy Agency), "Onshore Wind Power Now as Affordable as Any Other Source, Solar to Halve by 2020," Press Releases, January 2018 [www.irena.org/newsroom/pressreleases/2018/Jan/Onshore-Wind-Power-Now-as-Affordable-as-Any-Other-Source] (2018 年 2 月 10 日閲覧).

O' Neill, John/ Holland, Alan/ Light, Andrew, *Environmental Values*, Routledge, 2008.

Sen, Amartya, *Commodities and Capabilities*, Oxford University Press, 1984.

Stiglitz, Joseph E./ Sen, Amartya/ Fitoussi, Jean-Paul, Report by the Commission on the Measurement of Economic Performance and Social progress, 2009 [www. stiglitz-sen-fitoussi.fr] (2018 年 2 月 10 日閲覧).

WCED, *Our common future: The World Commission on Environment and Development*, Oxford University Press, 1987.

<table>
<tr><td>

第 12 章

生活者の参加

</td><td>

··· キーワード ···

参加
政治参加
行政参加
司法参加
社会参加
情報公開
合意形成

</td></tr>
</table>

　地方分権の推進により，地域のことは地域の住民が自分たちで決定し（自己決定），その責任も自分たちが負う（自己責任）という行政システムが実行段階に入り，参加のかたちは多様化している．意思決定における選択プロセスの正当性と判断そのものの妥当性とを確保するために参加は不可欠であるが，参加には手間も時間もかかる．本章では，「参加」の概念と意義について整理した上で，生活者の参加の構造をあきらかにする．選挙などの政治参加，委員会等への出席やパブリックコメントをはじめとする行政参加，裁判員制度や検察審査会制度による司法参加，地縁や知縁による社会参加に加え，寄付等も参加の一形態とすることができ，参加のかたちは多様である．生活者の参加を有効なものとしていくためには，参加の位置づけや誰が参加するのかといった問題，コストやリスクも考慮しながら参加のメニューをさまざまなかたちで用意し，より多くの人々の選好をできるだけ適切に反映させる努力が求められ，また，参加する生活者自身の力量も問われるようになる．

12-1　参加の概念

12-1-1　参加とは

　参加 participation とは一般に，団体や活動に仲間として加わることであり，『広辞苑』（第 7 版）によれば「①なかまになること．行事・会合・団体な

どに加わること．②法律上の関係に当事者以外の者が関与すること」である
が，参加の概念は，用いられる背景や文脈によってやや異なる捉え方，定義
がなされるようである．

　たとえば，政治学の領域における参加は，選挙を根幹とする政治参加を
中心に民主主義の成立要件として位置づけてられている（たとえば，蒲島
［1988]）．国政も地方自治も政治参加の基礎は選挙であり，生活者は自らの
考えで政党あるいは候補者を選択し，1票を投ずることによって参加してい
る．憲法は代表民主制（間接民主主義）を基本としているが，直接請求，住
民監査請求，住民訴訟などの直接民主主義的制度が代表民主制を補完してい
る．これらは，既に制度化された権利でありシステムとしての参加であると
いえる．また，法学の領域においては，参加の権利などの法的課題が議論さ
れているが，田村（2006）は，住民参加という概念が実法上の用語ではなく
きわめて多義的に用いられており，「地方行政への住民の参加」という伝統
的概念から，「住民」概念においても「参加」概念においても，量的にも質
的にも大きく変容してきたとしつつ，多様な参加形態は法的な整序になじま
ないほど複雑であり，数々の実験が試行錯誤の形態をとりつつ行われている
段階で，参加のあり方の一般論やその法的整備のための方法論はまだ確立さ
れていない，としている（田村，2006）．

　一方，地域開発や途上国開発，農村開発などの領域では，従来，参加はプ
ロジェクトにおける地域住民の関与として捉えられ，参加型開発として参
加の意味を問いつつ多様な手法が試みられてきた（たとえば，チェンバース
［2007]，佐藤［2003]）．参加は開発の理念上も実践上も重要性を増し，近年
では，住民のエンパワーメントのプロセスとして捉えられ，さまざまな議論
がなされている．たとえば，参加は手段なのか目的なのか，役に立つのか立
たないのか，などである．参加を参加主体のエンパワーメントのプロセスと
捉えるならば，その意義は参加主体内部にあり，政治参加のようなシステム
としての参加とはやや異なる概念といえるかもしれない．しかしながら，参
加主体の内部がどのようにエンパワーメントされているかはともかく，表面
に現れるのは何らかの具体的な行動としてである．

　参加の程度による分類にもさまざまな試みがある（たとえば，Arnstein [1969],

表 12-1　Pretty による参加の類型化とコントロールの度合い

参加の類型化		外部者の コントロール	参加主体の コントロール
passive participation	受動的な参加		
participation in information giving	情報提供による参加		
participation by consulting	相談による参加		
participation for material incentives	物質的報酬のための参加		
functional participation	機能的な参加		
interactive participation	相互的な参加		
self-mobilization	自己動員(自主自律的な参加)		

注：Pretty (1995), Pretty et al. (1995) をもとに筆者作成．Pretty (1995) においては，「participation in information giving（情報提供による参加）」がなく，最上段に「manipulative participation（ごまかしの参加）」を位置づけている．

Pretty [1995])．このうち Pretty による類型化は，参加の度合いを 7 段階に類型化したものであり，表 12-1 のように外部者のコントロールと参加主体のコントロールとの影響が相反的にかかわっている．前述した参加主体のエンパワーメントのプロセスとしての参加は，このような類型で整理されることになる．ただし，多くの場合，参加の程度の議論においては，参加主体のコントロールの度合いがより強い，すなわち参加の程度が大きいほど，レベルの高い，望ましい参加と考えられている．エンパワーメントのレベルがより高く，意思決定への影響の程度がより大きく，より責任が大きいほど，よい参加である，という認識である．

12-1-2　参加の意義と機能

　従来，参加の意義は伝統的な議会制民主主義を補完することにあるとされてきた．しかし，住民（あるいは市民）の選好が，その代表であるはずの議会に反映されるとは限らないという議会の限界が，公害問題を経て環境問題，消費者問題などの生活領域において特に顕在化し，また，そのような諸問題の中で生じた人権意識が，具体的な行政上の計画や政策に対する批判となって，人権を守り主張する方法としての住民参加のパターンが形成されてきた．このような展開を踏まえ，田村は，住民参加が，もはや議会制民主主義の補

充でも単なる立法政策でもなく，憲法上の基礎をもったシステムとして理解されることとなるであろうとしている．田村はまた，個々の行政の意思決定及び執行の過程に向けられた住民参加の飛躍的拡大の理由は，議会能力の相対的な低下とともに現実の政策決定における主要な役割が行政部の手に委ねられ，住民意思や要求の反映は，むしろ個々の政策ごとに行うことがより効果的であると見られること，また，行政の肥大化に伴い，行政側においても情報収集能力が相対的に低下して，決定の合理性のために住民参加の必要性を増大せしめていることなどに求められ，その結果，参加の形態は非常に多様化，複雑化しているとしている（田村，2006）．

　多様かつ複雑な様相を示す参加の意義と機能を一般化することは困難かと思われるが，そのいくつかを整理することを試みる．第一に，議会制（あるいは代表制）民主主義の補完である．田村の指摘するとおり，憲法の国民主権及び人権保障のなかで，参加は憲法上の要求するシステムとしての理解を獲得していくこととなるのであろうが，現時点では，やはり議会の補完としての位置を出るにはいたっていないように思われる．第二に，透明性の確保である．参加がない場合と比べて，参加がなされる場合には，さまざまな行政情報の公開が前提となり，また，意思決定の過程についても開示性が高まると考えられる．第三に，情報の収集である．現代の多様化，複雑化した社会の中では，さまざまな立場，多角的な視点からの情報が求められるが，参加はそのような情報収集の場として機能することが期待される．第四に，利害の事前調整による事後の紛争予防であり，協力要請である．以上のうち，第三と第四については，特に，ニーズが多様化し行政への要求が拡張かつ細分化していくなかで，限られた資源で行政サービスを成立させていくための効率性という点からも重要となるであろう．

12-2　生活者の参加のかたち

　政治参加は政治への参加であるが，このように何に参加するかという観点からは，行政参加，司法参加，社会参加あるいは地域参加などがある．

12-2-1　政治参加

国政への参加と地方自治への参加とでは異なるが，国政も地方自治も政治参加の基礎は選挙である．憲法は代表民主制（間接民主制）を基本としているが，表 12-2 にあげたように，直接請求，住民訴訟などの制度も保障されており，特に地方自治レベルでは直接請求などの直接民主主義的制度が代表民主制を補完している．

12-2-2　行政参加

一般に，市民参加あるいは住民参加として焦点を当てられるのが行政参加である．法律により制度化された参加もあれば，条例や規則など自治体独自の制度に基づく参加，制度化されていない参加もある．これまで行政により担われてきた公的サービスを，市民，NPO，事業者などとの協働によりすすめていく仕組みの構築が求められるようになり，表 12-3 に示したように，多くの自治体が会合の場を設けたり，書面あるいはインターネットを活用して，さまざまなかたちで取り組んでいる．

12-2-3　司法参加

司法に国民の感覚を反映させるという趣旨で導入されている制度に，くじで選ばれた一般国民が参加する裁判員制度と検察審査会制度がある（表 12-4 参照）．
　裁判員制度は，一定の重大な犯罪について選ばれた裁判員が刑事裁判に参加し，被告人が有罪か無罪か，有罪の場合どのような刑にするのかを裁判官と一緒に決めるもので，2009 年に導入された．原則，1 事件につき裁判官 3 人と裁判員 6 人で行われる．一般から選ばれた裁判員が参加することによって，国民の視点，感覚が，裁判の内容に反映されるとともに，裁判が身近になり，司法に対する理解と信頼が深まることが期待されている．
　検察審査会制度は，選ばれた 11 人の検察審査員が検察官の不起訴処分の当否を審査するもので，検察官の職務の上に一般国民の良識を反映させ，その適正な運営を図ろうとする目的から設けられたものである．1948 年の法施行から，これまで 59 万人以上が検察審査員又は補充員に選ばれ，17 万件

表 12-2　地方自治における現行法上の主な参加制度

代表民主制	首長，議員の選挙
直接民主制	直接請求制度（条例の制定改廃請求,事務監査請求,議会の解散請求,首長・議員・主要公務員の解職請求），住民監査請求，住民訴訟，特別法に関する住民投票，請願，陳情，町村総会

表 12-3　行政参加のかたち

名称	概要
委員会	政策立案等に際して設置される検討機関．学識経験者や関係諸団体代表に加え，公募による市民委員枠を設ける場合がある．
市民会議	公募市民を中心として会議自体も市民が主導的に運営していく委員会．人数規模が多い場合，分科会に分かれて活動するのが一般的．
公聴会	国や地方機関が重要事項を決定する際に，利害関係者や学識経験者などの公述人から意見を聞く会．第二次大戦後に GHQ（連合国軍総司令部）が導入．
住民説明会	特定の政策や事業等について広く市民の意見を聞くため，あるいは説明を行うために開く会合．
パブリックコメント	行政機関が命令等（政令，省令など）を制定する際，事前に案を示して広く意見や情報を募集する手続き（意見公募手続）．
市長への手紙	市政全般にわたって随時受け付けられている．送られた意見や提案などは，担当部所で検討される．目安箱[注1] の名称で呼ぶことも多い．
市政モニター	公募に応じた市民をモニターとして登録する制度．会議や見学会への出席，調査協力などを求められる．
ワークショップ	参加者の主体性，体験，相互作用により地域の問題を考え，解決していく手法．ファシリテーターが参加者の主体性を引き出す手伝いをするのが一般的．
アンケート調査	意識やニーズを把握するため，定期的，あるいは特定の計画等に先立つ調査として実施される．
対話集会	国政レベルでのタウンミーティング[注2] のほか，自治体でも，出前トークなど市長や担当職員が住民と直接対話する機会を設定している．
電子会議室	インターネットで参加者同士が意見や情報を交換し，ネットワーク上の市民提案制度構築とコミュニティ形成をめざす会議．
シンポジウム	公開の場で討論や意見交換を行うイベント．パネリストの討論と質疑応答などから構成され，コーディネーターが議論の整理をする．
コンクール	啓発ポスターやキャッチフレーズ，公共施設やプランのネーミング，マスコットキャラクター,意見やアイデア,イラストや作文募集など．

注 1：1721 年（享保 6 年）に八代将軍徳川吉宗が庶民の要求や不満などの投書を受けるため，江戸城辰ノ口評定所前に設置した．窮民の療養施設である小石川養生所の設置，町火消による防火制度の整備などにつながったとされる．

注 2：行政が開催する地域住民との対話型集会．1977 年に米国カーター大統領が実施したのがはじまりで，わが国では小泉政権が導入して広く知られるようになったが，参加者の動員やヤラセ質問などが問題化した．

表 12-4　裁判員制度と検察審査会制度

	裁判員制度	検察審査会制度
職　務	一定の重大な犯罪の刑事裁判に参加し，有罪か無罪か，有罪の場合どのような刑にするかを裁判官と決める．	国民の中から選ばれた検察審査員が主に検察官の不起訴処分の当否について審査する．
人　数	1 事件につき，原則 6 人（その他補充裁判員もいる）	1 審査会につき 11 人（同数の補充員もいる）．ただし，3 か月ごとに約半数が入れ替わる．
任　期	参加する対象事件の公判開始から判決まで．多くの場合 3 日から 5 日程度．	6 か月．ただし，1 か月のうち 1，2 回の審査会議へ出席（全国平均）．

に上る事件を審査してきた．その中には，交通事故や窃盗など身近で起こる事件だけでなく，水俣病事件，日航ジャンボジェット機墜落事故，薬害エイズ事件，明石花火大会事故，JR 福知山線脱線事故，福島第一原子力発電所事故をはじめ社会の注目を集めた重大事件もある．

12-2-4　社会参加・地域参加

　社会参加という言葉は就業や地域活動を通して家庭外での活動として広い意味で一般的に使われている．主に居住地域では地域参加として町内会や自治会，自主防災組織，青年団，子ども会，婦人会，老人会，学校ごとに組織される PTA などといった組織の構成員として，地域の清掃，防犯，見守り，交流活動をはじめそれぞれの役割を担った活動がある．これらの住民組織の多くは，それぞれ上位組織を構成して行政組織と関係している．地域の図書館や公園や福祉施設でボランティアとして活動する参加もある．また，居住地域にかならずしも限定されない NPO・NGO などの活動組織を通して参加するかたちもある．

　価値観の多様化，都市化，生活圏の広域化，核家族化，単身世帯の増加などが進むにつれ，地縁をベースにしたコミュニティの衰退が指摘されてきたが，1995 年 1 月に発生した阪神・淡路大震災を契機に，地域コミュニティの有効性，必要性があらためて認識されるようになり，少子高齢化時代の地域の助け合い，地域教育力，防犯上，防災上などの観点から再構築が模索されるようになった．

　また，やはり阪神・淡路大震災を契機に広く認知されるようになった災害ボランティアの活躍は，その後も，ナホトカ号重油流出事故や，東日本大震災，熊本地震をはじめ頻発する地震災害や洪水や土砂災害などの被害が発生する都度，復旧復興の強力な支援パワーとして定着し，欠かせない力となっている．

　行政とは異なる観点や価値観から福祉，教育，環境，防犯といったさまざまな分野で取り組む市民活動団体は，その役割に見合った発言力も得るようになってきている．

　また，近年では企業による CSR（corporate social responsibility，企業の社会的責任）の一環として，社員が地域活動などに取り組むなど，環境や地域を意識した活動を積極的に行う企業も増えている．CSR とは，企業が利潤を追求し法令を遵守するだけでなく，人権尊重，適正雇用，消費者対応，環境配慮，地域貢献などを適切に行うなど，企業が社会の構成員として果たすべき責任のことである．そのような企業組織を通した地域活動も重要である．

12-2-5　その他の参加

　参加には，主に頭を動かすことが期待されている参加と，主に身体を動かすことを期待されている参加とがあるように思われる．そのような参加以外にも，寄付など資金提供による参加，支持を表明する参加，なども重要である．赤い羽根共同募金，歳末助け合い募金，被災地支援の義援金など，日本では広く寄付を集める活動が行われており，東日本大震災の際には国民の 4 人のうち 3 人が何らかの寄付をしたといわれている．しかしながら，諸外国と比べると未だ寄付文化が根付いているとはいえないようである（Column 5「世界寄付指数」参照）．

12-3　参加の諸相

12-3-1　参加の位置づけ（目的なのか手段なのか）

　参加についての議論でしばしば問題とされるのは，「手段としての参加」と「目的としての参加」である．「手段としての参加」は，既に設定された目的や目標を達成するために参加を利用するものであり，この場合，参加は

目的達成のためのアプローチの一つであって，重視されるのは参加そのもの
のありようではなく目的が達成されたかどうかである．これに対して「目的
としての参加」は，参加そのものが目的とされる場合であり，特に開発問題
においては参加という行為自体が地域の人々をエンパワーするプロセスであ
るという理解がメインストリームとなり，プロジェクトの既成目標を単に達
成することではなく，住民がエンパワーメントされたかどうか，すなわち自
主的な参加能力が高められたかどうかが重視され，そのため，ここではエン
パワーのプロセスとしての「参加」のありよう自体が問われることになる．

　「手段としての参加」と「目的としての参加」は，固定的とは限らない．た
とえば，政策立案などの場面で「市民参加による○○計画づくり」などという
ような場合，当初，市民参加を導入することに決める時点では，透明性の向上
や，市民の多様なニーズの反映などによるより良い計画の策定などを目的とし
て，その目的達成のための手段として参加型で実施するという論理で行われる
であろう．しかしながら，参加型で実施すると決めたとたんに市民が参加する
ことが意義となり，参加自体が目的化，形骸化してしまうこともありうる．つ
まり，「手段としての参加」が「目的としての参加」に移行してしまう場合が
あるということである．ここでいう「目的としての参加」は参加型開発におけ
る住民のエンパワーメントとしての参加とは異なる形式である．

　単なる情報提供にとどまる参加から実際の判断を行う主体的な参加まで，
目的に応じて参加の程度には相違があり，濃淡がありうる．参加の主な目的
を表 12-5 に示した．

12-3-2　参加の主体（誰が参加するのか）

　「市民参加」あるいは「住民参加」という言葉は，誰が参加するのかとい
う観点からの言葉である．篠原（1977）は，包括概念としての「政治参加」
の一つの発展形態として，市民運動との関連から参加型民主主義の時代にお
ける参加を「市民参加」として表現して論じているが，実際にはかなり広義
な用いられ方をしている．つまり，市民（住民）として，各人の職責を離れ
た一般人，あるいは一生活者の立場として参加することとして捉えられてい
るのである．さらに，どのような立場の市民（住民）かによって，大きく二

表 12-5　参加の主な目的

情報収集	多様な立場や多角的な視点からの広範な情報を収集する.
選好の反映	より多くの人々，多様な選好を反映させる.
利害調整	予め利害を調整しておくことによって，事後のトラブルを防ぐ.
協力要請	計画や政策策定の早い段階から参加してもらうことで,事後の協力を促す.
責任の分担	意思決定にかかわる責任の分担，もしくは責任分担意識や自主性の向上.
正当化	意思決定プロセスの正当化，意思決定の根拠の確保.
透明性の向上	参加に伴う情報公開により，意思決定プロセスを透明化する.
経費削減	参加による労務等の提供により，経費を削減する.
権利の保障	参加する権利の保障.

つに分けることができるであろう．すなわち，ステイクホルダー（利害関係者）としての市民（住民）なのか，それとも直接的な利害関係にはない社会の一構成員としての市民（住民）なのかということである．たとえば，ごみ処理場計画の検討委員会に参加する計画予定地周辺の地域住民はステイクホルダー（利害関係者）としての参加であるし，裁判員に選定される市民は対象事件に利害があってはならない.

　参加には，参加を求める側と求められる側とがあり，参加を求めるのが行政側の某担当部所であるとするならば，参加を求められるのは某担当部所以外のさまざまな主体や部門であろう．参加の主体となるのは，個人の場合もあれば団体の場合もありうるが，何を目的とする参加であるかによって参加の主体の捉え方は異なってくる．たとえば，利害調整や協力要請を期待するなら利害関係者の参加は不可欠であろうし，広範な情報収集が主であれば多様な属性や立場の参加者を募る必要があろう．また，参加による意思決定の正当化を目論むのであれば，参加者選択プロセス自体にも正当性が求められよう．参加型でしばしば課題となる代表性への疑念，参加者が一部に限られてしまうという問題を克服し，参加主体の選定のあり方を示していかなければならないだろう.

　しかしながら，「参加が進めばより民主的な，平等な，そして公正な社会になる」という考え方は無邪気にすぎるかもしれない．「参加が既に影響力のある恵まれた人たちにとっての更なる力と資源を意味し，その一方影響力

の無い人や恵まれない人が得られる利益は少ない，あるいは利益を得られない，それどころか失うことすらある」(チェンバース，2007) ことや，参加する人が負担しなければならないコストと参加しない人のフリーライダー問題なども指摘されているように，参加の主体について考える際には，参加による影の側面にも留意が必要である．

12-3-3　参加のコストとリスク

参加には多くの効果が見込める反面，コストやリスクも少なくない．たとえば，時間や手間がかかるわりに期待した効果が得られるとは限らない，参加者間の利害対立により合意がとれない，声の大きい人の意見に引き摺られる，無責任な発言に振り回される，等などである．このようなコストやリスクは参加にかかわる立場や程度によって異なるであろう．表 12-6 は参加の効果，及びコストとリスクを，参加を求める側と求められる側という立場の違いで整理することを試みたものである．

参加を求める側と求められる側とでは，参加に期待する効果にも，負う可能性のあるコストやリスクにも違いがあり，また参加に対する意識にもズレがあると考えられる．そのズレを調整したり溝を埋めたりすることをファシリテーターに期待するならば，ファシリテーターは両者とは独立した第三者的立場で介入することが理想なのだろうが，現実には，多くの場合ファシリテーター役を担うのはたとえば行政から参加型としての業務実施を委託されたコンサルタントであったり，参加型プロジェクトを実施する側の専門家であったりする以上，参加を求める側としての立場から切り離されることはないであろう．

12-4　参加の課題

参加の取り組みは多様で，地域によって温度差もあり，課題もさまざまである．ここでは，意思決定との関係から主な課題を挙げる．

■ 参加の位置づけ

参加による選択や世論調査結果と，自治体の意思決定機関として議決権を

表 12-6　参加の効果，及びコストとリスク

	参加を求める側	参加を求められる側
効　果	情報収集，事前の利害調整，協力要請，責任の軽減，意思決定の正当化，透明性の向上，経費削減	選好の反映，参加権利の行使，エンパワーメント，納得
	より良い（より優れた，あるいはより多くの人々に支持される）計画・政策・事業等の実現，人脈形成	
コスト	手間，経費，調整	機会費用
	時間，ストレス	
リスク	意図した方向に進まない，糾弾される，内部情報の漏洩	責任の発生，コントロールされる不安，個人情報の漏洩
	利害対立，非合意	
その他	参加方法の選択，参加者の選抜	参加する自由，参加しない選択

持つ議会による判断とはしばしば矛盾してしまう．決定権限が議会にある以上，市民会議などによる参加の成果も議会で尊重されなければ日の目を見ない．参加が行政の限界の内側にとどまってしまうことなく，政治判断においても尊重されるよう，条例化などによって議会との関係を含めた参加の位置づけを確認することが求められる．と同時に，生活者として自らの投票行動の結果により構成されている議会の動きに関心をもち，制度が適切に機能するよう監視していく必要がある．

■ 情報の問題

参加の前提として，十分な情報公開が必要である．情報公開条例などの制定，インターネットを介したさまざまな行政情報の公開も進み，情報入手は以前に比べはるかに容易になってきた．反面，行政が説明責任を果たすためには，市民にとってわかりやすいことが求められるがゆえに，わかりやすく情報を加工する過程で何らかの作為が入り込んでしまう懸念もある．さまざまな情報媒体を通じてさまざまな立場の発信者がそれぞれの意図を持って情報を提供し，時として，情報戦といえるような状況も生じる．個人情報保護や守秘義務の問題もある．情報の受け手側には，与えられた情報を自ら識別し，解釈し，判断する能力が今後さらに求められるようになるだろう．

■ 代表性の問題

参加者が一部に限られるという問題が常につきまとう．実際に参加するの

は時間的にも経済的にも余裕のある市民に限られ，サイレント・マジョリティやサイレント・マイノリティは出てこない．仮に，ある政策について，ステイクホルダーの範囲が空間的・時間的に限定されていて参加すべき母集団も限定されているような場合であっても，属性も価値観も利害も複雑で多様な主体を誰が代表できるのかは容易な判断ではない[注1]．まして，環境問題のように参加すべき母集団を限定することが困難な場合は尚更である．多様な人々に対応した多様な参加メニューが用意されることとともに，参加できる者には参加できない者を思いやれる想像力を持って代表性を補完していくことも求められよう．

■ 参加者自身の問題

参加の取り組みは，行政側にも市民側にも負担を要求する．このため，当事者の意欲如何で取り組みに濃淡が生じることがある．いかに参加の仕組みを制度化しようとも，システムを動かしていくのは一人ひとりの人間である．たとえば，前述した，情報処理能力，自己の利害だけでなく他者の利害にも配慮できる想像力，そして合意形成に不可欠なコミュニケーション能力など，参加の主体としての生活者自身の力量がますます問われるようになるだろう．

これまで専門家の領域と考えられてきた司法においては裁判員制度が導入され，最先端の科学技術分野においても一般の人々も組み込んだコンセンサス会議[注2]による合意形成が試みられている．公的意思決定における生活者としての参加は，各地で，またさまざまな領域で多くの取り組みがなされ，今後も社会の変化とともに模索は続くであろう．

複雑化した現代社会の中で価値観も，生活様式も多様化したより多くの人々の選好をできるだけ適切に把握し，意思決定に反映させようとするならば，参加メニューの充実は当然の帰結である．一方で，分野による特性や地域性に違いがあれば，参加の取り組みに温度差やバリエーションがあって不思議はない．どのような参加の仕組みを求め，つくり，活かし，そして次世代に渡していけるのかも，生活者としての私たちの選択次第なのである．

　　（注1）たとえば，ドイツを起源として健康問題や環境問題の意思決定において欧州と米国で広がった市民陪審（Citizen's juries）では，参加者として人口構成を

代表するように階層別にランダムに 10 ～ 12 人程度が選ばれる.

（注 2）米国で誕生したテクノロジー・アセスメントを起源とし，1980 年代半ばに
デンマークで開発され発展してきた. 公募により選ばれた市民パネルと扱うテー
マによって選ばれた専門家パネルとの間の質疑応答や議論を経て合意に至るこ
とをめざすもので，わが国でも，遺伝子組み換え農作物問題やヒトゲノム研究
をテーマとして試行された.

学習課題

1. 居住地の自治体において，実際にどのような行政参加があるか調べてみよう.
2. 関心のあるテーマに関してどのような参加が可能か，また参加によって
得られる効果と問題点について考えてみよう.

参考文献

蒲島郁夫『政治参加』東京大学出版会，1988 年.

クマール，ソメシュ『参加型開発による地域づくりの方法——PRA 実践ハンド
ブック』田中治彦監訳，2008 年，明石書店 [Kumar, Somesh, *Methods for Community Participation*, Sage Publications, 2002] .

佐藤寛編『参加型開発の再検討』アジア経済研究所，2003 年.

篠原一『市民参加』岩波書店，1977 年.

総務省（ホームページ）[http://www.soumu.go.jp/]（2017 年 10 月 30 日閲覧）.

田村悦一『住民参加の法的課題』有斐閣，2006 年.

チェンバース，ロバート『開発の思想と行動——「責任ある豊かさ」のために』
野田直人監訳，2007 年，明石書店 [Chambers, Robert, *Ideas for development*, Routledge, 2005]. 室井力・原野翹編『新現代地方自治法入門』法律文化社, 2000 年.

Arnstein, Sherry A., "A Ladder of Citizen Participation", *Journal of the American Institute of Planners*, Vol. 35, No. 4, 1969, pp. 216-224.

Pretty, Jules N., "Participatory Learning for Sustainable Agriculture", *World Development*, Vol. 23, No. 8, 1995, pp. 1247-1263.

Pretty, Jules N. et al., *Participatory Learning and Action: A trainer's guide*, IIED, 1995.

Column 5

世界寄付指数 World Giving Index

　英国のチャリティー団体である Charities Aids Foundation と米国の世論調査会社ギャラップ社は，「人助け」，「寄付」，「ボランティア活動」についてのアンケート調査結果をもとに世界寄付指数を公表している．調査は過去 1 か月に「困っている見知らぬ他人を手助けしたか」，「慈善団体に寄付をしたか」，「組織にボランティアとして自分の時間を費やしたか」の 3 点を尋ねたもので，パーセンテージで国ごとにランキングされている．

　ランキングは先進国と発展途上国が混在しており，寄付文化は経済的豊かさが条件ではないようである．年によって変動はあるが，2017 年版（CAF WORLD GIVING INDEX 2017）に示された 2012 年から 2016 年の 5 年間のスコア平均によるトップ 20 位ではミャンマーが 1 位であり，特に寄付は仏教の施しの精神が根付いていることを反映して 90% と高率になっている．一方，2017年版で日本は 139 か国中総合 111 位（スコア 24%）であった．項目別では，「人助け」135 位（23%），「寄付」46 位（32%），「ボランティア」73 位（18%）であり，経年推移を見ても特に「人助け」での低さが際立っている．「おもてなし」をアピールするには心もとない状況である．

表 1　日本のスコアの推移（カッコ内は順位）

公表年	総合	人助け	寄付	ボランティア
2012 年版	26%（85 位）	25%（138 位）	33%（40 位）	21%（53 位）
2014 年版	26%（90 位）	26%（134 位）	24%（62 位）	28%（39 位）
2015 年版	26%（102 位）	28%（137 位）	24%（83 位）	26%（44 位）
2016 年版	24%（114 位）	25%（138 位）	23%（83 位）	23%（55 位）
2017 年版	24%（111 位）	23%（135 位）	32%（46 位）	18%（73 位）

注：2013 年版では日本の調査データなし．

表2　世界寄付指数ランキング（2012 〜 2016 年の平均スコアによる）

国　名	総合順位	スコア平均 （%）	人助けの スコア平均 （%）	寄付の スコア平均 （%）	ボランティアの スコア平均 （%）
ミャンマー	1	64	53	90	50
アメリカ合衆国	2	61	76	62	44
ニュージーランド	3	59	66	68	43
カナダ	4	58	66	66	41
オーストラリア	5	57	66	68	38
アイルランド	6	56	61	67	39
イギリス	7	54	62	71	30
スリランカ	8	54	58	55	48
オランダ	9	53	55	69	35
インドネシア	10	52	42	70	42
アラブ首長国連邦	11	51	71	59	23
ケニア	12	51	71	41	40
ブータン	13	50	53	58	40
マルタ	14	49	46	75	26
ノルウェー	15	48	52	59	32
アイスランド	16	48	48	68	27
マレーシア	17	46	52	53	33
オーストリア	18	45	54	52	29
クウェート	19	45	75	43	16
ドイツ	20	45	58	50	27

出典：CAF WORLD GIVING INDEX 2017 ［https://www.cafonline.org/about-us/publications/2017-publications/caf-world-giving-index-2017］．

第13章

持続可能な地域社会へ向けて

地域にはさまざまな課題がある．少子高齢化や緊縮財政などに伴い社会保障のセーフティネットが不十分との指摘がある．その中で，以前は地方自治体（行政）が担ってきた役割の新たな担い手が求められている．自助・共助・公助，ボランティア，寄付，有志，企業の社会的責任（企業の CSR 活動），フィランソロピー（企業による社会貢献活動）など，持続可能な地域社会マネジメントにむけて私たちは何ができるのだろうか．山積する社会的課題に対して，慈善活動やボランティアではなくビジネスとして取り組み課題を解決する事業体として，社会的企業が注目を集めている．また，資金面での支えとして ESG 投資が注目されている．本章では地域マネジメントの担い手として，個人（ボランティア，寄付），NPO，社会的企業など，資金提供面ではソーシャルファイナンス，ESG 投資など，持続可能な社会に向けた取り組みをみていく．

13-1　地域マネジメントの課題

　環境，福祉，医療，教育，セーフティネットの確保など，社会的課題に対して従来は，政府が公共財を提供し対応してきた．しかし財政予算の削減，小さな政府への動き，など近年の変化により政府の活動のみではこれらの社会的課題への対処が不十分になり，自助・共助・公助のバランスや見直しが話題となってきた．こうした中で NPO（Non Profit Organization），NGO（Non

Governmental Organization）などによる社会的課題への取り組みが注目されるようになった．すなわち，「市場の失敗」や「政府の失敗」に対して，第三セクターとしての市民組織（NPO など）が新たな担い手として注目され始めた．

　今日では，さまざまな社会・経済的課題に対して慈善活動やボランティアではなくビジネスとして取り組み課題を解決する主体として，社会的企業が注目を集めている．さらに，社会・経済・環境面における企業の社会的責任（Corporate Social Responsibility: CSR），社会的責任投資（Socially Responsible Investment: SRI）なども注目されている．2011 年 3 月 11 日の東日本大震災からの復興に向けて民間でも多様な取り組みが立ち上がった．また，個人のボランティア活動，寄付などの動きもある．さらに，持続可能な開発目標（SDGs）がある．これは 2001 年に策定されたミレニアム開発目標（MDGs）の後継として，2015 年 9 月の国連サミットで採択された「持続可能な開発のための 2030 アジェンダ」に記載された 2016 年から 2030 年までの国際目標である（第 11 章「地域の持続可能性」参照）．

　福祉国家の後退などによる政府の役割の縮小，企業の CSR 活動の活発化などにみられる営利組織の社会化，NPO など民間の非営利組織の商業化，サードセクターや新しい公共の概念の提起などが指摘されている．身のまわりのさまざまな課題に対して，町内会，自治会，市町村，自主的なグループなどにより課題に取り組む事例がみられる．営利組織は市場での交換を通じて活動し，行政組織は税の徴収と公共財・サービスの提供に関して，主権者の合意形成に基づき行動する．非営利組織は社会問題の解決という成果を重視し，市場における交換や対価を求めないチャリティも含めて課題に取り組んできた．従来の枠組みではとらえきれない組織として社会的企業の存在感が高まっている．

13-2　地域マネジメントの担い手

　地域マネジメントの担い手としては地方自治体が主体的にかかわってきた．しかし，近年では予算縮小，少子高齢化など，諸事情が変化する中で新た

な担い手が登場してきた．これらの担い手には営利組織と非営利組織があり，その背景には個人のボランティア活動の増加，企業の CSR 活動の活発化などがみられる．1995 年 1 月 17 日に発生した阪神淡路大震災を機にボランティア活動の活発化がみられ，1998 年には特定非営利活動促進法（以下 NPO 法）が制定された．NPO 法人とは，この法律に基づき法人格を取得した特定非営利活動法人（以下 NPO 法人）のことである．さらに，2011 年の東日本大震災への対応などを反映し 2013 年には災害対策基本法等の一部改正が行われ，災害が発生すると，ボランティアの自主性を尊重しつつ国や市町村はボランティアと連携して活動にあたることに努めることが明記された（『ボランティア白書』2014）．

13-2-1　ボランティア

　社会福祉協議会（以下，社協）は民間の社会福祉活動を推進することを目的とし，1951 年に制定された社会福祉事業法（現在の「社会福祉法」）に基づき，すべての都道府県・市町村に設置され活動している非営利の民間組織である．1950 年代後半からボランティア活動推進に取り組んでおり，社協ボランティア・センター（以下社協 VC）は新たな課題の解決に向けて新しい組織との連携をすすめるなどの役割を果たしてきた．現在ではすべての都道府県・指定都市社協と 9 割以上の市町村社協でボランティア・市民活動センターの機能を有し情報提供，相談，研修など，ボランティア参画による各種プログラム・サービスの開発を行っている（『ボランティア白書』2014）．

　『寄付白書』(2015) によると 2014 年のボランティア活動は 1 年間の平均活動時間では 57 時間，活動者率は 31.3％であり，約 3 割の人がボランティア活動を経験しており，金銭換算すると 3 兆 2141 億円，名目 GDP の 0.7％に相当する．図 13-1 に示すように性別・年齢別活動では女性の方が，また男女とも年齢が高いほど活動率が高い．ただし，20 歳代のみ男性の方が多い．

　また，職業を通じて培ったスキルや知識をボランティア活動として提供するプロボノ（現役世代の社会貢献），シルバーボランティアや退職者による現役時代の技能を生かした社会貢献などにも期待が集まっている．プロボノとは，ラテン語の「pro bono publico（公共善のために）」の略であり，社会人

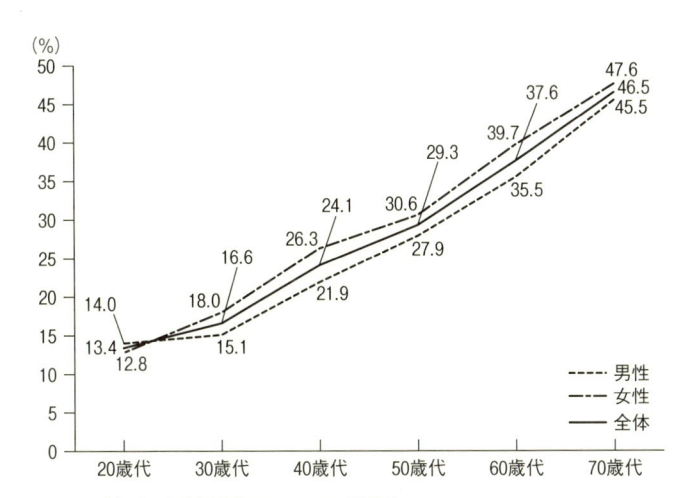

図 13-1　性別・年齢別ボランティア活動率
注：『寄付白書』（2015）より作成.

が仕事を通じて培った知識，技術，経験などの自分の職能を生かしながら社会貢献活動をすることを意味する新たな活動として注目されている.

　当初は弁護士を中心とした活動であったが，現在では経営コンサルタント，デザイナー，など多様な活動があり職業上のスキルを通じて支援を提供するボランティアを「プロボノワーカー」という. 第二東京弁護士会では所属する弁護士に対して年間 10 時間のプロボノ活動を義務付けており実績が 10 時間に満たない場合は 1 時間につき 5000 円を支払うことになっている. 社会的企業や NPO 法人の活動の広がりがプロボノに関する関心を高めた一因ともいわれている（嵯峨，2011）.

13-2-2　寄付

　寄付は自発的資金提供行為であり意志ある資金の代表例である. 資金の提供者には個人と法人とがあり，資金の提供形態は寄付，貸付，投資・融資に分類できる.『寄付白書』（2017）によると 2016 年における日韓米英 4 か国の個人寄付総額比較では日本は 7756 億円（名目 GDP 比：0.14％），韓国は 7 兆 900 億ウォン（同：0.50％）米国は 2819 億ドル（同：1.44％），英国は 97 億

ポンド（同：0.54％）となっている．表 13-1 に日本における個人寄付総額と
法人寄付総額の推移を示す．個人寄付総額と法人寄付総額との合計は 2009
年から 1 兆円を超えている．

　資金提供を支援する制度として寄付優遇税制があげられる．2008 年に創
設されたふるさと納税制度に関しては 2011 年 3 月からの増加が報告されて
いる（表 13-2）．東日本大震災後から 5 月末までの 3 か月で岩手県（7455 万円），
宮城県（11894 万円），福島県（11561 万円）の 3 県合計額は 3 億 910 万円であり，
2010 年度全国合計額の 4.7％に相当する（『朝日新聞』2011 年 6 月 6 日）．ふる
さと納税額の岩手，宮城，福島の 3 県合計が全国合計に占める割合は 2009
年度が 2.04％，2010 年度は 2.68％であったので，3 か月で年間の 2 倍ほどの
規模となった．

　ふるさと納税制度は都道府県・市町村に対する寄付であり，意志ある資金
として機能する．また，認定 NPO 法人などへの寄付優遇税制も実現し認定
NPO 法人などへの資金の流れも期待できる．2000 円の適用下限額は残るも
のの社会全体の負担で NPO 活動などを支える仕組みへのステップを踏み出
したと言えよう．

13-3　社会的企業

13-3-1　社会的企業とは何か

　ビジネスの手法を用いて社会的課題に取り組むという社会的企業の概念
は 1980 年代後半から 1990 年代にかけて NPO や NGO と連携し社会問題の
解決を進めていくとして提起された．1980 年代から米国と欧州では福祉国
家政策の見直しという政策転換の下で多数の社会的企業が活動を開始し今日
の社会・経済的な課題の解決にかかわる重要な主体として注目を集めている．
社会的企業は，資金，人手（ボランティア），専門知識・専門スキルなどの諸
資源を調達し各主体が対象とする課題の解決にあたる．さらに社会的課題の
解決を図るのみではなく問題解決の過程で周囲を巻き込み問題解決の提案を
通じて社会を変える主体であるとも認識されている（木村ら，2015）．

　社会的企業の代表的事例としては 2006 年にノーベル平和賞を授与された

表 13-1　日本の寄付推計値の推移

（単位：億円）

年	個人寄付総額	震災寄付	法人寄付総額	合　計	財団の助成額
2009	5455		5467	10922	
2010	4874		6957	11831	
2011	5182	5000	7168	17350	660
2012	6931		6755	13686	
2013			6986	6986	685
2014	7409		7103	14512	996
2015			7909	7909	1006
2016	7756			7756	

出典：『寄付白書』（2017）より筆者作成.

表 13-2　ふるさと納税（導入以降の実績）

	人数（1000 人）	寄付金額（億円）	1 人当たり（万円）
2009（平成 21）年度（ふるさと納税導入）	33.1	72.6	21.9
2010（平成 22）年度	33.1	65.5	19.8
2011（平成 23）年度	33.5	67.1	20.0
2012（平成 24）年度	741.7	649.1	8.8
2013（平成 25）年度	106.4	130.1	12.2
2014（平成 26）年度	133.9	141.9	10.6
2015（平成 27）年度	435.7	341.1	7.8
2016（平成 28）年度	1298.7	1471.0	11.3
合　計	2816.1	2938.4	10.4

出典：総務省自治税務局市町村税課「ふるさと納税に関する現況調査結果」平成 29 年 7 月 28 日 ［http://www.soumu.go.jp/main_sosiki/jichi_zeisei/czaisei/czaisei_seido/furusato/file/report20170728.pdf］（2017 年 11 月 9 日閲覧）.

注：寄付金控除の申告があった寄付金の合計.

ムハマド・ユヌスのグラミン銀行が挙げられ今日では世界銀行指導の下 40 か国以上でグラミン銀行をモデルとしたプロジェクトが実施されている．また，ホームレス自立支援のために 1991 年ロンドンで生まれたストリートマガジン「ビックイシュー」は，現在イギリスにおいて非常に知名度の高い雑誌へと成長している（Column 6「社会的企業の事例」参照）．

　社会的課題への取り組みは非営利組織のみならず営利組織にも広がり始めている．すなわち，営利組織では CSR 先進企業が経済的価値のみならず社会的価値も同時に追求し，企業が社会状態の改善にかかわることで企業としての付加価値を高めるという企業の「社会化」がある．一方，非営利組織では寄付や公的補助金への依存を脱し積極的に収益を獲得するという非営利組織の「商業化」が見られる．このように両セクターの境界が「曖昧化」しているとの指摘もある．非営利組織の「商業化」の背景には政府の緊縮財政がある．

　社会的企業台頭の背景として米国ではレーガン政権以降の連邦政府の規模と機能の縮小，イギリスでは新労働党政権が誕生した後の 2000 年以降，社会的排除の解消と公共サービス改革の面から政府による社会的企業を推進したことが挙げられる．米国では利潤を分配しないことを重視し，チャリティ（慈善活動），フィランソロピー，メセナ（企業の資金提供による文化・芸術の支援活動）などの活動を中心としてビジネススクールにおいてマネジメントの観点からの研究が始まった．しかし次第にイノベーションの担い手としての社会的企業家に焦点が移り社会的企業家としての条件が示され，①事業性，②革新性，③社会性，が注目されるようになった．一方，欧州では利潤の私的取得を制限する考え方から，協同組合，コミュニティなどのサードセクターが研究の対象である（木村ら，2015）．

　日本における社会的企業の流れは，小泉内閣（2001 年〜 2016 年）時代から経済産業省のもとで雇用対策，地域活性化として進められてきたコミュニティ・ビジネス，ソーシャルビジネスの延長線上にあるとされる．サードセクターとも呼ばれるこれらの担い手が単に行政の下請け的役割を担わされるのではなく，社会的課題を解決するためには，法制度，税制，社会的金融，支援組織など，社会的企業が活動するにあたっての法的・経済的な環境整備

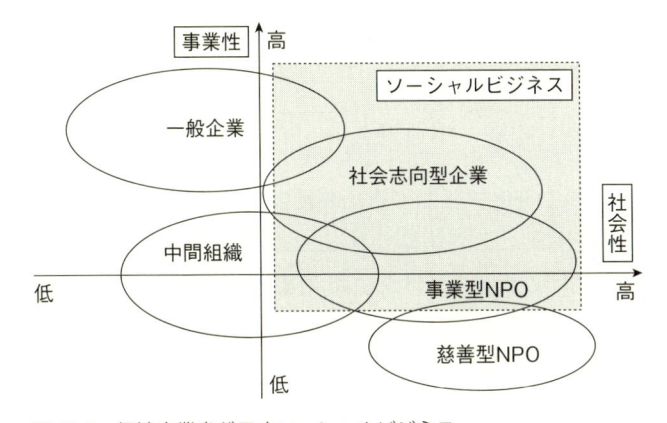

図 13-2　経済産業省が示すソーシャルビジネス
出典：経済産業省『ソーシャルビジネス研究会報告書』2008 年，p. 3.

の必要性が指摘されている．欧州では政府が担ってきた公共財・サービスの
提供を担う主体として，民間も含めた「サードセクター」がその役割を担う
ことで「新しい公共」という概念が提起された．日本では経済産業省が社会
的企業を「ソーシャルビジネス」と呼び，図 13-2 に示すように社会性と事
業性の二つの軸で整理し紹介している．

13-3-2　社会的企業の種類

　企業とは生産・営利の目的で生産要素を総合し継続的に事業を経営する主
体であるとされ私企業と公企業とに分類される．私企業は民間人の出資・経
営による企業であり利潤の蓄積・株主への配当に高い優先順位を置き事業を
継続する．一方，公企業は国・地方公共団体などにより所有・経営される企
業であり，造幣・水道事業などが例として挙げられる．従来の私企業，公企
業の分類枠におさまらない社会的企業という概念は 1980 年代後半から 1990
年代にかけて NPO や NGO と連携し社会問題の解決を進めていく「サード
セクター」として提起された．すなわち，社会的企業とは医療，福祉，教育，
環境，文化など幅広い分野で山積する社会的課題に対して多様な方法で取り
組み解決を図ろうとする組織であり事業体であるとされる．
　社会的企業の組織形態には営利組織（社会志向型企業），非営利組織（事業

型 NPO），行政との協働などさまざまな形態が存在し財・サービス提供，他組織の支援，専門職能提供など，その活動内容も多様である.

13-3-3　非営利組織：NPO 法人

NPO 法はボランティア活動や市民の社会貢献活動を促進し公益の増進に寄与することを目的とした法律である．NPO 法人のうち特に公共性が高い法人として所轄庁の認定を受けた法人は認定 NPO 法人と呼ばれ税制上の優遇措置を受けることができる．認定の取得条件は設立から 1 年間が経過した後，実績判定期間（直前の 2 事業年度）において一定の基準を満たすものとして所轄庁の認定を受ける必要がある．この基準は 2012 年 4 月の法改正により緩和された．認定の取得に必要な PST（Public Support Test）の計算式は，「（寄付金＋一定の会費）÷（経常収入−公的補助金・委託費等）≧ 20％」であり多くの支援者から寄付や助成金，補助金を受けていることを示す指標である．さらに，認証事務が国税庁から所轄庁（団体の主たる事務所が所在する都道府県または指定都市）に移管された（『NPO 白書』2013）.

日本では，1998 年 NPO 法制定以降の特定非営利活動法人を NPO 法人と呼ぶことから，NPO とは NPO 法人のことであるとの受け止め方が多い．しかし日本の法制度による主な NPO は，①新公益法人制度による財団法人・社団法人，② NPO 法人，③学校法人，④社会福祉法人，⑤宗教法人，⑥更生保護法人，⑦医療法人，とされている（『NPO 白書』2013）．非営利組織の内，事業収益があり会費，寄付など多様な資金源・資源により課題解決をはかる組織は「事業型 NPO」であり社会的企業といえよう．しかし事業収益の割合が少なく補助金・会費・寄付などを主たる財源として課題の解決を図ろうとする組織は「慈善型 NPO」に分類できる.

内閣府のホームページによると 2016 年 6 月 30 日現在の認証 NPO 法人数は 5 万 1048 法人，認定 NPO 法人数は 744 法人であり全体の 1.5％である（表13-3）．上に示したように 2012 年に認定 NPO 法人の認定要件が緩和され寄付金の控除対象などの税制優遇が拡大された（改正以前の認定 NPO 法人数は265 法人，全体の 0.6％）．NPO 法人が定款に記載した活動分野（複数回答）では，「第 1 号：保健・医療・福祉（58.7％）」が最も多く，「第 2 号：社会教育

表 13-3　認証 NPO 法人数・認定 NPO 法人数

（2016［平成 28］年 6 月 30 日現在）

所轄庁名	認証	割合（％）	認定	認定割合（％）
都道府県計	39837	78.0	540	1.4
北海道	1163	2.3	11	0.9
岩手県	482	0.9	11	2.3
宮城県	389	0.8	4	1.0
福島県	881	1.7	17	1.9
埼玉県	1702	3.3	22	1.3
千葉県	1643	3.2	24	1.5
東京都	9488	18.6	207	2.2
神奈川県	1479	2.9	29	2.0
愛知県	1092	2.1	13	1.2
大阪府	1717	3.4	5	0.3
兵庫県	1399	2.7	14	1.0
熊本県	412	0.8	4	1.0
指定都市計	11211	22.0	204	1.8
横浜市	1451	2.8	43	3.0
大阪市	1561	3.1	26	1.7
全国計	51048	100.0	744	1.5

出典：内閣府 NPO ホームページ．［https://www.npo-homepage.go.jp/］（2016
　　年 8 月 24 日閲覧）．

注：認証数 1000 以上の都道府県および指定都市，に加えて岩手県，宮城県，福島県，
　　熊本県を記載．

（48.0％）」，「第 19 号：連絡，助言又は援助（46.9％）」，「第 13 号：子どもの
健全育成（45.4％）」，「第 3 号：まちづくり（44.1％）」が続いている．第 19
号の活動は他の組織を支援するという中間支援組織の機能である（表 13-4）．

　NPO 法人サービスグラントは，約 5 万の NPO 法人と多様なプロボノワー
カーとのマッチングを支援し，マネジメント，マーケティング，デザイン・
クリエイティブ，システム・IT など多岐にわたって活動している．

13-3-4　営利組織：社会志向型企業

ここでは，上記に示した定義をもとに政府の政策やビジネスチャンスなど

表 13-4　NPO 法人の活動分野（20 分野，複数回答）

（2016［平成 28］年 3 月 31 日現在）

号　数	活動の種類	法人数	％
第 1 号	保健、医療または福祉の増進を図る活動	29852	58.7
第 2 号	社会教育の推進を図る活動	24436	48.0
第 3 号	まちづくりの推進を図る活動	22413	44.1
第 4 号	観光の振興を図る活動	2038	4.0
第 5 号	農山漁村または中山間地域の振興を図る活動	1813	3.6
第 6 号	学術，文化，芸術またはスポーツの振興を図る活動	18084	35.6
第 7 号	環境の保全を図る活動	14069	27.7
第 8 号	災害救援活動	4102	8.1
第 9 号	地域安全活動	6035	11.9
第 10 号	人権の擁護または平和の活動の推進を図る活動	8586	16.9
第 11 号	国際協力の活動	9555	18.8
第 12 号	男女共同参画社会の形成の促進を図る活動	4658	9.2
第 13 号	子どもの健全育成を図る活動	23087	45.4
第 14 号	情報化社会の発展を図る活動	5789	11.4
第 15 号	科学技術の振興を図る活動	2874	5.6
第 16 号	経済活動の活性化を図る活動	9041	17.8
第 17 号	職業能力の開発または雇用機会の拡充の支援活動	12533	24.6
第 18 号	消費者の保護を図る活動	3176	6.2
第 19 号	連絡，助言または援助の活動	23849	46.9
第 20 号	指定都市の条例で定める活動	195	0.4

出典：内閣府 NPO ホームページ「認証数（活動分野別）」．［https://www.npo-homepage.go.jp/about/toukei-info/ninshou-bunyabetsu］（2016 年 8 月 24 日閲覧）．］

注 1 ：一つの法人が複数の活動分野の活動を行う場合があるため，合計は 50868 法人にはならない．

注 2 ：第 14 号から第 18 号までは，2002（平成 14）年改正特定非営利活動促進法施行日（2003［平成 15］年 5 月 1 日）以降に申請して認証された分のみが対象．

注 3 ：第 4 号，第 5 号及び第 20 号は，2011（平成 23）年改正特定非営利活動促進法施行日（2012［平成 24］年 4 月 1 日）以降に申請して認証された分のみが対象．

の観点から提供される財・サービスの提供者や社会的課題の解決を図ろうと
する組織を社会的企業と考えるため，営利組織であっても社会的課題の解決
に高い優先順位を持ち事業を営む組織は「社会志向型企業」であり社会的企
業といえる．

　欧米では教会が中心となりチャリティ活動が行われてきた．また，フィラ
ンソロピーの代表例としては実業家カーネギーが 1891 年に創設したカーネ
ギーホールや 1930 年に建設が始まり 1939 年に完成したロックフェラーセ
ンターなどが挙げられる．最近の例では，マイクロソフトの創業者により
2000 年創設され世界における病気・貧困への挑戦を主な目的とした世界最
大の慈善基金団体，ビル＆メリンダ・ゲイツ財団が有名である．

　今日の企業は環境保全のみならず社会にも配慮した企業であることが求め
られ，経済・環境・社会のトリプルボトムラインへの配慮が不可欠となって
きた．米国の CSR の特徴は企業市民の概念が基盤となり企業設備を地域住
民に開放するなどの地域貢献や，寄付行為など企業が社会に対して果たすべ
き社会貢献活動を意味する面が強く企業市民として良い行いをすることの促
進に重点がある．一方，ヨーロッパの CSR の特徴は政府の役割が大きいこ
とである．「格差社会の進展を企業活動の影響の結果とみなし，その是正の
ための取り組みを CSR とすることが共通の理解」になっており，2007 年 12
月 7 日の全欧 CSR 会議では人権の問題を商業活動，投資活動とより一層リ
ンクさせることが CSR 推進政策として重要であるなどが提言された．

　欧米と比較して日本の CSR の特徴は法令遵守（コンプライアンス）と ISO
（International Organization for Standardization）認証取得による環境への取
り組みが中心テーマであったが，これに地域貢献重視の流れも取り込まれ，
コンプライアンス・環境・地域貢献が「日本流 CSR」の 3 本柱である．環
境省は環境報告書作成を推進している．ISO14000 認証取得，環境報告書か
ら CSR 報告書へ，すなわち環境から社会へと関心が拡大してきたのが日本
の特徴である（木村，2008）．

13-4　ESG 投資

13-4-1　ESG 投資とは

　ESG 投資とは，環境（Environment），社会（Social），ガバナンス（Governance）の頭文字をとり ESG を考慮して行う投資のことである．すなわち，投資家の間で ESG を通じて社会的存在としての企業の価値を探り投資先を選別する動きが強まり，収益一辺倒の企業はやがて市場からの退場を求められることになるという新しい時代の始まりとされる．既に欧米の資産運用会社や機関投資家の間では ESG 投資は「洗練された株主価値」として投資における重要な指標となっている．ESG 投資の具体的な内容には，① ESG 要素を考慮して投資先を選ぶポジティブスクリーニングやインテグレーション（非財務情報も織り込んだ判断），②特定の企業や業種を投資先から外す除外やダイベストメント（リスクの高い企業の株の売却，インベストメントの逆の意味），③ ESG に関連する株主エンゲージメント（要望，株主提案などにより課題の解決をはかる），がある（水口，2017）．

　日本でも 2015 年 9 月に GPIF（年金積立金管理運用独立行政法人）が PRI（Principles for Responsible Investment，責任投資原則）に署名した．PRI とは 2006 年に当時の国際連合事務総長が金融業界に対して提唱したイニシアティブであり，機関投資家（年金基金，保険会社，金融機関など）の意思決定プロセスに ESG 課題を受託者責任の範囲内で反映させるべきとした世界共通のガイドライン的な性格をもつ．表 13-5 は 2006 年に公表された PRI の 6 原則である．

　PRI はすべての機関投資家にかかわり投資のすべての側面で ESG を考慮することを意味する．その特徴は単に原則を示すだけではなく賛同する機関投資家に署名を求めたことである．機関投資家は署名することで ESG 投資をすることを表明するため，署名により誰が投資しているのかが明らかになる．たとえば，人道面の配慮からオスロ条約で定義されたクラスター爆弾（非人道的兵器）製造企業に対する製造停止への働きかけがある．署名をもとに「名誉リスト（クラスター爆弾製造企業への投融資を禁じた投資家・金融機関）」と「不名誉リスト（クラスター爆弾製造企業に対し何らかの金融サービスを提供

表 13-5　PRI（責任投資原則）の 6 原則

1	ESG（環境，社会，ガバナンス）課題を投資の意思決定と分析に組み込む．
2	積極的な株主になり，ESG 課題を株主としての方針と活動に組み込む．
3	投資先企業による ESG 課題に関する適切な情報開示を求める．
4	投資業界がこれらの原則を受け入れ，実践するよう促す．
5	これらの原則の実施に関する活動と進捗について報告する．
6	これらの原則の実施に当たって，効果が高まるように相互に協力する．

出典：水口（2017）．

した投資家・金融機関）」を作成できる．すなわち資金配分を通じて社会を望ましい方向にガイドする取り組みといえよう．2017 年 3 月末では 1701 機関が署名しており，その運用資産総額は 62 兆ドル（1 ドル 110 円換算で 6820 兆円）である．日本でも 2017 年には多くの機関投資家が重視する指標としてあげており急速に関心が高まり，日本は 2017 年に「ESG 元年」を迎えたといわれている．（水口，2017）．

13-4-2　ソーシャルファイナンス

　社会的課題解決のための資金提供は寄付などのチャリティが中心であったが，2000 年代以降，社会的成果とともに経済的成果（配当，利子など）にも期待する資金の流れに注目が集まり，これらの融資や投資などはソーシャルファイナンス（Social Finance）と呼ばれている．これは，現代の社会的課題に対して金融面から是正しようとする地域住民や問題意識を持った人々が主導して誕生し，異なる社会状況の中で発展してきた．米国では「金融面の利潤だけではなく，社会面・環境面の利益をもたらす投資を生み出すこと」とされている．これらは，商業金融機関にとって採算がとりにくい領域への金融サービスである．岸本（2015）は「投資行動」と「寄付行動」の間のさまざまのバリエーションをフィランソロピーの多様化と捉え，寄付市場とソーシャルインパクト投資について，経済的リターンを求めない寄付と，配当などの経済的リターンを前提とする投資との間にさまざまなファイナンスの存在を指摘する（表 13-6）．

　表 13-7 に示す社会的責任投資（SRI）は倫理性や社会性を考慮し投資対象

表 13-6　多様なソーシャルファイナンス

投資内容	年	提唱者	内容
社会的責任投資（SRI）	2002	Domini	収益性だけではなく社会性に着目し投資対象を決める（スクリーニング）
社会的インパクト投資	2007	GIIN（Global Impact Investment Network）	財務リターンとあわせて社会・環境インパクトを生み出す投資（アウトカム重視）
ソーシャルインパクトボンド（SIB）	2012	英国法務省	官民連携のインパクト債権投資
寄付			慈善，チャリティ
フィランソロピー			社会・環境目的への民間資金の提供

出典：木村（2008），サラモン（2016），岸本（2015），塚本ら（2016）より筆者作成.

を決めるが，投資対象は上場企業の株式である．一方インパクト投資は測定可能なインパクトを生み出す社会的事業への直接投資である．インパクト投資とは 2007 年 GIIN（Global Impact Investing Network: グローバル・インパクト投資ネットワーク）により提起された投資手法であり，「財務リターンとあわせて，測定可能な社会・環境インパクトを生み出す意図に基づき，企業，団体，ファンドによって行われる投資」と定義される．

　また，2012 年にはソーシャルインパクトボンド（Social Impact Bond: SIB）が起債された．これは民間投資家が拠出した資金により専門性の高い NPO に業務を委託し，その事業があらかじめ設定した目標達成に成功すると，成功により削減される将来の行政支出の一部が投資家に財務リターンとして支払われる官民連携の債券投資であり，英国における刑務所の民営化などの例が紹介されている．2013 年イギリスの G8 サミットを機に「社会的インパクト投資タスクフォース」が結成され注目が集まった．しかし，社会的企業と同様に定まった定義はなく，さまざまな提案が示されている（塚本ら，2016）．

　社会的責任投資は最近ではサスティナブル投資（何らかの形で社会的リターンを考慮する投資）などの呼び方を経て，ESG 投資と呼ばれることが多い．一方，気候変動に関わる投資リスクに注目した投資行動として，ダイベストメントがある．具体的には，脱炭素社会への移行に伴う規制の強化，技術の

表 13-7　SRI から ESG 投資への展開

年代	地域／主体	事項	機能
18 世紀	ジョン・ウェスレー　メソジスト教会の創設者	「カネの使い方」という説教の中「酒，ギャンブルなど隣人を傷つけることで利益を得てはならない」	スクリーニング
1920 年代	英米のキリスト教会	アルコール，タバコ，ギャンブル，武器などにかかわる企業への投資回避	スクリーニング
1960 年代～1970 年代	アメリカ	社会運動（公民権運動，反戦運動，環境運動）	株主行動
1969 年	アメリカ	ダウケミカルにナパーム弾製造中止の株主提案	株主行動
1970 年	アメリカ	キャンペーン GM	株主行動
1971 年	アメリカ	SRI 型投資信託設立，小口投資家の SRI 参加	スクリーニング
	アメリカ	企業責任に関する宗派間センターは GM に南アフリカからの撤退を株主提案	株主行動
1973 年	アメリカ	社会を安定させる社会実験として地域住民に貸し出す銀行（Soutth Shore Bank of Chicago）の創設	コミュニティ開発金融機関
1980 年代	アメリカ・ヨーロッパ	ファンドの種類拡大	スクリーニング
1984 年	イギリス	倫理ファンド	スクリーニング
1990 年代	ヨーロッパ	エコ・エフィシェンシー・ファンド	スクリーニング
1999 年	日本	エコファンド発売	スクリーニング
2000 年	イギリス	年金法改正（投資方法開示の義務化）が SRI 運用を則氏医	スクリーニング
2000 年代	投資運用会社	ESG 投資（サステナブル投資）	スクリーニング
2008 年	政府系金融機関	インパクト投資・インパクト債（SIB）	インパクト＋リターン
2008 年	日本	ワクチン債（日本初のインパクト債）	インパクト＋リターン
2016 年	国連環境計画金融イニシアティブ	責任投資原則（Principles for Responsible Investment: PRI）策定	機関投資家の署名によるコミットメント

出典：ドミニ（2002），谷本（2007），塚本ら（2016），水口（2017）より筆者作成.

進展，予測できない市場の変化，などによりもたらされる財務リスクを避け
る観点から，化石燃料に関わる株式の売却が始まっている（水口，2017）．

13-5 課題と支援

最後に，社会的課題の担い手として期待される社会的企業が直面してい
る課題とその支援についてみていこう．営利企業の場合は市場で提供され
る，経営コンサルタント，ベンチャーキャピタル，インキュベーター，など
の支援機能の利用が可能である．そこでNPO法人の場合の課題と資金面の
支援を検討する．支援組織には，支援型社会的企業，金融NPO，プロボノ，
NPO支援センター，中間支援組織，社会福祉協議会などがある．

13-5-1 NPO法人の課題

事業型NPO法人の主な課題としては，企業の社会化とNPO法人の商業
化によりもたらされる事業の競合がある．たとえば，2003年9月に地方自
治法の一部改正が行われ，公の施設の管理方法が管理委託制度から指定管理
者制度に移行した．この指定管理者制度とは地方公共団体やその外郭団体に
限定していた公の施設の管理・運営を，株式会社をはじめとした営利企業・
財団法人・NPO法人・市民グループなど法人その他の団体に包括的に代行
させることができる制度である．したがって営利企業とNPO法人とが競合
関係となり，非営利組織であるNPO法人にとっては営利企業との競争にさ
らされることになる．事業に重心を置くと本来のミッションを見失う危険性
もある．

次にNPOと行政の協働の場合の落とし穴として行政の下請け化の面もあ
る．すなわち，行政のしごとを続けていくうちに，次第に活動の大半を行政
からの仕事が占めるようになり，自発性や自由な発想・創造力を失う可能性
があるとの指摘である．また，せっかく獲得した指定管理者制度の場合でも
人件費が非常に安いとの不満もある（田中，2008）．

これらの課題に対して，持続可能な活動のためにも資金源の多様化をはか
る必要がある．そのためにNPO法人が寄付金を集める場合，活動内容や会

計情報の開示，趣旨を広く伝え共感を得る活動，継続的な支援を呼びかける
活動などにスタッフ・ボランティアなどの資源を集中する必要がある．その
結果として継続的な寄付金が得られれば収入の多様化が図れる可能性はある．
しかし，期待通りに寄付金が得られない場合もあり，相当量の人材を投入す
るのであれば事業のほうに使いたいとの意見が示されている（田中，2008）．

13-5-2　金融支援

　財政基盤確立の面では委託事業など財政安定化への寄与が期待される反
面，「行政の下請け化」「委託事業の終了による変動」など不安要因も指摘さ
れる．人材育成や他組織との交流・連携の面でも自主事業や企業との協働事
業など多様な組織との連携なども踏まえた企画力・発想力などが求められよ
う．東日本大震災以降，寄付やボランティア活動を行う人の増加が示された．
また，金融支援の面では 2011 年 3 月には READYFOR 株式会社，株式会社
CAMPFIRE など，営利組織のクラウドファンディングが登場した．

　寄付はミッションへの「共感に基づく無償の贈与」であるが，クラウドファ
ンディングなどの社会的投資は「共感に基づく融資や出資」として関心が高
まりつつある．資金面の支援として，非営利組織では NPO バンク，コミュ
ニティバンク，市民ファンドなどのソーシャルファイナンス（社会的金融），
営利組織ではマイクロファイナンス，クラウドファンディング，地域事情に
詳しい信用金庫など，が考えられる．ソーシャルファイナンスは一般的な金
融機関から資金提供を受けにくい社会的事業や社会的課題に低利での融資を
行う金融であり社会的企業を支援する金融といえよう．

　非営利組織にとって今後は営利組織との競合が課題となろう．資金調達の
面では ICT の活用などによる資金提供の利便性やマッチングの効率性など，
営利組織の方が成果をあげそうである．日本ではまだ小規模であるがアメリ
カやヨーロッパでは政府の政策による支援を得て大規模なソーシャルファイ
ナンスが活動している．資金調達先の多様化や調達手法の工夫も検討課題と
して挙げられる．

学習課題

1．身のまわりの社会的課題を取り上げて誰がどのように困っているのかを調べてみよう．
2．ESG 投資の環境，社会，コーポレートガバナンスのどれかを取り上げ投資すべき業種や企業を選んでみよう．
3．ESG 投資の環境，社会，コーポレートガバナンスのどれかを取り上げ投資すべきでない業種や企業を選んでみよう．

参考文献

河合明宣・齋藤正章『NPO マネジメント［改訂版］』財団法人放送大学教育振興会，2011 年．

河口真理子『ソーシャルファイナンスの教科書——「社会」のために「あなたのお金」が働くということ』生産性出版，2015 年．

菅正広『マイクロファイナンス——貧困と闘う「驚異の金融」』中央公論新社，2009 年．

岸本幸子「フィランソロピーの多様化と投資への接近」『計画行政』第 38 巻第 3 号，2015 年，pp. 19-24.

木村富美子「日本の社会的責任投資（SRI）の特徴と今後の展開」『通信教育部論集』第 11 号，創価大学，2008 年，pp. 1-19.

木村富美子・萩原清子・堀江典子・朝日ちさと「社会的企業の特徴と社会的課題との関連に関する考察」『地域学研究』第 45 巻第 1 号，2015 年，pp. 87-99.

経済産業省『ソーシャルビジネス研究会報告書』2008 年．

嵯峨生馬『プロボノ——新しい社会貢献　新しい働き方』勁草書房，2011 年．

佐野章二『ビッグイシューの挑戦』講談社，2010 年．

サラモン，レスター・M『フィランソロピーのニューフロンティア——社会的インパクト投資の新たな手法と課題』小林立明訳，ミネルヴァ書房，2016 年．

神野直彦・牧里毎治編著『社会起業入門——社会を変えるという仕事』ミネルヴァ書房，2012 年．

総務省ふるさと納税ポータルサイト（関連資料）．［http://www.soumu.go.jp/main_sosiki/jichi_zeisei/czaisei/czaisei_seido/furusato/archive/］（2018 年 3 月 6 日閲覧）．

田中弥生『NPO 新時代——市民性創造のために』明石書店，2008 年．

谷本寛治『SRI と新しい企業・金融』東洋経済新報社，2007 年.

塚本一郎・金子郁容編著『ソーシャルインパクト・ボンドとは何か──ファイナンスによる社会イノベーションの可能性』ミネルヴァ書房，2016 年.

ドミニ，エイミー『社会的責任投資──投資の仕方で社会を変える』山本利明訳，木鐸社，2002 年.

日本ファンドレイジング協会編『寄付白書』2015・2017，2015 年・2017 年.

「広がれボランティアの輪」連絡協議会編『ボランティア白書』2014，筒井書房，2014 年.

フェルダー直子『入門 マイクロファイナンス──世界を貧困から救う，新しいビジネスモデル』森友環莉訳，ダイヤモンド社，2005 年.

水口剛『ESG 投資──新しい社会システムとしての資本主義』日本経済新聞出版社，2017 年.

山内直人・田中敬文・奥山尚子編『NPO 白書』2013，大阪大学大学院国際公共政策研究科 NPO 研究情報センター，2013 年.

Column 6

社会的企業の事例

グラミン銀行

　グラミン銀行は1983年バングラデッシュの大学教授ムハマド・ユヌスが創設した貧困層を対象にした小口金融サービスであり，女性だけの小グループに無担保で小額ローン（50〜200ドル）を提供する．1976年にユヌス教授が竹の腰掛を作る女性たちにポケットマネーを貸したことから始まり，女性たちは原材料を購入するなど，収入を生み出す活動のために資金を使った．このようにローンは貧困層に対して生活基盤を築くチャンスを与えた．無担保で提供しているローンの平均返済率は98％を超えており，グラミン銀行は慈善事業ではなく貧困層を銀行の顧客として小口金融サービスを提供し収益を上げるビジネスモデルを示した（フェルダー, 2005）．このような小額の金融サービスは「マイクロファイナンス（Microfinance: MF）」と呼ばれている．MFとは担保となる資産を持たず金融サービスから排除された貧困に苦しむ人々のために提供する小額の無担保融資や貯蓄・保険・送金などのサービスである（菅, 2009）．

ビッグイシュー

　日本における社会的企業の例としては2003年5月に大阪で設立された「有限会社ビッグイシュー日本」がある．「ビッグイシュー」はホームレス自立支援のために1991年ロンドンで生まれたストリートマガジンである．当時のロンドンには500以上のホームレス支援団体が存在していた．ホームレス状態から脱するためには人から施されるのではなく自らが主体的に動き出さなくてはならない．創設者は「チャリティでなくビジネスを」との標語のもとホームレスの自立支援活動を始めた．「ビッグイシュー」設立後のロンドンでは犯

罪件数が減少した．つまり食べるために窃盗・強盗を繰り返していた人間が収入を得ることで犯罪に手を染めなくなった．現在「ビッグイシュー」はイギリスにおいて非常に知名度の高い雑誌へと成長している．

「ビッグイシュー日本版」はその日本語版である．販売者は全員路上生活者で 300 円（2017 年 11 月現在 350 円）の雑誌を 1 冊売ると 160 円（同 180 円）の収入を得る．雑誌は毎月 1 日と 15 日の 2 回発行され 2003 年 9 月の創刊以来，2010 年 3 月までの総販売数は 388 万冊，ホームレスの人が直接手にした収入の総額は 5 億 748 万円であった．約 6 年半あまりでの登録者数は延べ 1090 人，新しい仕事をみつけて卒業した人は 121 人であった（佐野，2010）．

参考文献

佐野章二『ビッグイシューの挑戦』講談社，2010 年.

菅正広『マイクロファイナンス――貧困と闘う「驚異の金融」』中央公論新社，2009 年.

フェルダー直子『入門 マイクロファイナンス――世界を貧困から救う、新しいビジネスモデル』森友環莉訳，ダイヤモンド社，2005 年.

Appendix

地域マネジメントのための
経済学の基礎

A-1　市場メカニズム

A-1-1　消費者行動

　消費者は，財を消費することによって効用（満足）を感じる．図 A-1 は財 x の消費量と効用 U の大きさの関係である効用関数，U(x) を示したものである．通常，財の消費量が増加すれば効用は増加するが，財を 1 単位増やしたときの効用の増分はだんだん小さくなっていくため，効用関数は右上がりの曲線で描かれる．この財 x を 1 単位増やしたときの効用の増分を，x の限界効用（Marginal Utility: MU）という．

　効用はどのような財をどれだけ消費するかによって異なるため，消費者はどの財を，どのような組み合わせで，どれだけ消費するかを選択し，効用を最大にし

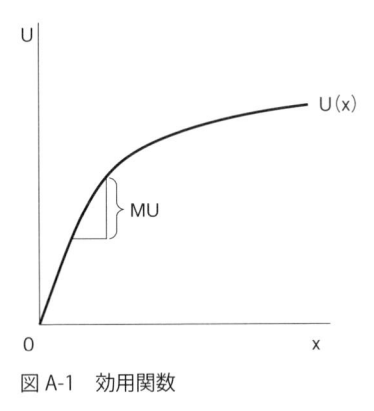

図 A-1　効用関数

ようとする．このような消費者の行動原理を効用最大化原理という．消費者が効用を最大化するように財の消費の組み合わせを意思決定する様子を，無差別曲線と予算制約線という概念を用いてみてみよう．

■ 無差別曲線

図 A-2 に描かれた x 軸及び y 軸は，それぞれ財 x_1 の消費量と財 x_2 の消費量を表しており，xy 平面上の点（x_1, x_2）は，財 x_1 と財 x_2 の消費の組み合わせを示す．ここで，ある消費者が同じくらい好ましいと思う消費の組み合わせの点をつないだものを無差別曲線という．たとえば，無差別曲線 U_0 上の点 A の消費と点 B の消費は，その消費者にとって同じ程度に好ましく，同じ効用をもたらす．したがって，無差別曲線は財に対する選好と効用の水準を示している．無差別曲線 U_1 上の点 C の消費の組み合わせは，点 A 及び点 B の組み合わせよりも得られる効用が大きい．

図 A-2 のような無差別曲線は，次の基本的仮定を満たしている．

①x_1 も x_2 も多いほど好ましい

②x_1 も x_2 もいくらでも細かく分割することができる

③嗜好には推移律が成り立つ

④原点に対して凸である

ここで，財 x_1 と財 x_2 の関係をみよう．今，消費者が点 A の組み合わせを消費しているとき，x_1 の消費を 1 単位増加させようとすると，同じ効用水準にとどまるためには x_2 をいくらか減らさなければならない．このトレードオフの関係は限界代替率（Marginal Rate of Substitution: MRS）という概念で表される．限界代替率とは，x_1 を 1 単位（限界的に）増加させたときに，同じ無差別曲線上にとどまるためにあきらめなければならない x^2 の量であり，$-\Delta x_2/\Delta x_1$ で表される．無差別曲線は原点に対して凸であるため，x_1 の消費量が多くなるほど限界代替率は減少していく．これを限界代替率逓減の法則という．

■ 予算制約線

消費者は，x_1 と x_2 の組み合わせをどれでも選択できるわけではない．なぜなら，消費に使える所得が限られているからである．この所得による消費の制約を表すのが予算制約式である．x_1 の価格が p_1，x_2 の価格が p_2，所得が I で表され，所得のすべてが x_1 と x_2 の消費に振り向けられるとするならば，予算制約式は次のようになる．

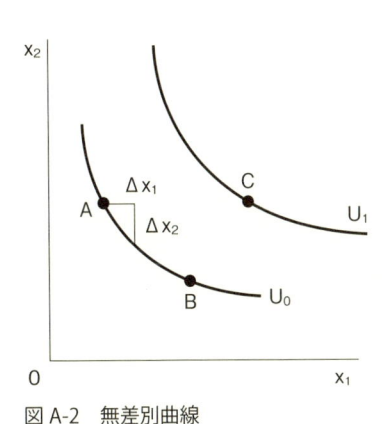

図 A-2　無差別曲線

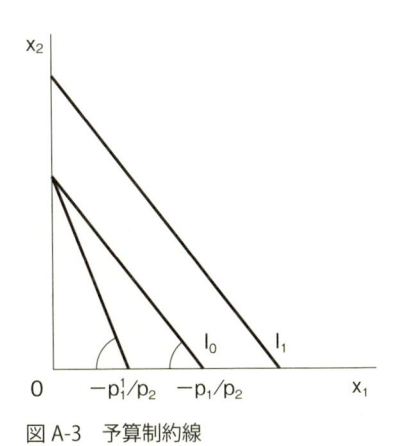

図 A-3　予算制約線

$$p_1 x_1 + p_2 x_2 = I_0 \qquad (1)$$

　予算制約式は限られた予算（所得）で購入可能な x_1 と x_2 の組合せを表し，図 A-3 のように描かれる．この直線を予算制約線という．

　ここで，所得が I_0 から I_1 に増加すると，無差別曲線は同じ傾きのまま右にシフトし，より多くの x_1 と x_2 を消費することができるようになる．また，x_1 の価格 p_1 が上昇して p_1^1 となると，予算制約線は y 切片を中心に右に回転する．所得のすべてを x_2 に費やすとき以外は実現可能な x_1 と x_2 の消費は減少することになる．

■ 消費者の選択問題

　消費者の行動原理は効用最大化であるから，限られた予算のもとで，最も大きい効用を生み出す組合せを選択する．これを効用最大化問題といい，次のように表される．

$$\begin{aligned} &\max. U(x) \\ &\text{subject to } p_1 x_1 + p_2 x_2 = I_0 \end{aligned} \qquad (2)$$

　このような条件を満たす組み合わせは，無差別曲線と予算制約線が接する点であり，図 A-4 の点 A で表される．点 A において，消費者は限られた予算で最も高い効用水準を実現している．点 A はどのような性質をもっているのであろうか．点 A における無差別曲線の接線が予算制約線である．無差別曲線の接線の傾き（の

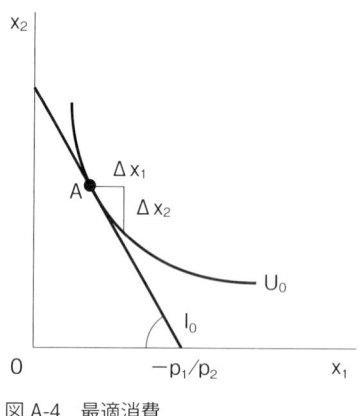

図 A-4　最適消費

絶対値）は限界代替率であり，予算制約線の傾き（の絶対値）は 2 財の価格比であった．すなわち，最適消費の条件は，2 財の限界代替率が 2 財の価格比と等しいことである．換言すると，最適な選択は，『x_1 の消費を 1 単位増加させたときにあきらめなければならない x_2 の量』と『x_1 の x_2 に対する交換比率』が等しくなるところに決まる．完全競争市場では，消費者はプライス・テイカー（価格受容者）であるとされ，市場価格を所与として行動するので，市場で決まる価格比である後者は所与である．よって，自分の選好によって決まる財 x_1 と x_2 の交換比率が市場における交換比率と一致するような組み合わせで消費すると，効用が最大になる．

■ 市場需要曲線

　個々の消費者は，自分の選好と所得と財の市場価格とによって最適な消費量を選択する．消費者はプライス・テイカー（価格受容者）であるから，市場価格が変化すれば最適な消費量は変化する．この市場価格と最適な消費量との関係は，需要関数 $x(p)$ で表され，図 A-5 の左側の個人の需要曲線を描くことができる．

　市場におけるすべての消費者は市場価格を観察し，それぞれの選好にしたがって最適消費量を決めるので，市場全体で需要される財 x の量は，個人の需要曲線を同じ価格について（＝水平に）足し合わせたものとなる．これが市場需要曲線であり，図 A-5 の右側の図で表される．ここで重要なことは，需要曲線はそれぞれの価格における最適な消費量を表していることである．すなわち，市場需要曲線はすべての消費者が与えられた条件のもとで最大の満足を得ている状況を表して

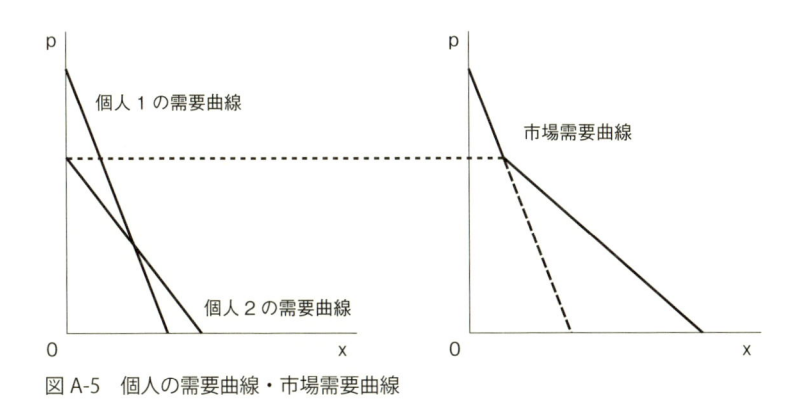

図 A-5　個人の需要曲線・市場需要曲線

いる.

A-1-2　企業行動

　企業は，生産要素と呼ばれる労働や土地等を用いて生産活動を行い，生産され
た財を市場で供給する経済主体である．財を市場で販売すると収入が得られるが，
財の生産には費用がかかるため，企業のもとに残るのは収入から費用を差し引い
た利潤である．財 x の価格が p であり，財 x を生産するために費用 c がかかると
すると，利潤 π は次のように表される.

$$\pi = px - c \qquad (3)$$

　企業の行動原理はこの利潤を最大にすることであり，利潤最大化という．完全
競争市場では，企業もまたプライス・テイカーであるから，財の価格 p を決め
ることはできない．よって，利潤を最大にするためには費用を最小にすればよ
い．すなわち，企業の選択問題は，利潤を最大にするような財 x の産出量水準と
生産要素の組み合わせを選択することである．企業の選択のプロセスを，生産関数，
等産出量曲線，等費用線，費用関数の概念を用いてみよう.

■生産関数

　財 x を生産するためには，生産要素 w を投入する．生産要素 z と産出量 x の関
係を表したものが生産関数，x = F(z) であり，図 A-6 のように描かれる．生産要

素の投入量が増加すれば産出量は増加するため，生産関数は右上がりとなる．このとき，生産要素を 1 単位増やしたときの生産の増分を，限界生産物（Marginal Products: MP）という．

■ 等産出量曲線

x を生産する費用を最小化するためには，ある産出量水準を生産するときに費用が最小になるような生産要素 z の組み合わせはどのようになるかを知らなければならない．図 A-7 の xy 平面上の x 軸は生産要素 z_1 の投入量を，y 軸は生産要素 z_2 の投入量を表したものである．xy 平面上の点（z_1, z_2）は，財 z_1 と財 z_2 の投入量の組み合わせを示す．ここで，同じ産出量水準を達成することのできる投入量の組み合わせの点をつないだものを等産出量曲線という．たとえば，等産出量曲線 x_0 上の点 A の投入と点 B の投入は，同じ産出量を生産することができる．したがって，等産出量曲線は財 x を生産するのに必要な生産要素 z_1 と z_2 の技術的関係と，それらによって実現できる産出量の水準を示している．等産出量曲線 x_1 上の点 C の投入の組み合わせは，点 A 及び点 B の組み合わせよりも多くの財 x を生産できる．

ここで，生産要素 z_1 と生産要素 z_2 の関係をみよう．点 A の組み合わせで投入がなされているとき，z_1 の投入を 1 単位増加させようとすると，同じ産出量を達成するためには z_2 をいくらか減らさなければならない．このトレードオフの関係を技術的限界代替率という．技術的限界代替率とは，z_1 を 1 単位（限界的に）増加させたときに，同じ等産出量曲線上にとどまるために減らすことのできる z_2 の量であり，$-\Delta z_2 / \Delta z_1$ で表される．等産出量曲線が図 A-7 のような形をしていれば（原点に対して凸であれば），z_1 の投入量が多くなるほど技術的限界代替率は減少していく．

■ 等費用線

等産出量曲線によって，ある産出量水準を達成するためにはどのような生産要素の組み合わせで投入を行えばよいのかがわかった．では，ある生産要素の組み合わせを投入すると，費用はどのようになるであろうか．生産要素 z_1, z_2 の価格をそれぞれ w_1, w_2 とすると，費用 c は次の式で表される．

$$w_1 z_1 + w_2 z_2 = c_0 \qquad (4)$$

これはかかる費用が c_0 となる z_1 と z_2 の組合せであるり，図 A-8 のように描かれる．

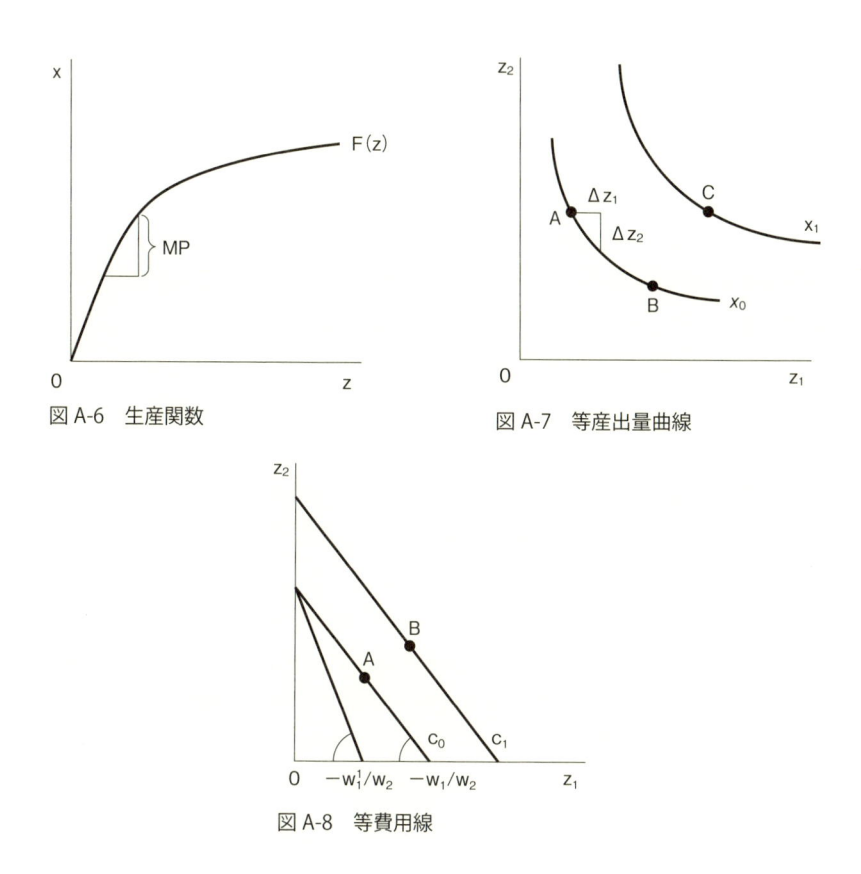

図 A-6　生産関数

図 A-7　等産出量曲線

図 A-8　等費用線

　この直線を等費用線といい，一定の費用で購入できる生産要素の組み合わせを表す．ここで，生産要素の価格が変わらないまま投入量が A 点から B 点に増加すると，等費用線は同じ傾きのまま右にシフトし，費用は c_0 から c_1 に増加する．また，z_1 の価格 w_1 が上昇して w_1^1 となると，等費用線は y 切片を中心に右に回転する．生産要素 z_1 の価格 w_1 が相対的に上昇すると，同じ費用 c_0 のもとで投入できる z_1 と z_2 の量は減少することになる．

　■ 費用最小化

　企業は，利潤を最大化するために，まず費用を最小化するような生産要素の投入の組み合わせを決定する．ある産出量水準 x_0 を生産したいとき，それを達成するには生産要素 z_1 と z_2 をどのような組み合わせで投入すればよいであろうか．図

A-9 には，等産出量曲線と等費用線が描かれている．企業は生産要素の価格につい
てもプライス・テイカーであるから，企業が直面する等費用線の傾きは所与である．
このとき，企業の生産する財 x の産出量水準 x_0 を達成できる最小費用は等費用線
c_0 となり，そのときに企業が選択する投入の組み合わせは A 点となる．A 点は等
産出量曲線と等費用線との接点であり，そこでは産出の技術的限界代替率と二つ
の生産要素の価格比が等しくなっている．すなわち，費用最小化の条件は次の式
で表される．

$$(-\Delta z_1/z_2) = (-w_1/w_2) \qquad (5)$$

▐ 費用関数

　企業は常に，決まった生産要素の価格に対して，費用を最小にするように生産
要素を選択する．次に，利潤を最大化するために，財 x をどれだけ産出すればよ
いかを決定しなければならない．費用関数 $C(x)$ は，財 x の産出量水準とそのため
に必要な最小費用の関係を表す．通常，生産にかかる費用には産出量水準に関わ
りなく一定にかかる固定費用の部分と，産出量水準に依存して増減する可変費用
の部分が存在する．したがって，総費用関数（Total Cost: TC）は可変費用（Variable
Cost: VC）と固定費用（Fixed Cost: FC）との和で表され，図 A-10 のような費用曲
線で表される．図 A-10 は，x 軸に財 x の産出量水準を，y 軸に総費用をとったも
のである．産出量が 0 であっても固定費用はかかることから y 切片は固定費用 FC
である．

　費用関数の性質をみよう．産出量 x が 1 単位（限界的に）増加したときの費用の
増加分を限界費用（Marginal Cost: MC）といい，総費用曲線の傾きで表される．x
によって変化するのは可変費用部分のみなので，限界費用は可変費用の傾きとな
る．通常，産出量の少ないうちは余剰設備があるために可変費用の増え方は緩や
かであるが，ある時点を超えると固定設備が制約となって可変費用の増え方は急
になる．すなわち，産出量の少ないうちは限界費用は逓減し，ある時点を超える
と逓増すると想定される．また，産出量 1 単位あたりの費用を表す平均費用（Average
Cost: AC）は，原点から総費用曲線に引いた直線の傾きで表される．平均費用曲線
についても，総費用曲線の形状より，総費用曲線に接するところまでは逓減する
がそれ以降は逓増する．さらに，産出量 1 単位あたりの可変費用を表す平均可変

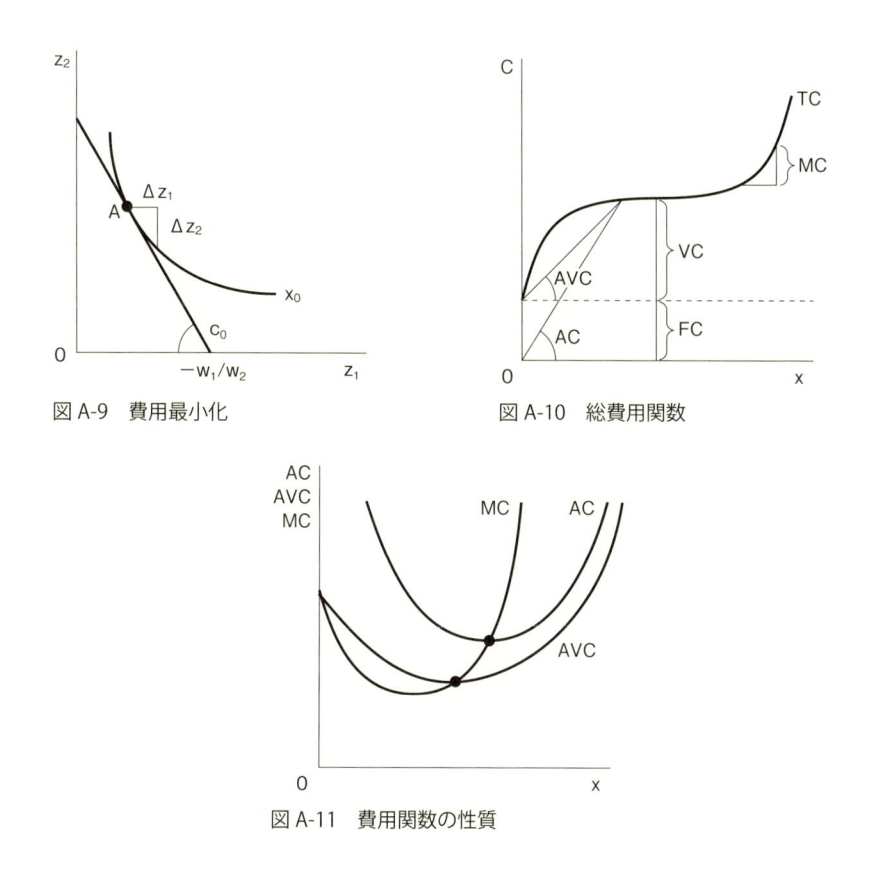

図 A-9　費用最小化

図 A-10　総費用関数

図 A-11　費用関数の性質

費用（Average Variable Cost: AVC）は，可変費用の傾きである．

　限界費用，平均費用及び平均可変費用の関係は図 A-11 のように示される．限界費用 MC，平均費用 AC，平均可変費用 AVC はともに U 字型になり，限界費用 MC は，まず平均可変費用 AVC の最低点を，次に平均費用 AC の最低点を通ることがわかる．

　■ 企業の選択問題

　費用と産出量水準との関係が表されたところで，企業は利潤を最大にするためにどの産出量水準を選択するのかをみよう．企業の利潤最大化問題は，次の式で表される．

$$\text{max. } \pi = px - c(x) \qquad (6)$$

ここで，$c(x)$は総費用関数 $TC(x)$ である．これを x について解くと，企業の最適選択は次のように表される．

$$p = \Delta c / \Delta x = MC(x^*) \qquad (7)$$

すなわち，企業は財 x の市場価格 p と限界費用 MC が等しくなるような産出量 x^* を選択することで利潤を最大にすることができる．たとえば，産出量水準 x^* であるときに産出量を1単位（Δx）増加させると，企業の追加的収入は $p \times \Delta x$ である．一方，Δx の生産にかかる費用は MC $(x^* + \Delta x)$ であり，限界費用が右上がりの部分であれば産出量水準が x^* であるときの限界費用 p よりも大きい．すなわち，p の追加的収入に対して p 以上の追加的費用がかかることになるため，Δx の産出量の増加は利潤を減少させてしまう．したがって，企業は，市場価格と限界費用が一致する点で生産量を決定する．

■ 市場供給曲線

個々の企業は，生産技術と生産要素の価格を所与とした自らの限界費用と財の市場価格によって，最適な産出量を選択する．企業はプライス・テイカー（価格受容者）であるから，財の市場価格が変化すれば最適な生産量は変化する．この市場価格と最適な産出量との関係は，供給関数 $x(p)$ で表され，図 A-12 のような供給曲線を描くことができる．ここで，供給曲線は限界費用曲線の右上がりの部分と一致する．

市場におけるすべての企業は，市場価格を観察し，それぞれの費用関数にしたがって最適産出量を決めるので，市場全体で供給される財 x の量は，個々の企業の供給曲線を同じ価格について（＝水平に）足し合わせたものとなる．これが市場供給曲線であり，図 A-13 で表される．ここで，供給曲線はそれぞれの価格における最適な産出量を表していることから，市場供給曲線はすべての企業が与えられた条件のもとで最大の利潤を得ている状況を表している．

A-1-3　市場均衡

個々の家計と個々の企業が市場価格を所与として行動すると，ある財・サービ

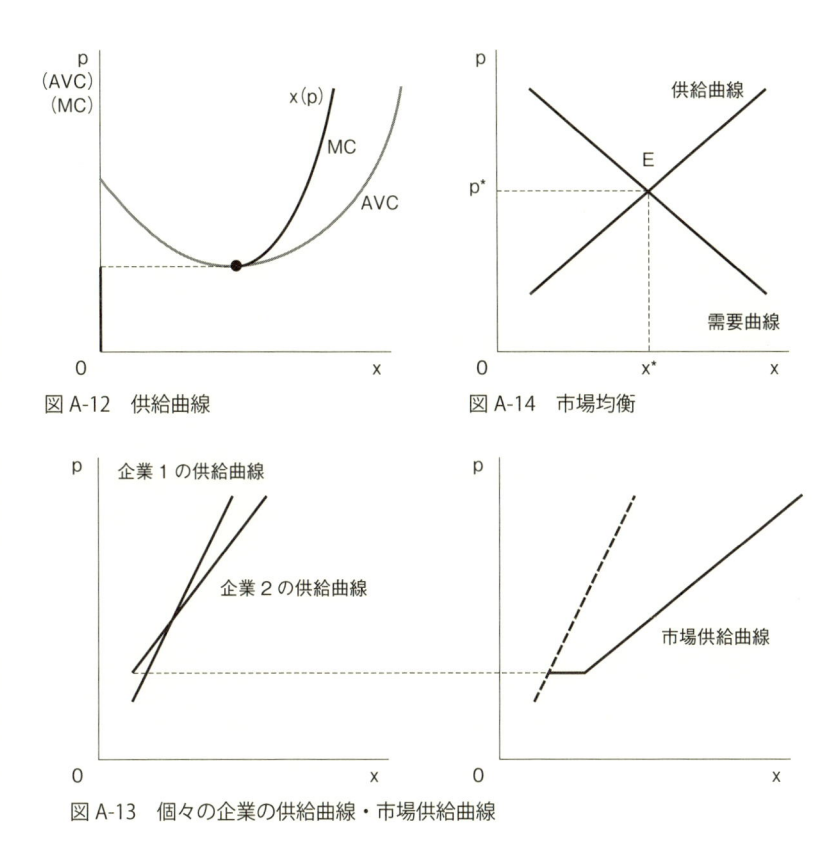

図 A-12 供給曲線

図 A-14 市場均衡

図 A-13 個々の企業の供給曲線・市場供給曲線

スについて，それぞれの家計の需要量とそれぞれの企業の供給量が決まり，全家計の需要量を合計すると市場需要曲線が，そして全企業の供給量を合計すると市場供給曲線が導出されることをみてきた．この市場需要曲線と市場供給曲線が交わる点が図 A-14 における市場均衡 E であり，その財・サービスの市場価格と取引量が決定される．

　市場均衡における家計と企業の状態を振り返ると，各家計は限られた予算の中で効用を最大化しており，各企業は費用を最小化するように生産要素を投入し，利潤を最大化している．すなわち，消費する財・サービスの価格，予算，投入する生産要素の価格，売り上げる財の価格といった与えられた条件の中で，選好と利潤という目的を最大限に達成している状態であることがわかる．したがって，

市場均衡で決まる価格と取引量は，市場の参加者がその財・サービスをどれだけ必要としているのか，また他の財・サービスとの兼ね合いを考えた場合に，当該財・サービスをどれだけ消費あるいは生産すればよいのかを表しているといえる．社会における資源の使い方という観点からみた場合，市場均衡は，与えられた条件の範囲内ですべての経済主体の目的が達せられるように，すなわち無駄なく，希少な資源を配分した状態であるということができる．

A-2　市場メカニズムと効率性

最適な資源配分を表す基準をパレート効率性という．パレート効率的な状態とは，少なくとも他の一人の状態を悪くすることなくしては，誰の状態も改善することができないように資源が配分されている状態と定義される．パレート効率性が達成されるためには，経済活動の生産，交換，分配のそれぞれの局面において効率性の条件が満たされていることが必要である．

A-2-1　交換の効率性

交換の効率性とは，効率的に生産された財の組み合わせが効率的に配分されることを意味する．すなわち，交換によって，他の人の状態を悪化させることなく，ある人の状態を良くすることができない状態である．

二人の個人 A, B と 2 財 X, Y の経済を考える．ここでは，財の生産活動は行われず，交換のみが行われる純粋交換経済を想定する．A，B はそれぞれ X，Y の消費量の組み合わせに対する選好を表す効用関数をもっている．双方の無差別曲線を組み合わせたものが，図 A-15 のエッジワースのボックス・ダイアグラムである．A の原点は O_A，B の原点は O_B であり，x 軸には財 X の配分が，y 軸には財 Y の配分が表されている．

初期配分が点 C であるとすると，点 C における A の限界代替率 MRS_A と B の限界代替率 MRS_B は異なる．このとき，A と B の間で交換を行うことにより，点 E に移動することができる．点 E では A と B の両方の無差別曲線が接しており，かつ点 C よりも双方ともより状態が良くなっている．このように，MRS_A と MRS_B が等しくなったときには，それ以上交換をすると必ずどちらかの状態が悪く

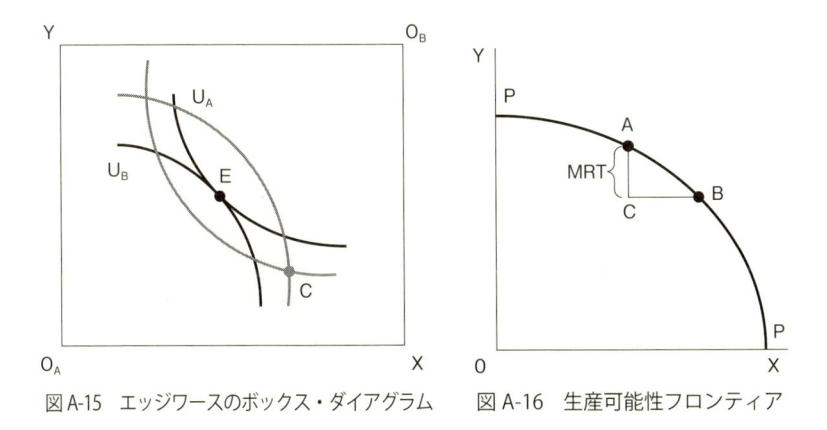

図A-15　エッジワースのボックス・ダイアグラム　　図A-16　生産可能性フロンティア

なってしまう．したがって，双方の限界代替率が等しくなる資源配分が，交換の効率性が達成された状態である．

A-2-2　生産の効率性

　生産の効率性とは，他の財の生産量を減少させずにある財の生産量を増やすことができないような資源配分の状態を表す．図A-16はある経済における生産可能性を表す．PPとXY軸で囲まれた部分は，所与の資源と技術のもとで生産可能なX財とY財の組み合わせを示す．状態Aから状態Bに移るためには，すなわちX財の生産量をCB増加させるためには，Y財の生産量をCA減少させなければならない．状態Bから状態Aに移るためには，逆にY財の生産量を増加させるためにX財の生産量を減少させなければならない．よって，生産可能性フロンティアPP上の点はパレート効率的な資源配分を表す．

　状態Aから状態Bに移るとき，X財の生産量の増加は，Y財の生産に投入されるはずであった生産要素を投入することによって達成される．すなわち，Y財がX財に転換されたとみなし，その割合をXに対するYの限界転形率（Marginal Rate of Transformation: MRT）という．ある状態の限界転形率は，生産可能性フロンティアの接線の傾きで表される．

A-2-3　配分の効率性

　配分の効率性は，生産の効率性と交換の効率性の両方が満たされており，かつ限界転形率 MRT と限界代替率 MRS が等しい資源配分の状態のときに達成される.

　生産可能性フロンティア上のそれぞれの点が表す産出量の組み合わせに対して，それを効率的に交換する方法は限界代替率の数だけ存在する．その中で，限界転形率と等しい限界代替率をもつような A と B の効用の組み合わせは一意に定まる．生産可能性フロンティア上のすべての産出の組み合わせに対して，そのような効用の組み合わせを対応させたのが，効用可能性フロンティアであり，図 A-17 で表される.

　ところで，効用可能性フロンティア上のすべての点では，交換の効率性と生産の効率性が達成されている．このとき，X と Y の限界代替率と限界変形率は，すべて X と Y の市場価格比と等しくなっている．すなわち，効用可能性フロンティア上のすべての点は，異なる市場価格比について資源配分の効率性が達成されている状態である.

　市場価格は完全競争市場の均衡における価格であることから，市場メカニズムによって成立した価格であれば，それがどのような価格であろうとも資源配分の効率性が達成されていることになる．換言すると，完全競争市場で実現される均衡はパレート最適となる．これを厚生経済学の第 1 基本定理という．さらに，そのようなパレート最適な配分は，政府の一括税と一括補助金による初期配分の調整が行われれば，完全競争市場の均衡として実現することができることが知られている．これを厚生経済学の第 2 基本定理と呼ぶ．これらの厚生経済学の基本定理は，市場メカニズムによる規範的分析の基礎となっている.

A-3　市場の失敗

A-3-1　市場の失敗とその原因

　市場メカニズムは，完全競争市場の仮定が成立していれば，パレート効率的な資源配分を達成することをみてきた．しかし，完全競争市場の仮定が成立しなければ，市場メカニズムはパレート効率的に資源を配分することに失敗し，資源配

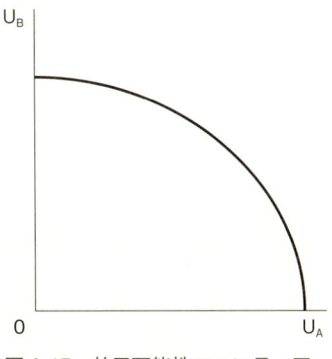

図 A-17　効用可能性フロンティア

分に歪みが生じる.

　完全競争市場の仮定とは次のようなものである.

　　①経済主体はプライス・テイカー（価格受容者）である
　　②各市場への参入と退出が容易である
　　③各市場で取引される財は均質である
　　④各市場における売買の取引費用はない
　　⑤情報が完全である
　　⑥私的な費用・便益と社会的な費用・便益が等しい
　　⑦各市場に，買い手と売り手が十分に存在する

　これらの仮定のうちいずれかが満たされないと，財・サービスの需要や供給が過剰または過少な水準になったり，または全くなされなかったりする. このような状況を市場の失敗という.

A-3-2　市場の失敗への対応

　市場の失敗が生じているとき，政府は資源配分の歪みを解消するために，規制，課税・補助金，市場の制度的な整備等を通じて，経済主体の行動を効率的な資源配分に向かわせるインセンティブをもたせようとする. このような政府の役割を政府による市場への介入という.

　典型的な市場の失敗には，①公共財，②外部性，③情報の非対称性，④自然独占（費

用逓減産業），⑤独占がある．ここでは，地域問題に広くみられる公共財と外部性についてみていこう．また，情報の非対称性は，地域の課題解決の制度設計の考え方に関係が深く，第4章「インセンティブと制度」で解説されている．

A-4　公共財

A-4-1　公共財の特徴：排除可能性と競合性

公共財とは，一旦，供給がなされたならばあらゆる人が利用できる財・サービスのことをいう．たとえば，治水のための堤防という財を考えてみよう．堤防は，一旦，建設されたならば，その効果が及ぶ地域の人々は，それに対する対価を支払っていてもいなくても治水効果という堤防が供するサービスを消費することができ，市場価格を支払って財を消費するという完全競争市場の状況とは異なっている．

■ 非排除性と非競合性

このような特徴をもたらしているのは，財の非排除性と非競合性という二つの性質である．

非競合性とは，ある人がある財を消費することが他の人の消費を妨げないこと，すなわち，その財を誰かが消費していても他の人も同様に消費できるという性質である．非排除性とは，ある財を一人が消費しているからといって他の人にそれを消費させないようにすることができないこと，すなわち，費用を負担しない人たちの消費を排除する費用が非常に高いという性質である．これらの性質をもつ財として，公園，国防サービス，消防サービス，道路（混雑していない）等が挙げられる．

これらの性質をもつ財は，一旦，供給されると費用を負担せずに消費することが可能であるため，消費者には費用負担を前提とした真の需要を表明するインセンティブをもたない．このことをフリーライダー（ただ乗り）問題という．一方，生産者は，真の需要が分からないため最適な供給量を決めることができず，供給したとしてもその費用を回収することができない．よって，供給のインセンティブをもたない．したがって，公共財の供給はなされないか，または過少な水準にとどまり，市場メカニズムによる配分に失敗することとなる．

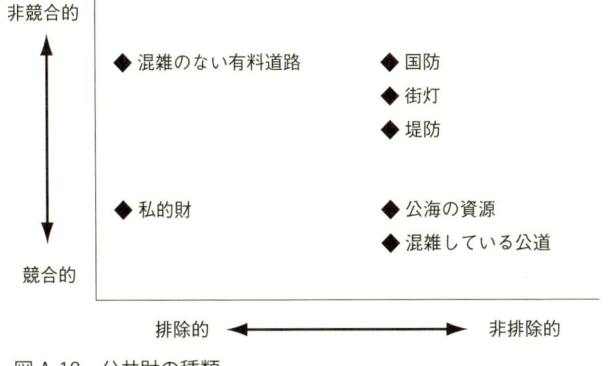

図 A-18　公共財の種類

▓ 公共財の種類

　公共財の性質である非排除性と非競合性にはそれぞれ程度の違いがある．国防や街灯は，双方の性質をほぼ完全に満たすため純粋公共財と呼ばれる．それに対して，混雑していない道路は，追加的に 1 台が道路を利用してももとの消費者の利用を妨げない点で競合的であるが，費用負担のない追加的な消費を排除することは，料金所を設けることによってある程度可能である．このように料金や会員制度による排除が可能な財をクラブ財という．また，公海の漁業資源を考えると，既存の消費者が獲った漁業資源を他の消費者が消費することはできないことから競合的である．しかし，追加的な消費者を排除することは物理的に困難であり，排除性はもたない．このような性質は，共有資源（open access resources）の多くに当てはまる．クラブ財や共有資源は純粋な公共財ではないが，その性質を一部もつことから準公共財と呼ばれ，やはり市場による資源配分では歪みが生じる．図 A-18 は，公共財の程度による分類を表したものである．

A-4-2　最適供給水準と自発的供給

　公共財の場合の市場の歪みを検討しよう．比較のために，まず競合的な私的財の市場を考える．図 A-19 は，ある私的財 x に対する消費者 A 及び消費者 B の需要曲線と市場需要曲線を表したものである．競合性がある場合には，消費者 A が消費した x を消費者 B が消費することはできないため，個人の需要曲線を水平に足し合わせたものが市場需要曲線となる．

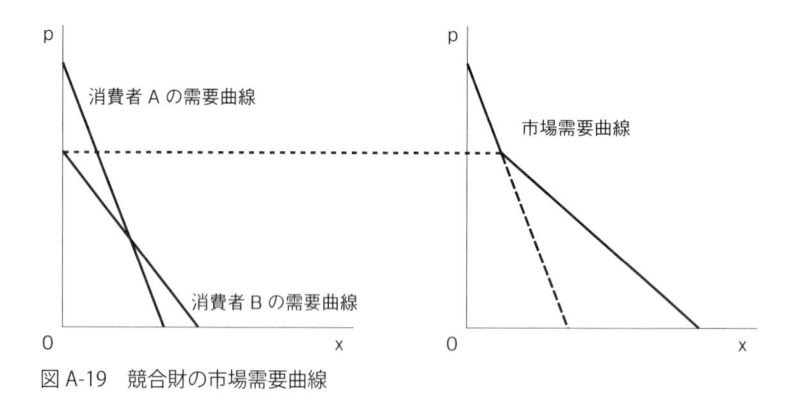

図 A-19　競合財の市場需要曲線

　一方，非競合財である街灯を考えよう．図 A-20 は，消費者 A と消費者 B の街灯に対する需要曲線を表したものである．ここで，街灯の供給曲線から，消費者 A の需要に対する供給量が x^* に決まる．消費者 B は競合性により A と同様に x^* の街灯を消費することができるため，消費者 B の需要によって供給量 x^* は増加しない．よって，街灯の市場需要曲線は，消費者 A の需要曲線と消費者 B の需要曲線を垂直に足し合わせたものとなる．街灯の価格（p^*）は個々の支払い意思額 p^A と p^B の合計であり，x^* という量に対する社会の集合的な支払い意思額を表している．

　ここで，この公共財市場の均衡 $E(x^*, p^*)$ が効率的かどうかを検討する．私的財については，消費者は消費にいくら支払うのかが市場価格で決定される．すなわち，私的財の効率性条件は消費者 A 及び B の支払い意思額（Willingness To Pay: WTP）が市場価格と等しくなる必要がある．これは次のように表される．

$$\text{WTP}^A = \text{WTP}^B = p^* \qquad (8)$$

　一方，公共財の場合には，各々の消費者は集合的に決定された量に対していくら支払うかを決定することになる．すなわち，効率性は，集合的な効率性条件と限界的な効率性条件の両方を満たすことが求められる．これらはそれぞれ次のように表される．

$$\Sigma\,\text{WTP} = \text{MC} = P^* \qquad (9)$$
$$\text{WTP}^A = p^A \qquad (10)$$
$$\text{WTP}^B = p^B \qquad (11)$$

前者の集合的な効率性条件によれば，x^* を生産する費用は，街灯に対する個々の支払いの合計に等しくなければならず，と同時に，それは消費者 A 及び B の支払い意思額の合計と等しくならなければならない．後者の限界的な効率性条件は，x^* に対するそれぞれの個人の評価が，支払い意思額と等しいことを要求している．したがって，両者が達成されるならば公共財の市場はパレート効率的となる．

消費者 A と消費者 B が自発的に自分の支払い意思額にしたがって街灯の費用を負担するならば，その合計は p^* となり，リンダール均衡と呼ばれる公共財の効率的な配分が達成される．

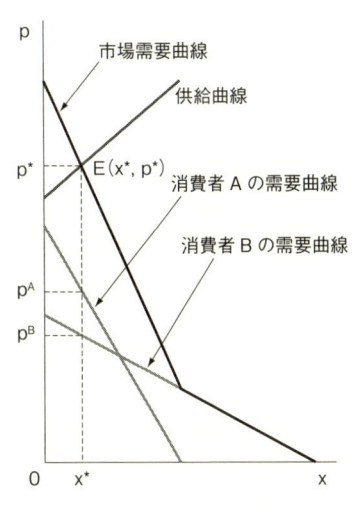

図 A-20　公共財の市場需要曲線

A-4-3　政府による公共財の供給

しかしながら，現実の世界においてはフリーライダー問題が発生する可能性がある．街灯が自発的な費用負担によって供給されるとき，街灯に対する自分の真の支払い意思額を隠して支払いを回避する傾向があるかもしれない．すると，顕示された支払い意思額の合計が少なすぎるため，街灯は限界費用に見合わず供給が正当化されない．また，供給はされるがその水準が過少かもしれない．したがって，公共財には資源が過少にしか配分されない．

このように公共財の市場は失敗するため，公共財の供給には政府の介入による強制的な費用負担のシステムが必要となる．

図 A-20 において，消費者 A 及び B の支払い意思額 p^A 及び p^B はフリーライダーにより表明されないが，合計の p^* はわかっているとする．このとき，政府は課税によって p^* の 1/2 ずつ費用負担を求めれば，効率的な水準 x^* を供給することができる．ただし，図 A-20 のように消費者 A の支払い意思額 p^A の方が消費者 B の支払い意思額 p^B よりも大きい場合，同額の負担では消費者 B は自分の街灯に対する

評価以上を負担していることになり，限界的な効率性条件が満たされていない．

　また，現実の世界では，集合的な支払い意思額である p* を政府があらかじめ知ることも難しく，効率的な供給量 x* が達成されることは保証されない．

A-5　外部性

A-5-1　外部性の特徴

　外部性とは，生産や消費といった経済主体の行動の結果が，市場の取引を通してではなく直接に他の経済主体に影響を及ぼすことを表す概念である．影響には望ましい効果と望ましくない効果があり，前者は外部経済（正の外部性），後者は外部不経済（負の外部性）と呼ばれる．外部経済の例としては，教育や景観が挙げられる．一方，外部不経済の典型的な例は環境汚染問題であり，ある財の生産や消費に関わっていない第三者が，当該財の生産による汚染の害を被ることを表す．

A-5-2　私的費用と社会的費用

　外部性の原因は，ある資源に対する所有権が不明確であったり存在しなかったりすることにより，生産や消費による汚染等の副産物の市場が成立しないことに求められる．

　たとえば，次の生産関数を考えよう．

$$Y = f(K, L, Q) \qquad (12)$$

　ここで，K は資本，L は労働，Q は生産者が無料で利用することができる大気や水資源等の環境質を表すとする．環境質 Q には所有権が設定されていないため市場が成立せず，したがって価格は存在しないが，有限な資源であるため社会的観点からは無料ではない．しかし，企業は Q を無料で利用することができるため，Q の投入は社会的に過剰な水準となり，生産 Y も社会的に最適な水準を超える．

　このプロセスは，私的限界費用と社会的限界費用の概念を用いて示される．図 A-21 に描かれる私的限界費用（Marginal Private Cost：MPC）は，資本 K，労働 L，および，その他すべての投入の費用を含む．外部限界費用（Marginal External Cost: MEC）は Q の利用に関する費用であるが，私的限界費用 MPC には含まれていない．

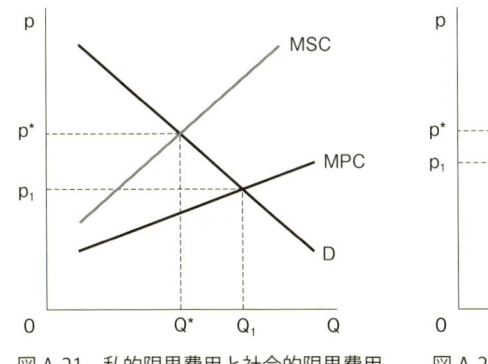

図 A-21　私的限界費用と社会的限界費用

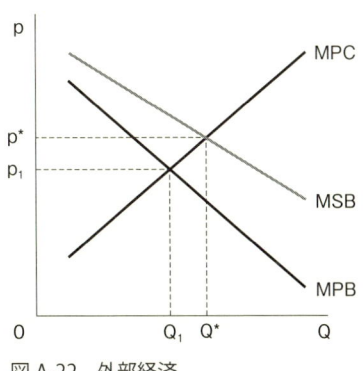

図 A-22　外部経済

外部限界費用 MEC は Q の利用の結果として第三者に負わせるダメージを表すため，社会的限界費用（Maginal Social Cost: MSC）が含まれる．

　ここで，企業の観点から見た最適な産出水準は Q_1 となる．これは，限界私的費用 MPC が需要と等しくなる産出水準であるが，Q_1 では社会的限界費用 MSC が需要を超過しており，社会的観点からみると資源配分の非効率性を引き起こしている．効率的な産出水準は，社会的限界費用 MSC と需要曲線との交点である Q^* であり，生産が第三者にもたらしたダメージについても生産者が負担することになる．

　次に外部経済（正の外部性）の場合を考えてみよう．この場合に生じる非効率性の問題は，資源が過少に利用されることである．図 A-22 に示されるように，社会的な需要（Marginal Social Benefit： MSB）は私的な需要（Marginal Private Benefit: MPB）と外部限界便益（Marginal External Benefit: MEB）の合計を表す．Q_1 において私的需要 MPB は私的限界費用（MPC）を超えており，非効率的な資源配分を引き起こしている．この場合，産出量を社会的に望ましい水準 Q^* まで増加させることによって第三者の需要を満たすことになり，効率的な資源配分が達成される．

A-5-3　外部性の内部化

　効率的な産出水準 Q^* は，社会的な費用や需要の対価を生産・消費の当事者が負担すれば達成されるが，これを外部性の内部化という．外部不経済の場合，生産者が「無料の」資源に支払いをするか，もしくは，その資源の過剰利用の結果であるダメージに補償をすればよい．外部経済の場合には，需要者がなんらかイン

センティブによってより多くの支払いを負担すればよい.

　内部化のための負担は，交渉による当事者の合意か，または政府の介入によって達成されることが知られている．外部性の問題における当事者がごく少数であり，交渉の取引費用が小さいときには，誰が外部費用を負担するかについての交渉を通じて効率的な資源配分が実現される．この手法はコースの定理として知られている.

　しかしながら，交渉すべき第三者が多数であったり，外部不経済を引き起こしている主体が多数であったりして交渉の取引費用が大きくなる場合，交渉による内部化は不可能である．この場合には，政府介入による規制・課税・補助金による内部化が適している．たとえば，環境汚染を減らすために，汚染物質の排出をコントロールする設備の設置に補助金を出したり，汚染物質の排出量に応じて課徴金を課して生産者に外部費用の負担を求めたりすることで，効率的な産出水準へと誘導することができる．政府介入によるこれらの手法は，ピグー課税あるいはピグー的補助金と呼ばれる.

　コースの定理及びピグー税・ピグー的補助金については，それぞれ第5章「規制的手段」及び第6章「経済的手段」で扱っている.

参考文献

萩原清子編著，朝日ちさと・坂本麻衣子著『生活者からみた環境のマネジメント』
　　昭和堂，2008年.

八田達夫『ミクロ経済学 I――市場の失敗と政府の失敗への対策』東洋経済新報社,
　　2008年.

神取道宏『ミクロ経済学の力』日本評論社，2014年.

索　引

※太字はとくに重要な頁であることを示す。

■ 執筆者紹介（執筆順、＊は編者）

萩原清子（はぎはら・きよこ）

第1章，第11章
東京都立大学・首都大学東京名誉教授，工学博士

＊堀江典子（ほりえ・のりこ）

第2章，第3章，第7章，第9章，第12章，Column1，Column5
編者紹介参照

木村富美子（きむら・ふみこ）

第4章，第13章，Column2，Column6
創価大学通教法学部法律学科教授，博士（都市科学）

＊朝日ちさと（あさひ・ちさと）

第5章，第6章，第8章，第10章，Appendix，Column3，Column4
編者紹介参照

■編者紹介

朝日ちさと（あさひ・ちさと）

東京都立大学大学院都市科学研究科博士課程修了．現在，首都大学東京都市環境学部都市政策科学科教授．博士（都市科学）．主な著作に，*Coping with regional vulnerability*（共著，Springer，2016年），『環境の意思決定支援の基礎理論』（共著，勁草書房，2013年），『生活者からみた環境のマネジメント』（共著，昭和堂，2008年）など．

堀江典子（ほりえ・のりこ）

東京都立大学大学院都市科学研究科博士課程修了．現在，佛教大学社会学部公共政策学科准教授，博士（都市科学），主な著作に，『ひとが優しい博物館——ユニバーサル・ミュージアムの新展開』（共著，青弓社，2016年），『環境の意思決定支援の基礎理論』（共著，勁草書房，2013年），『緑と地域計画Ⅲ——都市周辺部の緑被地の保全』（共著，古今書院，2013年）など．

生活者のための地域マネジメント入門

2018年10月30日　初版第1刷発行

編　者　朝日ちさと
　　　　堀江典子

発行者　杉田啓三

〒607-8494　京都市山科区日ノ岡堤谷町3-1
発行所　株式会社　昭和堂
振替口座　01060-5-9347
TEL（075）502-7500／FAX（075）502-7501

© 2018　朝日ちさと・堀江典子ほか

印刷　中村印刷
装丁　studio TRAMICHE

ISBN978-4-8122-1732-0
＊乱丁・落丁本はお取り替えいたします．
Printed in Japan

萩原清子 編著／朝日ちさと・坂本麻衣子 著　　　A5・並製・304 頁

生活者からみた環境のマネジメント
本体 2,800 円 + 税

私たち「生活者」が環境問題を考える際に必要なこととは？　グローバル化した世界の中で環境と対話するには、環境のことだけではなく社会全体まで視野を広げて考える必要がある。そのヒントとなる 1 冊。

萩原清子 編著　　　A5・並製・296 頁

生活者が学ぶ経済と社会
本体 2,500 円 + 税

経済と社会の基本的なしくみを各分野の研究者が本質的理解のための理論から最近の話題までもれなく解説。経済、行政、福祉、資源・環境、通信、観光など内容も多岐にわたる。就職試験対策にも。

木村富美子・劉継生 著　　　A5・並製・288 頁

はじめて学ぶ情報社会
本体 2,400 円 + 税

情報が氾濫している現代、情報にふりまわされずに生きるために。情報社会とそのしくみ、情報とのつきあい方について知る、「情報とは何か？」からはじまる入門書。例をまじえてわかりやすく解説。

木村富美子・水上象吾 著　　　A5・並製・218 頁

文系学生のための基礎数学
本体 2,400 円 + 税

数学が苦手な文系学生のために作られた教科書。まず解説を読んで理解し、例題と練習問題を解きながら数学への理解を深める。数学の基礎からやりなおしたい学生や就職試験対策にも。

内藤正明・嘉田由紀子 編　　　A5・並製・240 頁

滋賀県発！ 持続可能社会への挑戦
──科学と政策をつなぐ
本体 3,000 円 + 税

科学と政策の連携プレーで次々と先進的環境政策を推進した滋賀県の歴史と最新動向、その原動力に迫る。最新の「滋賀モデル」の構築と原発事故を想定した放射性物質拡散シミュレーションも詳しく紹介。

昭和堂刊

昭和堂ホームページ　http://www.showado-kyoto.jp